अवस्था

यू.आर. अनन्तमूर्ति

जन्म : 21 दिसम्बर, 1932 ई. में मिलिगे नामक गाँव, जिला शिमोगा (कर्नाटक)।

शिक्षा : मैसूर विश्वविद्यालय से अंग्रेजी साहित्य लेकर एम.ए. और बर्मिंघम विश्वविद्यालय (इंग्लैंड) से पी-एच.डी.।

कन्नड़ के प्रख्यात उपन्यासकार और कथा-लेखक। यदा-कदा कविताओं की भी रचना।

सन् 1975 में आयोवा विश्वविद्यालय, 1978 में तुफ्त्स विश्वविद्यालय (अमेरिका) में विज़िटिंग प्रोफेसर और 1985 में आयोवा विश्वविद्यालय द्वारा आयोजित अन्तर्राष्ट्रीय लेखक सम्मेलन में हिस्सेदारी। सन् 1987 से 1991 तक महात्मा गाँधी विश्वविद्यालय, कोट्टायम के उप-कुलपति और सन् 1980-1992 के बीच मैसूर विश्वविद्यालय में अंग्रेजी के प्रोफेसर-पद पर कार्य। नेशनल बुक ट्रस्ट, नई दिल्ली के चेयरमैन और साहित्य अकादमी के अध्यक्ष-पद पर भी कार्यरत रहे।

भारतीय ज्ञानपीठ सहित साहित्य, संस्कृति और फिल्म क्षेत्र के अनेक प्रतिष्ठित पुरस्कारों से सम्मानित। देश-विदेश में आयोजित अनेक साहित्य-सम्मेलनों में व्याख्यान और अनेक संस्थाओं की मानद सदस्यता। *अवस्था, संस्कार* आदि उपन्यासों पर फिल्मों का निर्माण। अंग्रेजी, रूसी, फ्रेंच, हंगेरियन, हिन्दी, बांग्ला, मलयालम, मराठी, गुजराती आदि भाषाओं में रचनाओं का अनुवाद।

हिन्दी में अनूदित कृतियाँ : *संस्कार, अवस्था, भारतीपुर* (उपन्यास); *घटश्राद्ध, आकाश और बिल्ली* (कहानी-संग्रह)।

आवरण : राधाकृष्ण स्टूडियो

अवस्था

यू. आर. अनन्तमूर्ति

अनुवाद

भालचन्द्र जयशेट्टी

राधाकृष्ण पेपरबैक्स

पहला पुस्तकालय संस्करण
राधाकृष्ण प्रकाशन प्राइवेट लिमिटेड द्वारा
1980 में प्रकाशित

राधाकृष्ण पेपरबैक्स में
पहला संस्करण : 2001
तीसरा संस्करण : 2023

राधाकृष्ण पेपरबैक्स : उत्कृष्ट साहित्य के जनसुलभ संस्करण

राधाकृष्ण प्रकाशन प्राइवेट लिमिटेड
जी-17, जगतपुरी, दिल्ली-110 051
द्वारा प्रकाशित

शाखाएँ : अशोक राजपथ, साइंस कॉलेज के सामने, पटना-800 006
पहली मंजिल, दरबारी बिल्डिंग, महात्मा गांधी मार्ग, प्रयागराज-211 001
1, अनमोल सोराबजी संतुक लेन, धोबी तलाव, मरीन लाइंस, मुम्बई-400 002
वेबसाइट : www.radhakrishnaprakashan.com
ई-मेल : info@radhakrishnaprakashan.com

विकास कंप्यूटर एंड प्रिंटर्स
ट्रॉनिका सिटी-201 102
द्वारा मुद्रित

मूल्य : ₹ 250

AWASTHA
Novel by U.R. Ananthamurthy

ISBN : 978-81-7119-621-0

अपने प्रिय मित्रों
जे.एच. पटेल और एस. वेंकटराम को

अवस्था

1

उम्र लगभग पचास की होगी। इस समय बिस्तर पर मरणासन्न पड़ा है। मौत से जूझते हुए वह जिन घटनाओं का बयान कर रहा है, उनसे उसकी मानसिक स्थिति की कल्पना की जा सकती है।

लड़कपन में कृष्णप्पा बहुत अच्छा तैराक था। भरी हुई नदी के एक किनारे पर गोता लगाकर झट दूसरे किनारे पहुँच जाता था। एक बार की बात है कि इसी तरह तैरते हुए कृष्णप्पा नदी का लगभग आधा पाट पार कर चुका था कि उसे लगा, उसके हाथ-पैर सुन्न पड़ गए हैं। अपने से दो हाथ पीछे तैर रहे साथी से कहा, "यार, मैं डूब रहा हूँ। तू लौट जा!" वह बड़ी मुश्किल से इतनी ही बात कह पाया और गोता खा गया। तब हनुमन्नायक ने बड़ी मेहनत से उसे बचाया था।

उस दिन की घटना को याद करके लकवाग्रस्त कृष्णप्पा की दोनों बड़ी-बड़ी आँखों में आँसू उमड़ पड़ते हैं। उस एक पल में जब यकीन हो गया कि वह मर ही जाएगा, तब वह कैसा निर्विकार बन गया था!

हमेशा नाक पर चढ़े रहनेवाले कृष्णप्पा के गुस्से की कहानी कुछ अलग है। उन दिनों वह हाईस्कूल में पढ़ता था। एक बार अपने मित्र की घड़ी लाने के लिए घड़ीसाज के यहाँ पहुँचा। घड़ीसाज कृष्णप्पा को जानता था और उसके साथ खासी अन्तरंगता भी थी। किन्तु कंगले कृष्णप्पा की ठसक को लेकर उसके मन में जलन थी। "तुम पर भरोसा करके घड़ी कैसे दी जा सकती है?" एक आँख पर दूरबीन चढ़ाए व टेढ़ी नजर से देखते हुए घड़ीसाज ने कहा। तब कृष्णप्पा ने जवाब दिया था, "देखो, फिर कभी ऐसा कुछ कहा तो यह दूरबीन चकनाचूर हो जाएगी, समझे?" इस पर घड़ीसाज ने चिमटी से कुछ बिखेरते हुए कहा था, "दलिदर का गुस्सा दाढ़ पर बला।" बात मुँह से निकली ही थी कि कृष्णप्पा मरम्मत के औजार और खुले पुर्जों वाली घड़ियों के शीशे के बक्से को धड़ाम से

जमीन पर पटककर चल दिया था। उसके गुस्से से कैसे-कैसे लोग थर्रा जाते थे।

ऐसे दुर्वासा मुनि को बिस्तर पर अपाहिज पड़े देखकर कलेजा मुँह को आता है। अब उसे गुस्सा आता है तो सिर्फ उसके होंठ फड़कते हैं, नथुने फूलते हैं, आँखों में पानी भर आता है, बस! या फिर बिस्तर से ही लाठी उठाकर अपनी पत्नी को डराने की कोशिश करता है।

इधर बीमार पति की सुश्रूषा और उधर बैंक में मुंशीगीरी। इसके अलावा जिद में आँसू बहाती हुई तथा कोने में बैठी हुई पाँच वर्ष की बेटी। इन सभी के कारण पत्नी बौखला जाती है। उसके बाल बिखरे रहते हैं। पति से 'तुम्हारी झूठी शान में आग लगे' कहते हुए उसने अपनी बेटी के मुँह को इस कदर दबा दिया कि होंठों से खून बह निकला। ऐसी स्थिति में कृष्णप्पा का मन निरासक्त हो जाता है। जीवनी लिखने के लिए हर रोज आनेवाले भोले-भाले नागेश को वह आपबीती सुनाने लगता है। अपनी वर्तमान स्थिति को स्पष्ट करने के लिए वह जो कुछ कहता है, युवा नागेश उसे कितनी गहराई से समझ पाता है, इस बात की कृष्णप्पा को शायद परवाह नहीं रहती।

कृष्णप्पा लड़कपन में चरवाहा था। कन्धे पर कम्बल और हाथों में लाठी तथा बाँसुरी लिये अपने गाँव के मवेशियों को चराने की बात वह इस ढंग से कहता मानो उसमें केवल उसी की समझ में आनेवाला कोई अर्थ छिपा हो। कहा नहीं जा सकता कि मृत्यु-शैया पर पड़े हुए इस आदमी को अपनी पिछली जिन्दगी में कभी-कभी दिव्यत्व में प्रवेश करने की बात के लिए क्या महसूस होता होगा या इस पर विश्वास कर लेना उसकी मौजूदा हीन दशा पर विजय पाने के लिए आवश्यक था! कृष्णप्पा निरीश्वरवादी था। इसके अलावा वह कबीर, अल्लम, नानक, मीरा, परमहंस जैसे दैवी-पागलों की किसी आत्मीय की तरह प्रशंसा करता, हँसी उड़ाता और उनके बारे में टिप्पणियाँ करता रहता। इसलिए उसका मूल धरातल क्या था, बता पाना कठिन है।

लड़कपन में वह बड़े सवेरे मवेशियों को घरों से खुलवाकर नदी के किनारे के पहाड़ी मैदानों में चरने के लिए छोड़ देता और शाम के समय उन्हें हाँककर वापस घरों में छोड़ आता। चरते हुए मवेशियों को पेड़ के नीचे बैठकर अलसाई आँखों से देखते हुए, बाँसुरी पर अपने मन की धुन बजाते हुए उन दिनों वह क्या सोचा करता था–इस बात को याद करने पर आँखों के सामने एक घटना घूम जाती है। उस घटना को बताने से पहले कृष्णप्पा हँसता, "यह न समझना कि मैं उन दिनों सुखी था। बागों में हरियाली दिखी तो समझो मेरी दुर्गत हुई। ढोर-मवेशी पागल बनकर बागों में घुस जाते थे। मैं अकेला ही सिरफिरे की भाँति

उन्हें हाँककर बाहर निकालता और फिर हारकर बैठ जाता। धुआँधार बरसात होती रहती। ऐसा लगता कि मुझे साँप सूँघ गया हो। तब पीठ की ऐसी मरम्मत होती थी, भैया...।" फिर वह उन दिनों की दहला देनेवाली पिटाई का दर्द आँखों से नकल करके बताता। इस बात की याद के साथ ही उसे महेश्वरय्या की याद हो आती है जिन्होंने उसे चरवाहे की जिन्दगी से मुक्ति दिलवाई थी।

महेश्वरय्या कौन और कहाँ के रहनेवाले थे, इसका कुछ पता नहीं। यही समझ लीजिए कि जिस गाँव में जा पहुँचे वहीं घर-बार जोड़ लिया। रहते तो अकेले ही थे, फिर भी रसोइया साथ रखते थे। केवल अपने कपड़े खुद धोते थे। उनकी जबानी कालिदास की संस्कृत सुननी चाहिए। हिन्दुस्तानी संगीत सुनना चाहिए। बड़े रसिक आदमी पान से लाल रँगे रहनेवाले होंठों पर नीचे झुकी मूँछें, कानों में चमकती हुई हीरे की बुँदकियाँ, बन्द गले का कोट, सफेद काँछेदार धोती, हाथ में चाँदी की मूठ वाला बेंत, आँखों में प्रशान्त भाव आदि बातों का ब्यौरा देते हुए कृष्णप्पा बताता है कि वे एक महान वैरागी थे। उन्होंने साफ-साफ बताया तो नहीं था, पर कृष्णप्पा का अनुमान है कि अपनी पत्नी का किसी से याराना होने की भनक मिली तो महेश्वरय्या ने घर छोड़ दिया था। लखपति आदमी। पत्नी के लिए कुछ मिल्कियत छोड़ बाकी पूँजी बैंक में रखकर वह निरासक्त की तरह गाँव-गाँव भटकते रहते थे। हमेशा पढ़ते रहते थे। कृष्णप्पा को उनके त्रिकालज्ञानी होने का विश्वास था। महेश्वरय्या किसी के यहाँ आकर बैठ गए तो सहसा 'भो ऽ' कह दिया करते थे। उस समय उनके चेहरे पर एक प्रकार की विचित्रता दिखाई देती थी। उन्हें निमन्त्रित करनेवाले चाहे लाख अनुरोध करें, कभी मुँह नहीं खोलेंगे। आगामी अनर्थ का उन्हें पता चल जाता था। बाद में ऐसी बातें वे कृष्णप्पा के कान में कहने लगे। उनसे भेंट होने पर लोग डर जाते कि कहीं वे 'भो ऽ' न कह दें। उनके मुँह से 'भो ऽ' निकले बिना रहता भी नहीं। इसलिए जब कोई उन्हें बुलाता तो वे कह देते, "पता नहीं, उस सज्जन के लिए कैसा अनर्थ ताक में बैठा है! मैं उसके घर नहीं जाता।"

भावी अनर्थ को देखकर 'भो ऽ' कहनेवाले महेश्वरय्या की दिक्कत यह थी कि उन्हें भविष्य में भलाई दिखती ही बहुत कम थी। एकमात्र कृष्णप्पा के लिए उन्होंने भलाई देखी थी। वह सन्दर्भ इस प्रकार है :

मैली चड्डी और गंजी पहने नदी-किनारे के पीपल के नीचे कृष्णप्पा बैठा था। कटाई खत्म हो चुकने के कारण मवेशियों का खेतों में घुसने का डर अब नहीं रहा था। नदी का कलकल निनाद और मवेशियों के गले की घंटियों की आवाज जब कानों में पड़ी तो शायद कृष्णप्पा हर्षित हुआ होगा। हर रोज से भी अधिक

हर्षित हुआ होगा। बाँसुरी बजाने के बदले उसका मन 'कुमारव्यास भारत' के छन्द गाने को हुआ। चार वर्षों तक स्कूल जाकर भी कृष्णप्पा ने 'महाभारत' खुद पढ़कर नहीं सीखा था, बल्कि अपने मास्टर जोयिस जी को कभी-कभार पाठ करते सुनकर सीखा था। वह भावविभोर होकर गाने लगा। उसकी बस्ती के पासवाले किसी गाँव में महेश्वरय्या जी ने अड्डा जमाया हुआ था। उस समय वह नदी में अपना कोट धोने आए थे। ताज्जुब है कि वे इसी जगह क्यों आए? उस दिन सवेरे जब वे बाजार से गुजर रहे थे तो एक नीम-पागल अवकाश प्राप्त स्कूल-मास्टर ने रोककर उनसे कोट माँगा था। "दूँगा। किन्तु पहना हुआ है न? धोकर दूँगा।" उन्होंने यह जवाब देकर साबुन खरीदा और सीधे नदी के इस घाट पर आ गए। कम-से-कम दो मील का फासला तो होगा ही–बाजार और इस नदी के बीच।

गानेवाले लड़के के सामने पहुँचकर महेश्वरय्या ने 'भो ऽ' कहा। कृष्णप्पा ने मारे शर्म के गाना रोक दिया। कहीं दूर नजर गड़ाए और हाथ में गीला कोट पकड़े महेश्वरय्या ने कहा, "बच्चे! मवेशियों को गोठ में पहुँचाकर शाम को मेरी यहीं प्रतीक्षा करना।" इसके बाद उन्होंने कोट को निचोड़ा और वहाँ से चले गए। उस समय वह पीपल के नीचे बैठा था। सामनेवाले अमरूद के पेड़ पर दो पंचरंगी सुग्गों के रहने की बात कृष्णप्पा याद कर लेता है। वह कहा करता है कि उस पेड़ पर मैंने अजनबी रंगोंवाले एक पक्षी को देखा था।

शाम के समय कृष्णप्पा उनकी प्रतीक्षा में बैठा था। बेंत घुमाते हुए महेश्वरय्या ने कहा, "अरे भोंदू बच्चे! क्या आज तक तुझे पता ही नहीं चला कि तू कौन है? चल मेरे साथ।" यह कहकर वे सीधे कृष्णप्पा के घर गए। कृष्णप्पा के पिता नहीं थे। माँ अपने भाई के घर भाभी के ताने सुनती हुई, रोज के कष्ट उठाती हुई, मवेशियों के लिए सानी करती हुई अैर धूड़े के लिए फूस ढो-ढोकर जी रही थी। उँगलियों में अँगूठियाँ, हीरे की बुँदकी, चाँदी की मूठवाला बेंत–इन्हें देखकर ही कृष्णप्पा का मामा भौचक्क रह गया। महेश्वरय्या ने उसे आड़े हाथों लिया, "कैसे हेंकड़ लोग हो तुम! घर का हीरा तुम्हें दीख ही नहीं पड़ा!" यह बात कहकर उन्हें पैसा दिया और कृष्णप्पा को दस मील दूर गाँव के एक स्कूल के होस्टल में भर्ती कराया। इस प्रकार बी.ए. तक कृष्णप्पा की पढ़ाई हुई। कृष्णप्पा पिछली बात फिर याद करता है। आत्मीयता बढ़ने के बाद भी महेश्वरय्या अजीब व्यक्ति बने रहे थे। "जब कभी मुझ पर मुसीबत आती, वे स्वयं प्रकट हो जाते थे। मैं यदि जेल गया तो वे हाजिर। इसी तरह ज्वर-ताप भी चढ़ जाए तो हाजिर। जिस तरह वे किसी गाँव में आकर डेरा डालते, उसी भाँति उस गाँव को छोड़कर चले भी जाते। घर के बर्तन-भाँडों सहित सभी कुछ किसी-न-किसी को देकर। बड़े

अजीब आदमी! मुझे आज तक पता नहीं चला कि वे किस जाति के थे, उनका गोत्र क्या था। शायद वे ब्राह्मण या लिंगायत हों, क्योंकि मेरा मांस खाना छोड़ देने से उन्हें सन्तोष हुआ था। मेरा तो यही अनुमान है। कुलीन स्त्रियों के प्रति ऐसा गौरव-भाव था कि उनकी तरफ आँख उठाकर भी नहीं देखते थे। किन्तु तवायफों के लिए बड़ी ललक थी। संस्कृत का कोई ऐसा छिछोरा श्लोक नहीं था, जो उन्हें याद न हो। महाभाग, उन्हें राजनीति में तनिक भी रुचि नहीं थी।''

उन्होंने कहा था, ''तुझे हर मुसीबत झेलकर भी अपने ही गाँव में बढ़ना होगा।'' कृष्णाप्पा अपने गाँव के पासवाले शहर में बढ़ा भी। महेश्वरय्या द्वारा भेजी जानेवाली रकम से गाँव में होनेवाली अवहेलना समाप्त नहीं हुई। गरीब घराने का लड़का जो ठहरा! जब वह हाईस्कूल में पढ़ता था, तब होस्टल का वार्डन–जो एक बड़ा जमींदार था–कृष्णप्पा को बड़ी नफरत से देखा करता था। कृष्णप्पा की चाल-ढाल हर किसी की आँखों को किरकिरानेवाली थी। कृष्णप्पा कई प्रसंगों का उल्लेख करके बताता कि जब वर्तमान अवस्था और वांछित अवस्था में अन्तर होता है, तब मुखौटे को असली चेहरे में बदलने से पहले कैसे-कैसे संकट झेलने पड़ते हैं! अब मरते समय भी वह ऐसे संकट से मुक्त नहीं था। उसकी निरीह पत्नी डाँट खाने के बाद चौके में सिर के बाल बिखराकर कह रही थी, ''बड़े आए नेतागीरी दिखानेवाले! कहते हैं, क्रान्ति करेंगे! बीवी को पीटना तो पहले छोड़ दें।'' इस तरह वह कुढ़ने लगती है तो कृष्णप्पा खिन्न हो जाता है। अपने अहंकार को संयम में रखने के लिए महेश्वरय्या ने जो हास्य-प्रवृत्ति सिखाई थी, क्या वह इस कान्तिहीन देह को छोड़कर चली गई है? इसी बात को सोचकर वह हैरान होता रहता है।

होस्टल के वार्डन ने एक बार कृष्णप्पा की साधारण-सी गलती के लिए उसे पीटने की जुर्रत की थी। हाथ में बेंत लेकर होंठ चबाता हुआ लड़कों के सामने वह रौद्रावतार बना हुआ था। लगता था कि वह उसे जान से ही मार डालेगा। उभरे गाल, धँसी आँखें, चेचक के दागों से भरा चेहरा, ठिंगने कद का वार्डन स्वभावतः बड़ा डरपोक था। उसकी कर्कश गर्जना सुनकर उसे घिन हुई। कृष्णप्पा को अपना लीडर माननेवाले सभी लड़के हैरान खड़े थे। तब उसने वार्डन की ओर अपनी पीठ घुमाई तथा चड्डी खोल दी। चूतड़ के पके लाल गोल फोड़े को उँगली से दिखा उसने गर्दन को घुमाकर कहा, ''साब, इस फोड़े को छोड़कर जहाँ चाहे मारिए।'' और फिर वह पीठ के बल झुक गया था। सभी छात्र खिलखिलाकर हँस पड़े। गुस्से से काँपता हुआ वार्डन तिरस्कार के डर से चला गया था। अमीरी और पद की चालों को कृष्णप्पा ने इस प्रकार कई बार मात दी है।

महेश्वरय्या कहा करते थे, "तुझमें एक बबर है, रे!" वह दुर्गा के परम भक्त थे। कभी-कभी सहसा ऐसी जगह की तलाश करके–जहाँ उन्हें कोई पहचान न सके–दुर्गा की आराधना में बैठ जाते। दिन-रात निरन्तर चलनेवाली इस आराधना ने महीनों तक उन्हें एक ही जगह बाँध भी रखा था। ऐसी एक आराधना कृष्णप्पा के सम्मुख भी हुई थी। महेश्वरय्या ने कृष्णप्पा को आत्मीयता से कहा था, "शेर की सवारी करना रे!" लाल रेशमी धोती पहने, माथे पर सिन्दूर का बड़ा टीका लगाए और गीले लम्बे बालों को कन्धे पर बिखराए हुए इस देवी के उपासक की चमकती आँखों को कृष्णप्पा ने संशय की नजर से देखा था। उससे किसी भी देवता की पूजा सम्भव नहीं थी। उसके मुखौटे को असली चेहरे में बदलनेवाले महेश्वरय्या का विश्वास भी उसे चाहिए था। इसलिए एक दिव्यत्व को अपने में आत्मसात् करने के लिए वह संशय से मुक्त होकर तथा तन्मयता से उनकी बातें सुना करता था। कृष्णप्पा की प्रगति की खातिर महेश्वरय्या उसे छेड़ने से भी बाज नहीं आते थे। सदा आईने के सामने खड़े होकर कंघी करने या मुहाँसे फोड़ते रहनेवाले कृष्णप्पा की आत्मरति को उन्होंने इसी प्रकार फटकारकर छुड़वाया था।

हँसते या गरजते हुए कृष्णप्पा का भीतरी शेर छलाँगें भरता था। दुष्कर्मियों को कीड़े-मकोड़े होने का अहसास कराने लायक शक्ति कृष्णप्पा ने धीरे-धीरे हासिल की थी। राज्य में विपक्ष का वह नामी लीडर जो था! उसका मुँह बन्द करने के लिए कमीने और पाजी लोग कैसी पैंतरेबाजी करते थे! यही कारण है कि कृष्णप्पा को होंठ काटकर ही जीना पड़ा था।

शायद इसीलिए समाज के सामने अपने-आपको मुखरित न करनेवाले महेश्वरय्या जैसे आत्माराम कृष्णप्पा के मनभावन बने रहे। सड़न ही जिसका स्वभाव हो, ऐसे नित्य जीवन में परिपूर्ण शुद्धि को ढूँढ़ना ही बेढंगापन है–इस प्रश्न ने भी उसे सताया है। बजट, नौकरी, रिश्वत, तरक्की, तबादला, ठेका इत्यादि में डुबोनेवाली राजनीति से ऊपर उठने के लिए कृष्णप्पा सदा प्रयत्न करता रहा है। क्रान्ति का सपना देखता रहा है। किन्तु उसका क्रान्तिकारित्व धीरे-धीरे पैबन्द लगाने जैसा हो गया है। अपने को इन सबसे मुक्त रखनेवाले महेश्वरय्या का भी इधर बहुत कम आना हुआ है। या तो झगड़ालू और अहंकारी बनउना होगा, या समाज से मुँह फेरा हुआ आत्माराम। लोभियों के साथ बेदरकार बातें करके कृष्णप्पा खुश होता है। इस प्रकार खुश होने की अपनी आदत से वह दहल भी जाता है। अपने गुस्से से इर्द-गिर्द के वातावरण में जब तनिक भी परिवर्तन नहीं कर पाता तो दिल को यह तसल्ली दे लेता है कि गुस्से को एक आदत बनाए बिना कोई चारा नहीं। क्रोध, क्षोभ, प्रेम की तीव्रता की अभिव्यक्ति के लिए कबीर, अल्लम जैसे नीम-पागलों की

कविताएँ राजनीति से अधिक उत्तम माध्यम लगती हैं।

किन्तु कृष्णप्पा साहित्यिक बनने के चक्कर में हारा हुआ है। एक बार सफेद कागज पर गोल-मटोल अक्षरों में अधूरा वाक्य लिखकर उसे पूरा नहीं कर पाया था–"कटाई के दिनों में सुबह के समय करिया नामक एक मेहतर सिर पर गू की बाल्टी रखकर जब निकला..." यह वाक्य पूर्णविराम न पाकर अधूरा रह गया था? क्या उसे पूरा कर पाना सम्भव था? इस एक वाक्य से ही उसके दिल में दुनिया की गन्दगी को जला डालनेवाला भभकते अंगारे जैसा गुस्सा समा गया था। इस प्रकार लिख पाना तभी सम्भव था, जब उसके जीवन में ऐसे गुस्से की कोई मिसाल मौजूद हो, या ऐसे गुस्से को सच बनाने की वाक्सिद्धि हो। वह कवियों की निन्दा किया करता था। जिनसे कुछ बनता-बिगड़ता नहीं, वे ही लोग ऐसी बातों में अपनी चुल मिटाते हैं। कृष्णप्पा में इस जलन को देखकर महेश्वरय्या ने कहा था, "जलाने की ताकत है तो जला दे, यार! वाग्देवी की निन्दा मत कर।" महेश्वरय्या की राय में जहाँ-तहाँ गुस्सा उगलने के बदले बातों के द्वारा अन्दर की अग्नि-जिह्वा बनाकर उसे जलाना ही श्रेष्ठ है। किन्तु कृष्णप्पा जानता था कि उसकी बातें घमंड से चिपकी रह जाती हैं। पूरी देह से अर्बुद की भाँति बाहर निकलती हैं।

केंचुल छोड़ते समय जैसी वेदना होती है, उसी तरह की वेदना से कृष्णप्पा कभी-कभी पगला जाता है। उन दिनों वह इंटरमीडिएट कॉलेज में पढ़ता था। होस्टल में उसके खाने और आवास का मुफ्त प्रबन्ध था। उम्र शायद पच्चीस की रही होगी। उसकी जन्मतिथि का भला ठीक-ठीक पता किसको था? पूछने पर अनपढ़ माँ बताती है कि जिस वर्ष बाढ़ आई, उस वर्ष कृष्णप्पा पैदा हुआ था। फ्री-बोर्डर होने पर भी होस्टल के सभी धनी लड़कों का वही लीडर था। चाहे और किसी के पास अलग कमरा न हो, किन्तु उसके लिए एक अलग कमरा सभी लड़कों ने मिलकर छोड़ दिया था। एक बार कृष्णप्पा को तेज ज्वर चढ़ गया। गुरप्पा नामक एक धनी लड़का उसका अनुयायी था। जब वह कृष्णप्पा की सुश्रूषा में लगा था, तब बड़े तेज ज्वर में कृष्णप्पा ने कहा, "मुझे एक गद्दा बनवाकर दे।" कृष्णप्पा जानता था कि गुरप्पा कुछ कंजूस स्वभाव का है। गद्दा कैसा हो, इसका विवरण दिया, "अरे ओ गुरप्पा! कंजूसी मत कर। गद्दे के चारों ओर अलग कपड़ा लगवाकर किनारा बँधवाना। गद्दा बक्से जैसा हो। समझा?" गुरप्पा ने 'हुँ' कहा और बाद में गद्दा बनवा लाया। कृष्णप्पा को अभी ज्वर था। अंट-संट बड़बड़ाते हुए भी उसने नए गद्दे के किनारों को टटोलकर देखा था। "साँप के फन की तरह नोकदार है न, यार! बक्से जैसा होना चाहिए, बक्से जैसा।" पलकें

खोल न पाने पर भी गुरप्पा का चेहरा देखने के लिए उसने उठने की कोशिश की थी। जब गुरप्पा ने बताया कि उसका मनपसन्द गद्दा ही बनवाया गया है तो उसे बड़ा गुस्सा आया। वह 'गद्दा नहीं चाहिए' कहकर जमीन पर ही सोता रहा। गुरप्पा ने बहुत मिन्नतें कीं कि ठंड लग जाएगी, किन्तु वह टस से मस नहीं हुआ। कुछ माह पहले इसी भाँति गुरप्पा को भी ज्वर चढ़ा था। जब कृष्णप्पा उसके माथे पर गीली पट्टी रखते हुए बगल में ही बैठा रहता था। उसकी कै को धों-पोंछ देता था। यही वजह है कि गुरप्पा के मन में कृष्णप्पा की पूजा करने लायक भक्ति उत्पन्न हुई थी। फिर भी कंजूस गुरप्पा को अच्छा गद्दा बनवाना नाहक फिजूलखर्ची लगा होगा। सरसाम में पड़े व्यक्ति की बातों को क्यों व्यर्थ का महत्त्व दे, यह विचार मन में आने पर धोखा देने की जुर्रत भी की होगी। इस ओछेपन ने कृष्णप्पा को भी बहुत दुखाया होगा। बाद में गुरप्पा ने बड़ी दीनता से गद्दा बनवाकर लाख याचना की, किन्तु कृष्णप्पा उस पर सोया नहीं। अपने पुराने बिस्तर पर भी नहीं सोया। ताड़ की बोरी पर सोता रहा। मुँह लटकाए गुरप्पा उसकी बगल में ही बैठा रहा। फिर भी उससे बातें करने की उसकी हिम्मत नहीं हुई।

ज्वर कम हो जाने पर वह अपने ममेरे भाई के गाँव सुश्रूषा के लिए चल दिया। उस गाँव के लिए पहले रेलगाड़ी पकड़नी पड़ती थी। तीस मील के सफर के बाद बस पकड़नी पड़ती थी। एक ही बस थी। उसका कोई निश्चित समय नहीं था। कृष्णप्पा स्टेशन पर उतरकर बस की प्रतीक्षा में एक होटल के सामनेवाली बेंच पर सो गया।

अभी मामूली-सा ज्वर था। होटल के मालिक ने बेंच पर लेटे कृष्णप्पा को तम्बाकू के रस से भरे मुँह को ऊपर उठाकर तथा दाढ़ी खुजाते हुए उठने के लिए इशारा किया। तिरस्कार को जीतने के लहजे में कृष्णप्पा ने उसे घूरकर देखा। मालिक की खोपड़ी गरम हो गई। तम्बाकू थूककर कहा, "चल, उठ बे! वरना घसीटवा दूँगा।" कृष्णप्पा ने पहले की भाँति घूरते हुए लेकिन नरम आवाज में कहा, "मुझे ज्वर है। बाहर धूप में सो नहीं सकता। बस आने तक मुझे यहाँ सोने की इजाजत दें।" बातों की शिष्टता उसकी आँखों में नहीं थी। "इसे घसीटकर बाहर निकाल दो। लावारिस हरामजादों के सोने के लिए नहीं है यह होटल।" उसने कहा। एक नौकर ने कृष्णप्पा के सिरहाने का ट्रंक खींचा। मालिक ने जब उसे बाहर फेंका तो ट्रंक का सामान दोपहर की धूप में छितरा गया। वे लोग कृष्णप्पा को घसीटने के लिए जब आगे बढ़े तो उसने कहा, "खबरदार, जो मुझे हाथ लगाया।" इसके बाद वह लड़खड़ाता हुआ बाहर आ गया। अचकन की बाँहों

को ऊपर चढ़ाकर बिखरा हुआ सामान ट्रंक में भर लिया। चिलचिलाती धूप में ट्रंक पर बैठ प्राचीनकाल के उग्र मुनिकुमार की भाँति होटल की इमारत को घूरते हुए शान्ति के साथ कहा, "यह इमारत आग से राख हो जाए। महीने-भर में ही।" यह सुनकर मालिक ने थूक दिया। कृष्णप्पा दया भाव से हँस पड़ा।

ऐसी बातें करने की शक्ति आज भी उसमें है। भले ही वह चल-फिर नहीं सकता। किसी की ओर देखे बिना ही उसने असेम्बली में कहा, "अब मैं मसीहा की तरह बोल रहा हूँ। चाहे तो सुनिए, चाहे तो न सुनिए। मुझे इस बात से मतलब नहीं। गरीब जनता भड़क उठेगी। तुम्हारे घरों में आग लगाएगी।" दैनिक समाचारपत्रों के हास्यप्रिय सम्पादकों ने इसे बॉक्स बनाकर प्रकाशित किया। उसके चेहरे, उसकी आवाज, उसके गम्भीर लहजे से परिचित किसी व्यक्ति ने ये बातें सुनी होतीं तो उसे वह मसखरा लगता ही नहीं। किन्तु रोजमर्रा के दुखों से भरे समाचारपत्रों में जब कृष्णप्पा की बातें दिखाई पड़ती हैं तो हास्यास्पद लगती हैं, एक दम्भी की बकझक जैसी लगती हैं। कृष्णप्पा इस बात को जानता है। यही कारण है कि वह गरीबों को भड़कानेवाले द्वेष और नफरत के पैनेपन को बचाए रखने की कोशिश इस ढलती देह से भी करता है।

कृष्णप्पा का ममेरा भाई रंगप्पा छोटी-मोटी रिश्वत के लिए हाथ पसारकर जीनेवाला एक मामूली-सा मुंशी था। छोटे-छोटे आठ बच्चे। सिर्फ दो कमरों के टूटे खपरैल वाले घर की मालकिन थी सावित्रम्मा। वह छींक आने के कारण अपनी बहती नाक को दीवार से पोंछती हुई सदा बड़बड़ाती रहती। परोसते समय बिना किसी हिचक के पति को गाढ़ा मट्ठा और कृष्णप्पा को पतली छाछ देनेवाली औरत थी वह। कृष्णप्पा इस औरत को अपनी घूरती रहनेवाली क्रुद्ध आँखों से भी जीत नहीं सका था। वह इस शहर में इलाज के लिए आया था, वरना माँ के पास जा सकता था। बच्चों के कमरे में ही अपने रू-ब-रू पड़े रहनेवाले कृष्णप्पा की निरुपयुक्तता—बीमारी के कारण सभी की भाँति 'मुद्दे' न खाकर चावल खाते रहने के बारे में, अपनी गरीबी के बारे में, अपने-आप कुढ़ती हुई रसोई के पीतल के बर्तन पटकते हुए—उसके घमंड को और भी उत्तेजित करती।

अपने चारों ओर की क्षुद्रता और विजय पाने का कोई दूसरा रास्ता न देखकर कृष्णप्पा ने गहरी चुप्पी साध ली। बच्चों का मल-मूत्र, पति का खाऊपन, सदा बिखरा रहनेवाला कूड़ा-कर्कट। सभी सामान्य स्त्रियों की भाँति आए दिन जूझते रहनेवाली मामूली स्त्री मानकर पहले की भाँति उसे घूरकर देखना और उसके मुँह लगना भी छोड़ दिया। 'उसका घटियापन मेरे दुर्बल शरीर और मन को कहीं हड़प न ले', यह सोचकर वह रहमदिल बन गया था। इस तरह रहते हुए एक ही दिन

दो ऐसी घटनाएँ घटीं कि कृष्णप्पा में आश्चर्यजनक परिवर्तन आया।

कृष्णप्पा की डायरी की एक मिसिल थी। सावित्रम्मा इस पुस्तक में सुन्दर अक्षरों में कुछ लिखते हुए प्रसन्नचित्त कृष्णप्पा को कुढ़कर घूरती रहती। कृष्णप्पा को तन्मय बना देनेवाली यह व्यस्तता अनपढ़ सावित्रम्मा को कोई टोने-टोटके जैसी लगती थी। एक दिन कृष्णप्पा अभी सोया हुआ ही था कि सावित्रम्मा ने उस किताब से पानी गर्म करने के लिए चूल्हा सुलगा लिया। उसने मन में सोचा कि पूछने पर कह देंगे कि चूल्हा सुलगाने के लिए कंडे नहीं थे।

कृष्णप्पा ने जागने के बाद आम की दातून की और माँझ-घर में आकर पूछा, "मेरी पुस्तक कहाँ है?" शक होने पर हमाम में जाकर देखा। किताब के पुट्ठे का अधजला टुकड़ा देख लेने के बाद वह सावित्रम्मा के सामने आकर बिन बोले उसे घूरने लगा। सावित्रम्मा ने निष्पाप भाव से कहा, "कंडे नहीं थे।" कृष्णप्पा निश्चल खड़ा रहा। मन में आया कि उस औरत को जान से मार दे। साथ ही उसकी आँखों में पानी भर आया। उस पानी को देखकर शायद सावित्रम्मा इसके लिए पछताएगी, इस विचार से वह बिस्तर पर जाकर सो गया। आँखें बन्द कीं। समझ में न आनेवाली बातें उसके मन में उठने लगीं। 'चारों ओर की क्षुद्रता मेरा नाश किए बिना न रहेगी'–ऐसी भावना के मन में आते ही लगा कि वह बड़ा निकम्मा बनता जा रहा है। अपनी उँगलियाँ काट डालने को मन हुआ। ट्रंक से ब्लेड निकाला। अब यदि निडर होकर अपनी उँगलियाँ काट ले तो इसका मतलब होगा कि वह ठोस बन गया है। यह सोचकर जैसे ही वह उँगलियाँ काटने जा रहा था कि पड़ोस की एक औरत की आवाज सुनाई दी, "सुनो, सावित्रम्मा! अरसाले में होटल था न, उडुपा जी का। उनके होटल में आग लग गई थी। उनके हाथ-पाँव झुलस गए और अस्पताल में भर्ती किए गए हैं।"

यह सुनकर कृष्णप्पा को अपने शाप की बात याद आ गई और उसे लगा कि वह दैवांश-सम्भूत है। शाप के फलीभूत होने की अवधि एक माह थी। अब दस दिन और बीत गए थे। कृष्णप्पा को उद्वेग में यह बात खटकी नहीं। वह दैवांश-सम्भूत है और इस अंश की वृद्धि करके खुद देवता ही बन जाने की चाह से वह खिलखिलाकर हँसा। पड़ोसिन और सावित्रम्मा के सामने पेन्सिल की भाँति पाँव की छोटी उँगली छील डाली। उससे लहू का फव्वारा छूटने लगा तब भी वह हँसता ही रहा।

तब से शुरू हुआ कृष्णप्पा का पागलपन। महेश्वरय्या की भाँति माँझ-घर में बैठकर व रंगोली पूरकर एक बड़ा-सा मंडल रचाया। फिर उसमें हल्दी और सिन्दूर भरा। बीच में मँजी हुई एक देगची रखकर देवी की प्रतिष्ठापना की।

केवल लँगोट पहनकर महेश्वरय्या द्वारा दी हुई 'सौन्दर्यलहरी' का पाठ शुरू किया। सावित्रम्मा हड़बड़ा उठी कि शूद्र लोग भी मन्त्र पढ़ने लगे! वह घबरा गई थी। स्पष्ट मन्त्रोच्चार करनेवाले कृष्णप्पा के पास जाते न बनता था। वह हैरान खड़ी रही। स्कूल से आए बच्चों को पिछवाड़े से ही चौके में बुलाकर ताकीद कर दी कि कृष्णप्पा के पास न जाएँ। शिवगण की भाँति कृष्णप्पा को बैठे देखकर उसका पति रंगप्पा भी भौचक्क रह गया। पूजा के बीच में जब कृष्णप्पा ने चिल्लाकर कहा कि तोरण बाँधो, तब खुद रंगप्पा ने आम के पत्ते लाकर तोरण बाँधे।

माँझ-घर में कोई फटका तक नहीं। इस प्रकार तीन दिनों तक होंठ सीकर सावित्रम्मा ने शुचि में खीर और 'कोसुंबरी' का भोग बनाया। आस-पड़ोस में किसी की समझ में नहीं आया कि इस अप्रत्याशित प्रसंग का सामना कैसे किया जाए? कचहरी के ब्राह्मण-मुंशियों ने रंगप्पा को दहलाया कि रंगप्पा के लिए इसका बुरा परिणाम होगा। कुछ लोगों ने तो यहाँ तक कहा कि अब्राह्मण के द्वारा देवी का आह्वान करना सम्भव ही नहीं। कृष्णप्पा को दीक्षा देनेवाले महेश्वरय्या किस जाति के थे–इसका ठीक पता किसी को भी नहीं। थोड़ा-बहुत मन्त्र का ज्ञान रखने वाले एक मुंशी ने बताया कि यदि यह बंगाल के शक्ति-पथ की उपासना है तो कृष्णप्पा तथा अन्य लोगों का यकीनन मुसीबत से छुटकारा नहीं होगा। बाहर से ही मन्त्र सुनकर उसने अर्थपूर्ण ढंग से सिर हिलाया कि यह तान्त्रिक उपासना ही है। इसके निवारणोपाय के लिए रंगप्पा ने हाथ जोड़कर विनती की। "जरूर है। देखकर बतलाऊँगा। आह्वान करने के पश्चात् ठीक ढंग से विसर्जन भी करना पड़ता है। इस टोने-टोटके का यही अंजाम होता है कि इसमें जो हाथ डालता है, उसी को खा जाता है।" उसे वास्तव में डरा हुआ देखकर रंगप्पा हैरान हो गया।

कृष्णप्पा सोता भी नहीं था। दिन में तीन बार कुएँ से पानी खींचकर सिर पर उड़ेल लेता और फिर बैठ जाता। ऊँची आवाज में दिन-रात मन्त्र-पाठ करता रहता। देवी के भोग के लिए बनी खीर ही तनिक खा लेता–बस! रंगप्पा हर रोज सवेरे एक चंगेर भरकर फूल लाता। देवी के प्रिय अड़हुल फूल के लिए चार मील दूर जाता। सारा घर तीन दिनों तक कृष्णप्पा की आज्ञा का पालन करता रहा।

कृष्णप्पा दैवाराधना को अपने पूरे बुद्धि-बल से नकारता रहा है। उसे आज भी उन दिनों की अपनी स्वच्छंद अवस्था रहस्यपूर्ण लगती है। तीन दिनों तक देवी की आराधना करने के पश्चात उसे लगा था कि अपने मर्त्य-शरीर से वह भिन्न है। जैसे ही उसे इस बात का अहसास हुआ, फौरन पूजा छोड़कर उठ खड़ा हुआ और लँगोट उतारकर बाहर निकल आया। नंगा होकर गली में चलने लगा। तब

कुछ डर और कुछ आदर से लोग उसे देखने लगे। फिर तो उसका उन्माद बहुत बढ़ गया और वह गाँव के छोरवाले गणेश जी के चौंतरे पर जा बैठा।

इसके बाद की घटनाएँ कृष्णप्पा को याद नहीं। पता नहीं, महेश्वरय्या कहाँ से आए और कहाँ ले जाकर उसका इलाज करवाया! आखिरकार कृष्णप्पा ठीक हो गया।

यदि यह पागलपन है तो आखिरी साँस की प्रतीक्षा में लेटे कृष्णप्पा को ऐसा उन्माद आज भी चढ़ सकता है। कृष्णप्पा को नफरत की निगाह से देखना मुमकिन नहीं था। उसका नाम भी उसकी सीमा की घोषणा करता लगता था। रजिस्टर में उसका नाम था कृष्णप्पा गौड़ा। कृष्णप्पा गौड़ा पुकारने से आत्मीयता का भाव तथा उसके शूद्र होने का बोध–दोनों होते थे। इसलिए अध्यापकों के लिए एक समस्या पैदा हो जाती थी कि उसे कैसे पुकारा जाए। 'कृष्णप्पा' कहना ज्यादा आत्मीयता होती। सभी उसे 'गौड़ाजी' कहा करते मानो उसका कोई एक नाम ही न हो।

इसी प्रकार वह सहसा अपनी क्षुद्रता को मात देकर चौंका देता है। एक बार राज्यपाल के भाषण में देश की आम स्थिति के प्रति कोई सहानुभूति व्यक्त नहीं की गई थी। अतः उसने कुपित होकर भाषण की प्रति को जमीन पर फेंककर पाँव से रौंदा दिया तो उसकी उग्र मूर्ति को अन्य सभी सदस्य दो-एक मिनट के लिए काष्ठ बनकर अपलक देखते रहे थे। तत्पश्चात् सभा के अपमान आदि का हो-हल्ला किया गया और उसे बाहर कर दिया गया। कृष्णप्पा का मानना था कि केवल पाजियों को सौजन्य की आवश्यकता होती है। किन्तु अपना कोई परिचित, चाहे वह शत्रु ही क्यों न हो, बीमार होता तो कृष्णप्पा फल-मेवा लेकर उससे मिलने जाता। इस प्रकार कृष्णप्पा के आने से रोगी हर्षित हो जाते थे।

एक दिन सवेरे कृष्णप्पा को पेशाब की सख्त तलब हुई किन्तु खुद से उठा नहीं गया। पैन के लिए 'सीता, सीता' कहकर पत्नी को आवाज दी। शायद वह नहा रही थी। देह दुर्बल हो गई थी, रोक न पाया। बिस्तर पर ही पेशाब कर दिया। सीता नहाकर आई तो पति के मायूस चेहरे को देखकर पूछा, "क्या है?" उसके जवाब के बिना ही भिनकती बू से वह समझ गई। कृष्णप्पा को यह सोचकर गुस्सा आया कि शायद वह खुश हो गई होगी। जल्दी से उसे दूसरे बिस्तर पर स्थानान्तरित करते हुए पत्नी ने कहा, "मुझे देखकर तुनकते रहते हो। बताओ तो सही, दूसरा कौन तुम्हारा मल-मूत्र उठाता? कहा करते थे न कि तुम्हारे नाम की माला जपती कोई बैठी है। क्या वह यह काम करती? और वह लूसी या फूसी

थी न, क्या वह करती?'' पत्नी को मनाने के लिए कृष्णप्पा ने कभी ये बातें उससे कही थीं। अब उसकी याद करके मन-ही-मन उबल पड़ा। लगा कि यह औरत सुश्रूषा में आखिर उसी को मात दे रही है। गौरी देशपांडे और लूसीना की बात खुद कृष्णप्पा ने ही अपनी पत्नी को बताई थी। ऐसी बातें बताकर पत्नी की हीनभावना को जीतने की चेष्टा की थी। जब वह बतियाने लगता तो उसकी पत्नी न 'ना' कहती, न 'हाँ'। बस यही कहती है, ''वह सब मैं नहीं जानती। दोपहर की दवा ली?'' या कहती है कि पड़ोसिन ने मैटनी के लिए बुलाया है, वह जाएगी। रोजमर्रा के घरेलू कामकाज या अधिक-से-अधिक बैंक के अन्य कर्मचारियों के शादी-ब्याह, बच्चे-जच्चे आदि के बारे में बातें करती। बस, यही थी उसकी दुनिया। इसके साथ ब्याह करके उसी वर्ष कृष्णप्पा ने एक बच्ची पाई थी। उसके पश्चात् शरीर-सम्बन्ध भी नहीं रख पाया था। किन्तु अब उसकी देह पोंछने से लेकर मल-मूत्र उठानेवाली वही थी। कृष्णप्पा ताड़ गया कि वह जीत रही है। वह क्रूरता से भी पेश आता तो सीता धीरज के साथ सभी कुछ सहती। यह सब देखकर कृष्णप्पा को भय लगने लगता कि कहीं उसका व्यक्तित्व तो खोखला नहीं बनता जा रहा!

शुरू से ही सीता जीतती रही थी। नहीं तो लूसीना और गौरी की बातें बताकर गौरव पाने की चेष्टा करने की आवश्यकता ही नहीं थी। पत्नी से सम्भोग करने से पहले कृष्णप्पा उसे जताने की चेष्टा करता कि उसकी यह देह और उसका मन मामूली नहीं है। लेकिन सीता के भोंदूपन के आगे कृष्णप्पा को अपनी यह चाल हास्यास्पद लगती थी। सावित्रम्मा द्वारा उसकी डायरी जलाए जाने की बात पर सीता ने आश्चर्य व्यक्त किया था, ''डायरी में कौन ऐसी बढ़िया चीज हो सकती है भला!'' धीरे-धीरे काँछेदार धोती और कमीज खोलते हुए वह बोलता तो वह ऊब जाती और कहती, ''जल्दी आइए। नाहक बड़ी देर तक सताते न रहिए। सवेरे नौ बजे बैंक भी जाना है।'' उसे मनाने के लिए मुस्कराहट का लेप भी रहता, पर पत्नी के प्रति सारी आशाएँ सूख जातीं। मूलतः वह भी उसी के स्तर का रहा होगा वरना उससे शादी क्यों करता? 'अपने मूल स्तर को स्वयमेव पहुँच गया हूँ,' इस सोच से उदास होकर सो जाता अथवा उससे सम्भोग करने की इच्छा होने पर खूब पी लेता।

जब कृष्णप्पा बी.ए. के अन्तिम वर्ष में था, तब गौरी देशपांडे के साथ उसकी मैत्री शुरू हुई थी। देर से पढ़ाई शुरू करने के कारण कृष्णप्पा उससे सात-आठ वर्ष बड़ा था। बयालीस-तैंतालीस के आन्दोलन में कृष्णप्पा छात्र-नेता था, इसलिए

लड़कियों के लिए वह एक लीजेंड था। उसके गुस्से, मगरूपन, पागलपन की बातें जानकर कोमल दिलवाली लड़कियाँ अपने अध्यापकों से भी अधिक कृष्णप्पा की इज्जत करतीं। वह क्लास में आता भी कम था। जब कभी आता तो अध्यापक भी अपने छिछोरेपन को छोड़ गम्भीरता से पढ़ाते। परीक्षा-वरीक्षा के लिए सिर न खपानेवाला कृष्णप्पा असाधारण रूप से बुद्धिमान था। कृष्णप्पा की स्वतन्त्र सोच तथा बढ़ी उम्र के कारण अध्यापकगण उसके प्रति हिचकते रहते।

कृष्णप्पा काला-कलूटा, हट्टा-कट्टा आदमी था। सफेद खद्दर की धोती और अचकन पहनकर कॉलेज आता था। इन सफेद कपड़ों में करीने से तराश कर खड़ी की गई काली मूर्ति की भाँति दिखाई पड़ता। जब कभी वह घूरकर देखता तो उसका प्रशान्त चेहरा क्रूर बन जाने से भयानक लगता। विनम्र बातचीत। गायक की तरह भर्राई हुई आवाज। लड़कियाँ उसे 'अफ्रीका का प्रिन्स' कहा करतीं।'' ''प्रिन्स आया है, री, आज!'' कभी-कभार उसे देखकर लड़कियाँ निहाल हो जातीं।

गौरी देशपांडे कॉलेज की ख्यात नर्तकी, संगीत-विदुषी तथा कक्षा में प्रथम आनेवाली छात्रा थी। कृष्णप्पा की ओर उसके आकर्षण की भनक पाकर चतुर लड़कियाँ उसे 'राधा' कहकर चिढ़ाने लगीं। सामने नहीं–पीठ पीछे। इसका कारण यह था कि गौरी किसी से भी अधिक न मिल-जुलकर एकांगी रहा करती थी।

लड़कियों के आश्चर्यचकित होने की एक वजह और भी थी। गौरी की माँ पति को छोड़कर आई थी। सुपारी मंडी में महाजन नंजप्पा की रखैल बनकर रहती थी। इस बात को जानते हुए भी किसी के लिए गौरी को घटिया नजर से देख पाना सम्भव नहीं था–गौरी इस कदर गम्भीर रहा करती। महाजन नंजप्पा ने गौरी की माँ अनसूयाबाई को अलग बँगले में रखा था। उसके घूमने के लिए अलग कार और ड्राइवर थे। उटकमंड के गुलाबों से सजा विशाल आँगन वाला उसका घर सारे गाँव में प्रसिद्ध था। अनुसूयाबाई को विरले ही बाहर देखा गया था। जिन्होंने उसे देखा नहीं था, वे भी उसके सौन्दर्य की प्रशंसा करते। अन्दाजा लगाते रहते कि जब गौरी इतनी सुन्दर है तो उसकी माँ कितनी सुन्दर होगी!

अनसूयाबाई कार से कभी गाँव में नहीं आती। गाँव के बाहरी बँगले से केम्मण्णगुंडी या मंगलूर जाने के लिए ही वह कार का उपयोग करती। गौरी देशपांडे इसी कार से हर रोज कॉलेज आती-जाती थी। अन्य लड़कियों को इससे और भी ईर्ष्या होती। उसके नाम के पीछे लगे देशपांडे को लेकर लड़कियाँ आपस में बातें करतीं कि इस नाम का कोई उसका बाप रहा होगा। बाप के साथ न

रहकर माँ के प्रेमी के साथ रहनेवाली गौरी कितनी बदकिस्मत है! तिस पर सभाओं में नाचने-गानेवाली लड़की कितनी बेहया है! पर साथ ही गौरी की चाल-ढाल से दंग भी होतीं।

गौरी ऐसे रहती मानो इन लड़कियों की दुनिया से उसका कोई सरोकार ही न हो। सफेद साड़ी और सफेद ब्लाउज पहनकर अपने लम्बे काले जूड़े में सफेद गुलाब खोंसकर वह संजीदगी के साथ क्लास में बैठी रहती। उसके बदन पर कोई गहना न होता। लेडीज-रूम में भी कोई-न-कोई किताब पढ़ती रहती। सामान्यतः लड़कियाँ आपस में एकवचन में सम्बोधन करती हैं। उससे भी एकवचन में बातें करती हैं, पर वह नाजुकी से उन्हें बहुवचन में सम्बोधित करके अपना फासला बनाए रखती। कृष्णप्पा ने कभी उससे बात नहीं की, फिर भी उसे बराबरी की निगाह से ही देखता था।

एक दिन शाम के समय कृष्णप्पा अकेला ही कॉलेज की ओर घूमने निकल गया था। फुटबाल की एक टीम खेल खत्म करके घर की ओर लौट रही थी। इस टीम का कैप्टन एक मुस्टंडा लड़का था। वह अपनी टोली को पीठ के पीछे खड़ा करके दीवार पर कुछ लिख रहा था। सभी को हँसते देख कृष्णप्पा का ध्यान उस ओर गया। मुस्टंडे का नाम था रामू। कॉलेज में आवारा के नाम से प्रसिद्ध था। कृष्णप्पा के बराबर की ही उम्र थी। बाप शहर की एक बड़ी राइस मिल का मालिक था। कृष्णप्पा को जो इज्जत मिलती थी, उससे वह जलता था। कृष्णप्पा ऐसे गुंडे-आवारा लड़कों से काफी फासला रखता था। वह उनकी ओर कभी आँख उठाकर भी नहीं देखता था। कॉलेज में यों व्यवहार करता मानो उसकी बराबरी का वहाँ कोई है ही नहीं। ऐसे लड़कों की समझ में नहीं आता था कि किसी के साथ स्पर्धा न करनेवाले कृष्णप्पा के साथ कैसे पेश आएँ!

रामू द्वारा लिखे बड़े-बड़े अक्षरों को पढ़कर कृष्णप्पा का रोआँ-रोआँ जल उठा। 'गौरी छिनाल की बेटी है...।' 'ऐ गौरी, तेरे बोसे का क्या दाम है?' ऐसे वाक्यों पर रस लेते रामू के पास जाकर कृष्णप्पा ने अपनी गम्भीर भर्राई आवाज में कहा, "जो लिखा है, उसे मिटा दो।"

पल-भर रामू को सूझा नहीं कि क्या जवाब दे! "तुम्हें क्या पता कि किसने लिखा है?" थोड़ी देर बाद उसने दबी आवाज में कहा। फिर कुत्सित तरीके से हँसकर अपने साथियों की तरफ देखा ताकि उन्हें पता चल जाए कि उसने कैसे समझदारी की बात कही है।

"तुम्हें लिखते हुए मैंने देखा है।" कृष्णप्पा ने अपना गुस्सा दबाकर संजीदगी से कहा।

रामू पहलवान था। बड़ी-बड़ी मूँछें रखी हुई थीं। शायद मन-ही-मन कृष्णप्पा का जिगरी बनने की इच्छा रही होगी। ठोस व्यक्ति से लड़ पड़ने पर बराबरी की मैत्री प्राप्त होगी, इस बात की समझ रखनेवाला था वह। किन्तु कृष्णप्पा उसे ओछी निगाह से ही देखा करता था। एक थप्पड़ मारकर और जवाब में थप्पड़ खाकर आत्मीय बनने के लिए वह तैयार दिखाई नहीं देता था।

रामू ने उसे छेड़ा, "क्या वह तुम्हारी राधा लगती है?"

उसे विश्वास था कि कृष्णप्पा उस पर हाथ उठाएगा, लेकिन झपटकर अपनी आबरू बचा लेने की राम की प्रतीक्षा भी बेकार गई। कृष्णप्पा ने पासवाले नल से अपना रूमाल भिगोकर दीवार की लिखावट पोंछनी शुरू की। रामू इन्तजार में खड़ा रहा। कुछ और छेड़ने के लिए।

"लगता है, वह तुम्हें मुफ्त देती है?" उसने कहा। उसकी बात पर साथियों ने सीटी बजाई। कृष्णप्पा उनकी ओर देखे बिना आगे चल पड़ा मानो वहाँ कोई हो ही नहीं। कुछ दूर चलने पर उसे शंका हुई कि कहीं वे दुबारा न लिख दें! मुड़कर देखने की इच्छा को दबा लिया। सोचा, जैसे अपने गिर्द की क्षुद्रता वह स्वयं जीतता जा रहा है, उसी भाँति गौरी को भी जीतने दे।

दूसरे दिन दीवार को साफ देखकर उसे लगा कि उसकी जीत हुई है, किन्तु उसके तीसरे ही दिन 'गौरी कृष्णप्पा को मुफ्त देती है'...'कृष्णप्पा गौरी का कुटनी का काम करता है' आदि बातें डामर में लिखी दिखाई पड़ीं। सारे कॉलेज में फुसफुसाहट हो रही थी। जब कक्षाएँ शुरू हुईं, तब डामर की उस लिखावट को चपरासियों द्वारा मिटाने के प्रयत्न में और भी गहरा तराशा गया था। कृष्णप्पा ने चलते-चलते गौरी को यों देखा कि उसका उस लिखावट से कोई सरोकार नहीं। मन में सोचा कि इससे कहीं उसके दिल को दुख न हुआ हो। किन्तु वह भी विचलित दिखाई नहीं पड़ी। तब उस दिन शाम को खुद उसके घर जाकर घंटी बजाई।

गौरी गा रही थी। घंटी की आवाज सुनकर दरवाजा खोला। कृष्णप्पा को देखकर जो खुशी हुई थी, उसे जाहिर न करके भीतर लिवा ले गई। उसकी गुप्त रूप से खिली भावना को ताड़कर उत्तेजना के साथ कारपेट पर नजर गड़ाए कृष्णप्पा ने धीरे-धीरे कहा, "आज पता चला कि बराबरी का दर्जा रखनेवाली इस कॉलेज में अकेली आप ही हैं।"

गौरी से नजर न मिलाकर कृष्णप्पा शीशे की मेज, दीवार पर टँगी देवताओं की तसवीरों, तम्बूरे आदि को देखने लगा। शीशेवाले जंगले के उस पार खिले हुए गुलाब दिखाई पड़े। उसे खेद हुआ कि वह इस प्रकार की बातें करके घटिया बन गया।

"मेरी बातें दिल को मत लगा लेना। नाहक बातें करके मैं चीप बना, आपको भी चीप बनाया।" यह कहते हुए वह उठा।

"नहीं, नहीं। बैठिए।" गौरी झेंपकर बोली। "यह सच है कि मेरी माँ, जब मैं बच्ची ही थी, मेरे पिता को छोड़ आई। नंजप्पा जी ने उसे रख लिया है। देखिए, ये सारी वस्तुएँ उन्हीं की हैं।" इसके बाद वह उठ खड़ी हुई। "इतना सब जानने के बाद पता नहीं, आपको क्या लगा होगा?" उसे लगा कि गौरी का चेहरा अपने उद्वेग को छिपाने की कोशिश कर रहा है।

"आपको सांत्वना देने मैं नहीं आया। आपको एक विशिष्ट व्यक्ति जानकर आदर करता हूँ।" कृष्णप्पा ने उठकर एक कदम आगे बढ़ाया।

"मेरे पिता कहलाने वाले व्यक्ति का नाम देशपांडे था। उन्होंने भी मेरी माँ को रख लिया था। बैंक में चोरी करके जेल गए। पति के बिना मेरी माँ जी नहीं सकती। इसलिए...।"

अब गौरी को पूरते हुए कृष्णप्पा ने कहा, "आप मेरी परीक्षा ले रही हैं न? ऐसा करना चीप है?"

दिल का गुबार निकल जाने पर गौरी हँस पड़ी। हँसते हुए वह शरारती लड़की की तरह दिखाई पड़ी तो कृष्णप्पा को कसमसाहट हुई। कृष्णप्पा की इच्छा उस लड़की की भीतरी परतों पर से यह उघाड़ने की थी कि या तो तुम अपने इर्द-गिर्द के रोजमर्रा के घटियापन को जीतो, या फिर घटियापन का शिकार हो जाओ। जीवन का यही नियम है। किन्तु उसके स्वभाव के शरारतीपन को देखकर उसे निराशा हुई।

कृष्णप्पा के चेहरे ने 'मैं तेरे लिए अगम्य हूँ' के भावों को प्रदर्शित किया तो उसने कहा, "आप बड़े मगरूर हैं।"

यह सुनकर कृष्णप्पा ने मुँह फेर लिया। उसके आने से पहले माथे पर सिन्दूर के बदले भस्म लगाए वह गा रही थी। अब कमर पर हाथ रखकर नर्तकी की भाँति त्रिभंगी मुद्रा में खड़ी है। शायद वह उसे जीतने की चेष्टा कर रही है, या शायद वह कोई गम्भीर प्रश्न तो नहीं पूछ रही है? यदि उसने शरारत से पूछा होगा तो अपना जवाब मगरूरपन का ही होगा।

कृष्णप्पा को कहीं और घूरते देखकर उसने कहा, "मजाक में नहीं कहा मैंने। मेरी माँ बड़ी अच्छी है। नंजप्पाजी भी भले हैं। किन्तु मैं सभी की पहुँच के परे रह जाती हूँ। मुझे रोए काफी दिन हो गए। इसलिए मुझे लगता है कि मैं भी आपकी भाँति मगरूर हूँ।"

कृष्णप्पा का चेहरा सख्त हो गया और आँखें छोटी हो गईं।

“मेरी माँ से मिलोगे? ऊपर हैं। बुलाती हूँ।” गौरी ने मेजबानी के लहजे में पूछा।

अचकन की जेबों में हाथ डाले भावशून्य नजरों से गौरी को देखते हुए कहा, “नहीं। क्या बात करेंगे, मेरी समझ में नहीं आ रहा। दुविधा रहेगी।” इतना कहकर कृष्णप्पा चला आया।

फिर कमरे में पहुँचकर एक चिट्ठी लिख डाली :

प्रिय गौरी देशपांडे,

मैंने तब जवाब नहीं दिया था, क्योंकि आपने मुझ पर असर डालने के लिए वे बातें कही थीं। अकेले में जो बातें हम अपने-आपसे नहीं कह पाते, उन्हें दूसरों से क्यों कहें? जो बातें इस भावना से कही जाती हैं कि सामने खड़ा कोई सुन रहा है, उनमें खोखलापन होता है। इसलिए मैं शिष्टाचार का विरोधी हूँ। पैसा कमानेवालों को, लोकप्रियता चाहनेवालों को शिष्टाचार की आवश्यकता होती है। गहरे रिश्तों में शिष्टाचार बाधक बन जाता है। मैंने आपके घर में आकर जो कुछ कहा, उसका उद्देश्य एक-दूसरे को परस्पर पहचानना था। सहानुभूति चाहनेवाली आपकी कमजोरी का अंश शायद मेरे व्यवहार में भी रहा होगा।

मैं मगरूर नहीं हूँ। आप भी नहीं। हो सकता है कि जो लोग क्षुद्रता के शिकार होते हैं, ऐसे दिखाई पड़ते हों। किसी पेड़, किसी पक्षी, किसी जानवर, किसी भिखारी–चाहे किसी को भी देखूँ, यही लगता है कि मैं सभी से न्यारा हूँ। हाँ, ऐसा जरूर नहीं लगता कि उनसे बड़ा हूँ। जिस तरह दूसरे लोगों द्वारा आक्रमण करने पर ही साँप अपने जहर को उपयोग में लाता है, उसी भाँति मैं अपना घमंड दिखाता हूँ। यदि मेरे जन्म के वातावरण में क्षुद्रता को जीतने के लिए यह बात अनिवार्य बन गई हो तो उसके लिए मैं जिम्मेदार नहीं। आपकी भूमिका देखने पर यह बात आपके बारे में भी सच लगती है। यह बाहरी क्षुद्रता केवल बाहर ही नहीं–हमारे भीतर रहनेवाली भी है। हमारी उत्कटता का गला घोंटने के लिए भीतर और बाहर रचे जानेवाले षड्यन्त्र के कारण सदा चौकन्ना रहना शायद सज्जनों को घमंड जैसा लगता हो। किन्तु यह अनिवार्य है। मोह के वश में न पड़नेवाली हमारी निष्ठुरता अपने गिर्द के जन्म-मरण के लिए खुली रहनेवाली सावधानी है। यही उचित भी है। यह मत भूलिए कि चेतन और अचेतन दोनों जुड़वाँ हैं।

–कृष्णप्पा

डाक के डिब्बे में चिट्ठी डाल देने के बाद कृष्णप्पा कुम्हारों की बस्ती में गया। सँकरी गली से गुजरकर एक पनसारी की दुकान के ऊपरवाले कमरे की ओर देखा। कमरे में रोशनी थी। एक गन्दे गलियारे से होकर जीर्णावस्था को प्राप्त जीने की सीढ़ियाँ चढ़कर ऊपर पहुँचा। रास्ते में पेशाब की बू दम घोंट देनेवाली थी। ज़ीने का दरवाजा खटखटाया।

काँछेदार धोती और अचकन पहने अण्णाजी ने 'कौन' कहकर पूछा। कृष्णप्पा को पहचानकर किवाड़ खोला। अण्णाजी के कमरे में अगरबत्ती जल रही थी। खुशबू प्यारी लगी। अण्णाजी ने उसे अंग्रेजी में 'आओ, बैठो' कहा। जमीन पर बिछे बिस्तर के एक छोर की तरफ इशारा करके अण्णाजी खुद दूसरे छोर पर बैठ गया। मँझली उम्र का अण्णाजी आकर्षक व्यक्ति था। आँखों में भर जाने लायक नोकदार गाल, झाड़ीदार घनी भौंहें, छरहरा ऊँचा कद। लम्बे बाल बढ़ाकर पीछे की ओर कंघी की थी। एक महीने से बढ़े हुए उसके चेहरे के बालों से पता चलता था कि वह दाढ़ी बढ़ा रहा था। चारमीनार सिगरेट जलाकर अण्णाजी ने कृष्णप्पा द्वारा बातें शुरू किए जाने का इन्तजार किया।

अण्णाजी द्वारा अध-पढ़ी ट्राट्स्की की एक पुस्तक कृष्णप्पा ने बिस्तर पर देखी। खपरैल के ढलावदार छत वाले कमरे में एक बिस्तर, एक ट्रंक, कुछ किताबों के अलावा और कुछ नहीं था।

कृष्णप्पा ने जेब से दो सौ रुपए निकालकर दिए। उसके स्वभाव से भलीभाँति परिचित अण्णाजी ने 'थैंक्स' कहे बिना नोट अपनी जेब के हवाले किए और खुशी जाहिर किए बिना अंग्रेजी में कहा, "मुझे यह कमरा भी बदलना पड़ रहा है।"

अण्णाजी ने उठकर गली की ओर खुलनेवाली खिड़की का मैला परदा हटाकर बताया, "खुफिया पुलिस। इस कमरे में आने-जानेवालों पर निगाह रख रहा है कल से सूअर!"

"मेरे होस्टल के कमरे में आकर रह लो।"

कृष्णप्पा की बात पर अण्णाजी ने सिर हिलाया कि वह स्थान भी सुरक्षित नहीं। कृष्णप्पा उसे 'अण्णाजी' कहकर सम्बोधन नहीं करता, क्योंकि कृष्णप्पा ने उसका असली नाम कभी पूछा नहीं था। पुलिस की नजर बचाकर भटकते हुए अण्णाजी हर गाँव में अलग-अलग नाम रख लिया करता था। गोवा की जेल से भागकर आया हुआ अण्णाजी महाराष्ट्र का था। गोवा से तेलंगाना जाकर वहाँ के गाँव में जब किसानों का संगठन कर रहा था तो उसके अनुयायियों ने एक जमींदार का खून करने की कोशिश की थी। टाँग टूटने से जमींदार बच गया।

कुछ किसान अण्णाजी की योजना से आगे बढ़ चुके थे। जो किसान फँस गए थे, उनका कत्ल के प्रयत्न का मुकदमा चल रहा था। एक अभियुक्त किसान को अप्रूवर बनाकर पुलिस ने अण्णाजी के बारे में जानकारी हासिल की थी। अण्णाजी अपनी जान बचाकर गाँव-गाँव भटकते हुए अब इस गाँव में आया था। दो-चार घरों में अंग्रेजी पढ़ाने का ट्यूशन रख लिया था। आन्ध्र प्रदेश की पुलिस आर.एल. नायक के नाम से उसकी खोज कर रही थी। गोवा के पोर्चगीज पी.टी. देशपांडे के नाम से इसे फाँसी पर चढ़ाने की ताक में थे। अण्णाजी जितना बताता था, कृष्णप्पा उससे अधिक पूछा नहीं करता था। खुद भी अपने जीवन के उद्देश्य की तलाश करते रहनेवाले कृष्णप्पा को हजारों क्रान्तिकारी पुस्तकें पढ़ा हुआ अण्णाजी प्रायः महेश्वरय्या की भाँति गुरु-जैसा ही लगा था।

अण्णाजी जिन गाँवों को छोड़ आया था, उन सभी में उसकी एक-एक प्रेयसी थी। हर माह उन्हें कुछ-न-कुछ पैसे भेजने पड़ते थे। इसलिए शेर के नासूर की तरह था उसका कर्जा। कृष्णप्पा ही मनीआर्डर किया करता। कोल्हापुर के दर्जी की एक बेटी को उसकी बी.टी. की पढ़ाई के लिए हर माह पच्चीस रुपए; गोवा की एक क्लर्क को, जो उसके एक बच्चे की माँ थी, पच्चीस; बचपन में ही शादी के बाद एक बच्चे को जन्म देकर नागपुर में नैहर जाकर बसी हुई खास बीवी के लिए पच्चीस। कम-से-कम पन्द्रह-बीस वर्षों से इस बाबत अण्णाजी को उधार दिए हुए उन गरीब अनुयायियों का कर्जा चुकाने के लिए कभी-कभी थोड़ा-बहुत भेजना पड़ता था। इस प्रकार अण्णाजी सिर से पाँव तक कर्जे में डूबा था। सिर्फ चाय और सिगरेट पर जीनेवाले, ताड़ की बोरी पर सोकर रात काटनेवाले अण्णाजी को अन्य बुरी आदतें नहीं थीं।

अण्णाजी को हर रोज पैसों के लिए तरसते हुए, अगले सप्ताह अदा करने के झूठे वादे करते हुए, लोगों को धोखा देने के लिए अपनी सारी चालाकी का इस्तेमाल करते हुए देखकर कृष्णप्पा को घिन आती थी। नाम के व्यामोह से भी मुक्त व्यक्ति था अण्णाजी। परिचय होने के बाद कृष्णप्पा को अण्णाजी के लिए किसी और से जब पैसे हाथ-उधार लेने पड़ते थे, उस समय अण्णाजी झूठी दलीलें दिया करता था। एक बार कृष्णप्पा ने तुनककर कहा था, ''तुम्हारे प्रति मुझे गौरव है। मुझसे झूठ मत बोलो।'' पल-भर के लिए भौचक्क होकर जब अण्णाजी अपनी आपबीती सुनाने लगा था तो कृष्णप्पा बोला था, ''बस करो। मैं हर माह तुम्हें कुछ रकम जोड़कर दूँगा।'' साथ-ही-साथ अंग्रेजी के ट्यूशन से भी अण्णाजी को लगभग डेढ़ सौ रुपए मिल जाते थे।

''किसी तत्व के लिए आपा खोए हुए तुम क्यों इन घटिया फन्दों में फँस गए

हो?" जवाब की अपेक्षा के बिना कृष्णप्पा अपने-आपसे बोला।

अण्णाजी ने चारमीनार सुलगाकर कहा, "तुम्हें घमंड है कि तुम अपने-आप में परिपूर्ण हो। मूलतः तुम फासिस्ट मनोवृत्ति के हो।"

मुसलिम होटल में चाय पीते हुए दोनों बतियाते रहते। रेडियो के शोरगुल के कारण ऊँची आवाज में बातें करनी पड़तीं। कृष्णप्पा को यह पसन्द न रहने पर भी बोला, "क्रान्ति के लिए जीनेवाले आदमी को व्यामोही नहीं बनना चाहिए। पैसों के फेर में पड़कर बुर्जुआ नहीं बनना चाहिए।" ये नए शब्द कृष्णप्पा ने अण्णाजी से ही सीखे थे।

"तुम्हारा कहना सच है। मैं चुप भी रहूँ तो औरतें लग लेती हैं।"

अण्णाजी इस लहजे में उठ खड़ा हुआ कि यह बात खुद उसके लिए भी एक पहेली-सी है। चाल-ढाल में अण्णाजी चुस्त थे। कृष्णप्पा कुछ सुस्त।

ये दिन कृष्णप्पा के जीवन के बहुत महत्त्वपूर्ण दिन कहे जा सकते हैं। पार्क में मूँगफली छीलकर खाते हुए कृष्णप्पा और अण्णाजी गम्भीर चर्चा किया करते। अण्णाजी ने अपनी चर्चा मार्क्स की एक बात से शुरू की, "आज तक तत्त्वज्ञानियों ने दुनिया के बारे में बहसें की हैं, किन्तु हमारा काम इस दुनिया को ही बदलना है।" इस प्रकार की बहुत सारी बातों ने कृष्णप्पा को गहरी सोच में डाला था। जब अण्णाजी ने छेड़ा कि हमारी प्रज्ञा स्वतन्त्र वस्तु नहीं, अपितु उत्पादन के लिए कार्यरत अनेक सम्बन्धों में से वह उत्पन्न है तो कृष्णप्पा—जो जड़-जगत से, रोजमर्रा की जिन्दगी से कभी मात न खाने वाला जिद्दी था—इस दलील को माना नहीं था। लकवे से तड़पते समय भी उसके मन में यह शंका जैसी की तैसी ही थी।

उसने समर्थन किया था, "मनुष्य अपने माहौल को लाँघ सकता है, इस बात पर बहस नहीं करूँगा। यह मेरे अनुभव की बात है। खैर, छोड़ो इस बात को। मजदूरों-किसानों को संगठित करके उन्हें तुम किस पुरुषार्थ के लिए तैयार करते हो? उनकी मजदूरी में तनिक वृद्धि होने से घर में रेडियो, स्टेनलेस के बर्तन-भाँडे आदि खरीदने लायक वे बन जाते हैं तो क्या उनके जीवन में, इस दुनिया में परिवर्तन आ गया? रोजमर्रा के जीवन के वे ही काम, वे ही झंझट, वे ही मुसीबतें क्या दूर हो जाएँगी? वे और भी लालची हो जाएँगे। तुम जैसे लोगों के कारण।"

"यह बात नहीं है। तुम व्यक्तिवादी की भाँति बातें कर रहे हो।"

'व्यक्तिवादी' आदि शब्दों द्वारा उसकी शंका का समाधान करने की चेष्टा में लगे अण्णाजी के विवाद से कृष्णप्पा ऊब जाता था। अण्णाजी धीरज के साथ समझाया करता, "समझ लो कि हम जीवन के सुधार के लिए गरीबों को लड़ने

के लिए तैयार करते हैं तो यह लड़ाई वहीं नहीं रुक जाती। उनके वर्ग में जीवन-स्तर को ऊँचा करने से लालच और आकांक्षा में मूलभूत अन्तर है उनकी आकांक्षा गतिमान होती है। जैसे-जैसे उनकी आकांक्षा बढ़ती जाएगी, इस दुनिया का कायापलट होता जाएगा। तुम मानते हो न कि उनकी मेहनत ही इस समाज की स्थिति और गति के लिए पूँजी है? उनके सारे पुरुषार्थ की जड़ है तो यही मेहनत। किन्तु इस मेहनत का फल पानेवाले हैं पूँजीपति। शोषण ही इस व्यवस्था की आधारशिला है। गरीब लोग शोषण के भी शिकार हो जाते हैं और धीरे-धीरे समझने लगते हैं कि अपने हाथ से उगाई गई फसल के साथ उनका कोई नाता ही नहीं। मनुष्य के साथ मनुष्य द्वारा यह सब-कुछ होते रहने की बात जैसे ही वे समझने लगेंगे, वैसे ही वे चाहने लगेंगे कि उनके नित्य-जीवन को शुष्क बना देनेवाली व्यवस्था भी बदलनी चाहिए, क्योंकि सुधार से यह सम्भव न हो सकेगा। मुझ जैसे उच्च-वर्ग के चन्द लोगों को यह बात बुद्धिपूर्वक समझ में आएगी तो किसान वर्ग में पैदा हुए तुम जैसे सूक्ष्म मनःस्थिति वाले लोगों को अनुभव द्वारा। तुम जैसे लोग ही इसे अन्य लोगों के हृदय में बो सकेंगे। तब अपने-आप क्रान्ति होगी। हमारे चाहने मात्र से क्रान्ति की सम्भावना की बात व्यक्तिवाद बन जाती है। यह बात उस बुढ़िया की कहानी जैसी ही लगेगी जिसे अपने मुर्गे के बाँग देने से ही दिन निकलने का भ्रम था। क्रान्ति होना समाज का गति-नियम है। उसमें तीव्रता लानेवाले वेगवर्धक या दाई की तरह हम लोग होते हैं।''

अण्णाजी की आँखें चमक रही थीं। पार्क में मूँगफली और गुड़ खरीदने की रट लगाए लड़के की ओर देखते हुए कुछ अनमनाते हुए कृष्णप्पा पूछता है, ''यानी कि ऐसे मासूम लड़के भी तैश में आकर क्रान्ति कर देंगे?''

''यकीनन! फ्रांस की जेल की दीवार तोड़े जाने की बात जानते हो न?''

''किसी एक दिन तैश दिखाकर क्या दुनिया उसी अर्थहीन रोजमर्रा की लीक में नहीं फँस जाएगी?''

''नहीं। क्रान्ति के द्वारा हमारा रोजमर्रा का जीवन भी सृजनात्मक बन जाएगा।''

सभी शंकाओं के लिए अपनी दलील को ही प्रामाणिक माननेवाले अण्णाजी के आलोचना-क्रम से कृष्णप्पा को किरकिराहट होती थी।

''पैदा होना, मरना, खाना, जोतना, सम्भोग करना आदि हर अवसर के लिए हमारे हिन्दू धर्म ने एक-एक त्योहार बनाया है न! भू-पूर्णिमा का अर्थ जानते हो?'' ऊबकर कृष्णप्पा कहा करता।

अण्णाजी उसका भी गम्भीरता से विश्लेषण करता, ''शुष्क बन जाने वाले

रोजमर्रा के जीवन को भ्रममूलक और वास्तव में जीतने में फर्क है। जब उत्पादन के रिश्ते बदल जाएँगे तो मेहनत सृजनशील हो जाती है। अहंकार में अकड़कर लकड़िया पहलवान की भाँति घूमते रहकर क्षुद्रता से बाहर खड़े रहने की तुम्हारी सूझ एक भ्रम मात्र है। जाकर किसानों के बीच काम करो; लड़ाई के लिए उनका संगठन करो। अपने-आपको एक दाई समझो। जिस जमीन को वे जोतते हैं, उस जमीन के मालिक बनना ही सच्ची भू-पूर्णिमा है।''

कृष्णप्पा को अपने अनुभव का सत्य कुछ और ही बताता था। पर अण्णाजी की दलील भी सही जानकर वह भौचक्का हो जाता था।

''तब क्या रूस में सारी मेहनत सृजनशील हो गई है?'' अण्णाजी को ताना देते हुए कृष्णप्पा पूछता।

''सुनो कृष्णप्पा! यह सच है कि जो कुछ होना चाहिए था, वह रूस में भी नहीं हुआ। क्रान्ति के लिए जिस पक्ष ने लोगों को तैयार किया था, वही वहाँ मालिक बन गया है। क्रान्ति एक दिन का काम नहीं। गलती को हमेशा सुधारते रहना पड़ता है। अब चीन का ही उदाहरण लो...।''

मूँगफली वाले को 'गेट अवे' कहकर अण्णाजी ने सिगरेट सुलगाई। मुँह में सिगरेट अटकाकर तथा अचकन की ढीली आस्तीनों को ऊपर चढ़ाकर जेब से पेंसिल-कागज निकाले। चीन का नक्शा उतारकर वह जैसे ही लांगमार्च का ब्यौरा बताने लगा तो कृष्णप्पा ने चिढ़ी हुई आवाज में कहा, ''हमारे देश के कम्युनिस्ट लोग गद्दार हैं। बताओ तो सही कि बयालीस के आन्दोलन में अंग्रेजों का साथ क्यों दिया? मेरे लिए रूस या चीन का दलाल बनकर काम करना सम्भव नहीं।''

धीरज खोए बिना अण्णाजी ने कहा, ''मानता हूँ कि हमारे देश के कम्युनिस्ट बाँझ हैं। किन्तु दूसरे महायुद्ध में जर्मनी को हराना जरूरी था—इस बात को भी मानता हूँ। फिर भी, मैंने उस समय पार्टी छोड़कर गांधी के आन्दोलन में भाग लिया था। ये सभी कांट्रॉडिक्शन्स हैं। सुनो कृष्णप्पा, मेरा उद्देश्य भी यही है। लालचखोरों के प्रति मैंने तुममें सख्त नफरत देखी है। यह नफरत, यह घमंड, दलित जनता की क्रान्ति के लिए आवश्यक ड्राइविंग फोर्स है। मेरी तुलना में तुम ठोस बने रहोगे, इस विश्वास के कारण ही क्रान्ति के बीज बोने के लिए तुमसे ये सारी बातें कह रहा हूँ। मेरा जीवन अब हजारों झंझटों में फँसकर उलझ गया है। खेद है कि मैं इसे तोड़ नहीं सकता। मैं जानता हूँ कि जब देश में जनता क्रान्ति के लिए तैयार हो जाएगी, तब मैं सारी गुत्थियों से सुलझकर उनके साथ खड़ा रहूँगा। गोवा में जब पुलिस ने धमकी दी कि अगर एक कदम भी आगे बढ़ाया तो शूट कर दिए जाओगे, तब मेरे पीछे के सत्याग्रही ठिठक गए थे। तब मैंने

अपनी कायरता से बाहर आकर आगे कदम बढ़ाया और गोली चलने की आवाज का इन्तजार किया। तभी मेरे पीछे के ठिठके लोग सहसा आगे बढ़ निकले। पुलिस भी शूट न कर सकी और शान्त रही। अपने वर्ग की मनोबल-वृद्धि को यदि मैं ऐसे सन्दर्भों में लाँघ सकता हूँ तो तुम हर पल उसे लाँघते जा सकते हो। मुझे विश्वास है कि किसान होने के कारण तुम अपने साथ हजारों लोगों को आगे ले जा सकोगे। ले जा सकोगे नहीं, बल्कि ले जाना पड़ेगा। यह वैज्ञानिक सत्य है। व्यक्तिवादी बन जाओगे तो तुम्हारा स्वभाव फासिस्ट बनता जाएगा। इसलिए तुम्हें 'मास मैन' बनना होगा। वर्ग-संघर्ष की अगुआई में तुम जैसे लोगों का रहना जरूरी है। कम्युनिस्टों को भूल जाओ। हमें इस देश में इस मिट्टी का सत्य लेकर क्षुद्र इतिहास को तथा इसके वैभव से अवगत एक नए क्रान्तिकारी पक्ष का निर्माण करना होगा...।''

अण्णाजी जोश से बातें करने में तल्लीन था। उसके असर में आ जाने पर भी कृष्णप्पा अपनी गहरी शंका कहे बिना रह नहीं सका, ''लोगों के खाने, पीने, सोने, मरने के काम तनिक सहजता से हो जाएँ, उसके लिए नाहक यह सारा झंझट किसलिए?''

अण्णाजी को गुस्सा आया, ''बकवास बन्द करो! मगरूरपन की बातें मत करो। खुद को जिन्दगी से भी महान समझने वाले तुम कौन होते हो? घटिया रोजमर्रा-रोजमर्रा की रट लगाए हुए हो। उसके अलावा भी कुछ है? इस रोजमर्रा की जिन्दगी में रोशनी लाने से बड़ा दूसरा क्या काम है? समाधि लगाकर या भक्ति की परवशता में सबसे ऊपर उठने के भ्रम में पड़े रहनेवाले ईडियटों की भाँति बातें मत करो।''

कृष्णप्पा को इस तरह आज तक किसी ने फटकारा नहीं था। अण्णाजी को सीमा से बाहर जाते देखकर कृष्णप्पा ने अपनी बात के बेतुकेपन की ओर ध्यान दिए बिना अदब से कहा, ''सुनो, दो व्यक्ति मुझे बहुत अन्तरंग लगते हैं–बुद्ध और यीशु। यीशु ने अपनी माँ से पूछा था–'अरी ओ औरत, तुम कौन हो?' यह मेरा मनचाहा पहलू है। मुझे लगता है कि अल्लम, नानक, कबीर जैसे नीम-पागलों ने भी किसी एक महान सत्य को अपनी बानी में सदाबहार की तरह छिपाकर रखा है। इसलिए लोगों का रोजी-रोटी की दुनियादारी में डूबे रहना...।''

कृष्णप्पा ने अपनी बात बीच में ही रोक ली कि कहीं पूरी बात कह देने से उसके मन की वास्तविक उलझन सुगम न दिखाई देने लगे!

अण्णाजी चुप रहा। कृष्णप्पा भी चुपचाप बैठा रहा। पार्क की हवा बड़ी सुखद थी। नए शादीशुदा दम्पति, नन्हे बच्चों को सहलाती औरतें, उनके पेटू पतिगण,

अपने जवान बच्चों के साथ लड़ते रहनेवाले अवकाश-प्राप्त बूढ़े—अण्णाजी का कहना है कि ऐसा जीवन और भी उज्ज्वल होगा। लेकिन कैसे? इस प्रश्न पर विचार करते हुए कृष्णप्पा बैठ गया। अण्णाजी ने नरमी से कहा, "तुमने अभी जिनका जिक्र किया है, उनमें से कोई भी समाज को छोड़ नहीं रहा, कृष्णप्पा! उनमें और हममें फर्क केवल इतना ही है कि उन्होंने भ्रम में जीतने की चेष्टा की और हम कारखानों में, खेतों में वास्तविक रूप से जीतने का प्रयत्न करते हैं। यदि तुम इसी तरह ईमानदार बने रहे तो तुम्हें भी मेरी ही भाँति सोचना पड़ेगा—आज न सही, तो कल।"

अण्णाजी ने कृष्णप्पा को अपना निश्चय सुनाया कि फिलहाल वह चन्नवीरय्या के घर जाकर रहेगा। इन्हें वह अंग्रेजी पढ़ाता रहा है। कृष्णप्पा का अनुमान था कि खुफिया पुलिस का वह आदमी शायद गुप्तचर न हो। अपने गिर्द रहस्य का वातावरण चाहनेवाले अण्णाजी का वह भ्रम हो सकता है। इसके बिना अण्णाजी को रोजमर्रा के सारे काम फीके लगने लगते हैं। किन्तु वह वास्तव में भयभीत दिखाई भी पड़ता था।

"मैं बत्ती बुझाकर चला जाऊँगा। कुछ देर बाद मेरा बिस्तर और किताबें चन्नवीरय्या के घर पहुँचा देना। उस सुअर को पता न लगने पाए।" फुसफुसाहट में यह बात कहकर अण्णाजी बाहर निकला। खिड़की से खुफिया पुलिसवाले की हरकतें देखते हुए कृष्णप्पा खड़ा रहा। शक हुआ कि अण्णाजी को बत्ती बुझाकर जाते हुए उसने देख लिया होगा। वह भी वहाँ से हट गया। अण्णाजी का पीछा करते हुए वह गया होगा। पहले ही इसका अन्दाजा लगाकर अण्णाजी ने कृष्णप्पा को अपना गोरिल्ला उपाय बताया था कि वह सीधा चन्नवीरय्या के घर न जाकर पहले काका होटल में कुछ खा-पी लेगा; ट्यूशन वाले दो-चार घरों में जाकर सूचना देगा कि लगभग एक माह तक पढ़ाने नहीं आ सकेगा; तब कहीं वह घुमाव-फिरावदार रास्ते से चन्नवीरय्या के घर जाएगा।

कुछ देर बाद खुफिया पुलिसवाला और भी पास दिखाई पड़ा। गंजा सिर, गठीली गर्दन, कोट और धोती पहने सिगरेट खरीदते हुए वह कमरे के सामनेवाली गली के बगल में ही खड़ा था। उसका हुलिया याद रखने के इरादे से कृष्णप्पा ने उसे बारीकी से देखा। उसकी धोती बिलकुल सफेद थी। सुपारी के बगीचे वाले महाजन की तरह दिखाई पड़ता था। देहात से शायद सुपारी बेचने आया होगा। इस गली के आसपास वेश्याओं के रहने की बात प्रसिद्ध है, अतः उनमें किसी एक के घर जाने के लिए ठीक समय की प्रतीक्षा में वह शायद रहा हो। कृष्णप्पा

को चिढ़ लगी कि उसे ऐसे घटिया खुफिया काम के लिए तैनात होना पड़ा। अब तक के सभी आन्दोलनों में कृष्णप्पा गांधीवादी बना रहा था। उसे अण्णाजी की पोशीदा राजनीति में कुछ दोष-सा महसूस होने लगा। वह जिस पार्टी में हो, उसी की तोड़-फोड़ करते हुए, कृत्रिमता को टैक्टिक्स का नाम देकर तथा अण्णाजी द्वारा किए जानेवाले षड्यन्त्रों में ही पकती रहनेवाली राजनीति क्रान्ति कृष्णप्पा के स्वभाव से मेल नहीं खाती थी। किन्तु कृष्णप्पा को अण्णाजी दार्शनिक भी लगता था। उससे वह दुराव-छिपाव नहीं करता था।

कृष्णप्पा ने कोट और धोती वाले आदमी को अपनी जेब से टोपी निकालकर पहनते और फिर ताँगे में चढ़कर जाते हुए देखा। उसके ओझल होते ही वह अण्णाजी की सर्वस्व बनी हुई अटैची में सारा सामान भरकर ताँगे में घुमावदार रास्ते से चन्नवीरय्या के घर पहुँचा।

चन्नवीरय्या लगभग तीस वर्ष की अवस्था का एक धनी व्यक्ति था। उसका पेशा था ठेकेदारी। शहर के नगर निगम का मेम्बर। प्रेसीडेंट बनने की तैयारी में था। शहर के रोटरी क्लब का भी सदस्य था और रोटरी-गवर्नर बनकर अमरीका जाने के सपने देख रहा था। आजादी के बाद कांग्रेस में शामिल हो गया था। सिल्क का क्लोज कॉलर का कोट और पैंट पहनकर कार में घूमते हुए कभी-कभार समाचारपत्रों में खबर बनने लायक प्रतिष्ठित व्यक्ति वह बन गया था।

अच्छी अंग्रेजी न आना, उसकी चाह की पूर्ति में एक बाधा थी। इसी कमी के कारण उसका रोटरी-प्रेसीडेंट बनना भी सम्भव नहीं हो सका था। अपने कॉलेज-जीवन में गुंडागीरी में ही समय बिता देने के लिए अब वह पछताता है। यहाँ चाहे कितनी भी धाक हो, शहर के बाहर कोई पूछनेवाला नहीं था।

अण्णाजी ने इस आदमी का आत्मीय बनने का इरादा इसलिए किया था, क्योंकि क्लब में पुलिस के सभी अधिकारियों के साथ वह घुल-मिलकर रहता था। इस इरादे के कारण जिले में आने के पहले ही सप्ताह में अण्णाजी ने उससे मिलकर अंग्रेजी में बातें की थीं। अपना परिचय दिया था कि वह 'स्टेट्समैन' के सम्पादक-मंडल में काम कर चुका है और अब काम छोड़कर कोई पुस्तक लिख रहा है। उसने अपना नाम अण्णाजी एस. कत्रे बताया था। फिर पूछा था कि शहर के प्रतिष्ठित व्यक्ति तथा कांग्रेसी नेता चन्नवीरय्या इस जिले के स्वातन्त्र्य-योद्धाओं की जीवनी की सामग्री उसकी पुस्तक के लिए जुटाकर दे सकेंगे?

संगमरमर-बिछे दालान में कोने की कुर्सी पर बड़े आला-जहीन की भाँति बैठकर तथा सिर हिलाते हुए चन्नवीरय्या अण्णाजी की बातें सुनता रहा। रेडियो

पर सुनाई पड़नेवाली अंग्रेजी की भाँति अण्णाजी की अबाध गति से बहनेवाली अंग्रेजी सुनकर वह पसीने से तर-ब-तर हो गया, फिर भी बीच-बीच में अक्लमन्दी के साथ 'आई सी', 'आल राइट' कहते हुए उस भेंट के अन्त की प्रतीक्षा करता रहा। चाय लाने के बहाने भीतर जाकर कॉनवेंट में पढ़ी मजिस्ट्रेट की बेटी और अब अपनी पत्नी से बड़े रौब के साथ मुस्कराते हुए पूछा, "वह क्या कह रहा है? एक्सप्रेस रेलगाड़ी की रफ्तार में बोल रहा है—कुछ समझ में ही नहीं आया।" रोटरी क्लब में प्रगति करने के लिए अनेक आवश्यकताओं में से अंग्रेजी बोलनेवाली पत्नी को एक आवश्यक अंग मानकर ऐश्वर्य के बल पर उसने उमा को भी पाया था। बुनाई में व्यस्त उमा ने भीतर से ही अण्णाजी की बातें सुनी थीं। डाइनिंग टेबल पर चाय और बिस्कुट सजाते हुए पति को उसकी बातों का तात्पर्य समझाकर भीतर लिवा लाने के लिए कहा। चन्नवीरय्या के 'कम इन' कहने पर अण्णाजी ने भीतर जाकर उमा के सामने अदब के साथ झुककर अपनी टूटी-फूटी कन्नड़ में बताया कि जब वह कोल्हापुर में था, तब कन्नड़ जानता था। इस शहर में अपने अवकाश के समय चन्द लड़कों को अंग्रेजी पढ़ाया करता है। आजादी मिलने पर भी अपने लोगों का अंग्रेजी का मोह छूटा नहीं। सुना है कि आप कन्नड़ के ऑरेटर हैं। चन्नवीरय्या की प्रशंसा करते हुए चाय की चुस्की लेकर उसने उमा का अभिवादन किया।

इस प्रकार अचानक एक बुद्धिजीवी का स्नेह प्राप्त होने के कारण चन्नवीरय्या खुश हुआ। सोचा कि इस प्रकार फटाफट अंग्रेजी बोलनेवाले व्यक्ति का परिचय अपने रोटरी-मित्रों से कराकर उनका घमंड उतारना चाहिए। खुद भी उससे छिपकर अंग्रेजी सीखने का निश्चय किया।

अण्णाजी की योजना उसके अन्दाज से भी अधिक सफल हुई थी। हर सवेरे कार भेजकर चन्नवीरय्या अण्णाजी को बुलवा लेता। प्रभाती सुनते व लॉन में टहलता हुआ चन्नवीरय्या गेट से ही सीखे हुए अंग्रेजी सम्भाषण से अण्णाजी का स्वागत करके भीतर लिवा ले जाता। ब्रेकफास्ट के साथ यह अंग्रेजी वार्तालाप आगे बढ़ता : यह अच्छा है, धन्यवाद, चीनी चाहिए? कितने चम्मच? आज की हवा अच्छी है? आदि बातें कहते-सुनते, कॉलेज में चन्नवीरय्या की सीखी हुई गलत अंग्रेजी का अण्णाजी द्वारा संशोधन होते हुए ब्रेकफास्ट खत्म होता। उससे भी अधिक अंग्रेजी पहले से ही जाननेवाली उमा अण्णाजी के सुशिक्षित चाल-चलन से खुश होकर परोसती रहती। उसके जैसा कोई सुशिक्षित व्यक्ति उसके घर आता नहीं था। आनेवाले सभी लोग काले बाजार का धन्धा करनेवाले, जुएबाज, कर्कश बातें करते हुए भीतर उसके रहने की भी परवाह न करके नाश्ता, चाय डकारकर

अपने जूतों में लगी मिट्टी-गोबर आदि दरी पर पोतकर जानेवाले। अपने घर के ऐश्वर्य के प्रति अण्णाजी में सूक्ष्म तिरस्कार को उसने पहचाना था। उसे गुमान हुआ कि वह अंग्रेजी-ट्यूशन आदि किसी रहस्यमय उद्देश्य के लिए कर रहा है और वह एक रहस्यपूर्ण व्यक्ति है। पंखुड़ी जैसी नाक, होंठ, कुछ साँवला-सा चेहरा, छोटी-छोटी चंचल आँखें, चीते जैसी गठन वाली उमा को अण्णाजी बड़े सूक्ष्म ढंग से खुश करता। उसकी उपस्थिति से अवगत रहने की बात वह उमा को बिना बोले ही सुझाता रहता। धनी लोगों के प्रति उसका तिरस्कार तथा जब वह मौन रहता उस समय के उसके चेहरे की अदमनीय भावना को पहचानकर व अपने प्रति उसमें सम्मान की भावना देखकर वह कृतज्ञ हुई थी।

उसकी रुचि को ताड़कर वह भड़कीली रेआन साड़ियों के बजाय पीठी (स्टार्च) डालकर इस्तरी की हुई सूती साड़ियाँ ही पहनती। जब वह चलने लगता और कोई खास खाद्य-पदार्थ बना होता तो उससे टिफिन-बाक्स भरकर पति से उसे देने के लिए कहती। वह पति के बहाने उसी के लिए गोर्की, चेखव की पुस्तकें ला देता था। उन्हें पढ़कर वह प्रसन्नता व्यक्त करती। जब चन्नवीरय्या हँसते हुए अंग्रेजी में कहता, ''पढ़ने के लिए मुझे फुर्सत ही नहीं। ''हर रोज वही पढ़कर सुनाती है,'' तो अण्णाजी निर्भाव से उसे दुरुस्त करता, 'शी विल रीड एवरी डे' नहीं, 'शी रीड्स इट एवरी डे टु मी।'

''येस, येस, शी रीड्स इट एवरी डे टु मी।. मेरे फ्रेंड्स सभी डबल ग्रेजुएट्स हैं, फिर भी वे गलती करते हैं। इसलिए मुझे भी वही आदत पड़ गई है।'' चन्नवीरय्या हँसते हुए सिगरेट जलाकर एक अण्णाजी की ओर भी बढ़ाता है।

''यू मस्ट फर्स्ट ऑफर इट टु मी।'' कहकर अण्णाजी हँसता है। चन्नवीरय्या 'एक्सक्यूज मी' कहता है। इसे उमा गौर करती है। अण्णाजी जब अपने को गौर करते हुए देख लेता है तो सहसा उमा घबरा जाती है।

अपने कमरे के खतरे से घबराकर ब्रेकफास्ट के समय अण्णाजी ने चन्नवीरय्या से अंग्रेजी में कहा था, ''मेरा कमरा पिग्स्टाय की तरह है। बाहर कैट्स एंड डाग्स बनकर होनेवाली बरसात भीतर ड्रिप होने लगती है। कभी-कभी खुजली करनेवाले कीड़े मूविंग रियाग्स की तरह दीवार पर रेंगने लगते हैं।''

अंग्रेजी मुहावरों का क्या यह कोई नया सबक है, या अण्णाजी कुछ कह रहा है अथवा दोनों एकसाथ चल रहे हैं—चन्नवीरय्या सहसा कुछ समझ न पाया। झड़ी लगे शब्द-समूह से चौंककर उन्हें याद रखने की चेष्टा करते हुए चन्नवीरय्या सुनता रहा। पति को हौरा-बौरा सुनते देखकर उमा को हँसी आई।

''मुझे एक कमरा चाहिए। आप म्युनिसपैलिटी के सदस्य हैं। कहीं-न-कहीं

सिफारिश करके दिलवा सकेंगे?"

चन्नवीरय्या अभी सँभला नहीं था। उसे अंग्रेजी से चोट हुई थी। 'म्युनिसिपैलिटी के सदस्य' होने की प्रतिष्ठा को याद दिलानेवाली बात को सुनकर चोट का असर कुछ कम हुआ और चन्नवीरय्या के चेहरे पर राहत का भाव दिखाई पड़ा। उसकी मुस्कराहट के बेतुकेपन का रस लेते हुए अण्णाजी चुपचाप बैठा रहा। उमा ने कन्नड़ में कहा, "आप गन्दे कमरे में क्यों रहें? गैराज के ऊपर हमारा गेस्ट-रूम है। अलग कमरा मिलने तक यहीं आकर रह जाइए।"

सँभलते हुए चन्नवीरय्या बोला, "येस, येस।" 'गैराज' के बदले बार-बार 'गैरेज' कहकर अण्णाजी उसे दुरुस्त करते रहे थे। जब चन्नवीरय्या ने देखा कि उसकी पत्नी उमा जल्दी ही उच्चारण पकड़ लेती है तो इस बात का उसे गुस्सा, मात्सर्य तथा उस स्त्री के अपनी मिल्कियत होने का अभिमान एक साथ हुआ।

कृष्णप्पा द्वारा लाए गए ट्रंक-अटैची को उमा ने नौकर के हाथ गेस्टरूम में भिजवा दिया। अण्णाजी की खुशकिस्मती को कृष्णप्पा ने आश्चर्य से देखा। यहाँ अण्णाजी के क्विल्ट की जरूरत नहीं थी। उमा ने उसे अलमारी में रखा। बुक-केस में खुद किताबें जमा दीं। सागवान की लकड़ी के बने पलँग पर डनलप का गद्दा बिछा था। उस पर सफेद शीट के ऊपर पक्षियों के चित्रोंवाला दूसरा कपड़ा बिछा था। टेबल पर ठंडे पानी का फ्लास्क था। कमरे से सटकर ही बाथरूम और पाखाना थे। फर्श पर कालीन बिछा था। नारंगी रंग के परदे खिड़कियों पर टँगे थे। इस कमरे में अण्णाजी का पिचका हुआ बेरंगी ट्रंक साइड-टेबल पर भद्दा-सा दिखाई दे रहा था। उसे देखकर उमा मुस्कराई। जब उसे खुद उठाने लगी तो भारी महसूस हुआ। नौकर से कहकर उसे अलमारी में रखवा दिया।

"खाना खाकर अण्णाजी आएँगे।" कृष्णप्पा ने बताया।

इस बात पर उमा का चेहरा उतरा हुआ-सा दिखाई पड़ा। कृष्णप्पा ने 'अच्छा, तो चलता हूँ' कहा तो उमा ने उसे रोक लिया। नौकर के हाथ से बोर्नविटा मँगवाकर दिया और कहा, "वे क्लब गए हैं। आने में देर लगेगी। मिलना चाहें तो बैठिए।" 'नहीं' कहकर उसे संकेत से ही प्रणाम कर कृष्णप्पा चल पड़ा। सीढ़ियाँ उतरते समय उसे याद आया कि जिस बात के लिए अण्णाजी से मिलने आया था, वह तो भूल ही गया। उसने कॉलेज छोड़ने का फैसला किया था, यह उसे दूसरे दिन बताने की सोचकर होस्टल चला आया। 'खाना नहीं चाहिए' कहकर सो गया। भोर तक उसकी पलकें नहीं लगीं। इससे पहले ऐसी दहशत उसने कभी महसूस न की थी। बिलकुल समझ में न आनेवाली अजीब दहशत सहसा उसे सारी रात सताती रही। भोर होते-होते आज उसे होस्टल के सामने

खड़ी लारियों के स्टार्ट होने के शोरगुल से हमेशा की भाँति किरकिरी नहीं हुई, बल्कि उस परिचित आवाज से तसल्ली ही हुई।

सो न पाने के कारण कृष्णप्पा की आँखें लाल हो गई थीं। होस्टल में उसके लिए मुफ्त का खाना और आवास होने पर भी सवेरे उसके कमरे पर कोई-न-कोई हाईस्कूल का लड़का कॉफी लाकर देता। कृष्णप्पा की सेवा के लिए होस्टल में स्पर्धा रहती। उसका मन उलझन में क्यों है, वह इसे समझ न पा रहा था। हाथ-मुँह धोकर कृष्णप्पा अभी उसी दहशत में बैठा था कि किशोर कुमार नामक एक अमीर लड़के ने गौड़ाजी, कॉफी' कहा। कृष्णप्पा बैठा हुआ खिड़की के बाहर देख रहा था। कृतज्ञता के भाव से कॉफी लेकर कहा, "तुम पी चुके? बैठो।"

"गौड़ाजी, आपके नाम के साथ पता नहीं किन सुअरों ने कैसी-कैसी गन्दी बातें दीवार पर लिख दी हैं। होस्टल में सभी को बड़ा गुस्सा चढ़ा हुआ है।" लड़के ने कहा।

"लिखने दो।" कृष्णप्पा ने कहा। उसे तो सारी रात नींद नहीं आई थी। उसे आश्चर्य हुआ कि उन आवारा लड़कों ने कब लिखा होगा?

"न जाने कैसी-कैसी गन्दी बातें लिखी हैं! पढ़ने में भी घिन आती है। साथी मिटा रहे हैं ताकि आप उसे न पढ़ें।"

कृष्णप्पा मुस्कराया। कॉफी पीने के बाद प्याला लिये नीचे चला आया। किशोर के माँगने पर भी प्याला नहीं दिया।

ब्रश को चूने में डुबोकर दीवार लीपते होस्टल के अपने साथियों से कृष्णप्पा ने कहा, "रहने दो। छोड़ो यारो, क्यों सिर खपाते हो?"

फुटबॉल की टीम के गुंडों की इस हरकत से होस्टल के लड़के गरम हो उठे थे। कृष्णप्पा भाँप गया कि इस ओक्कलिगा छात्रों की बेइज्जती मानकर लड़के गरम हो उठे हैं।

"हरामजादों का कचूमर निकाल देंगे।" पुरानी मोटर-साइकिल पर घूमते रहनेवाले शामण्णा ने कहा। एक बड़े जमींदार का बेटा होने पर भी अपनी जाति का बुद्धिजीवी होने के नाते कृष्णप्पा के प्रति शामण्णा के मन में आदर था।

"मैं कॉलेज ही छोड़ना चाहता हूँ।" कृष्णप्पा ने उन्हें सान्त्वना देते हुए कहा।

"देखते रहना कि गौरी सिस्टर के तलवे के नीचे इन सुअरों की नाक रगड़वाते हैं या नहीं! तुम कॉलेज क्यों छोड़ोगे?" शामण्णा ने कहा। वह भी लड़कियों को छेड़ा करता था, किन्तु कृष्णप्पा के प्रति गौरी देशपांडे के मन में सम्मान का भाव देखकर वह 'सिस्टर' शब्द जोड़कर उसका नाम लिया करता था। अधिक बातें न

करके कृष्णप्पा कमरे में जाकर पढ़ने बैठ गया। किन्तु उसका मन अनजानी दहशत के कारण विचलित हो गया। कृष्णप्पा को लगा कि अपने बूते से बाहर अपने सामने कुछ होने की सूचना स्वरूप यह दहशत है। सवेरे का नाश्ता भी नहीं किया। वह अण्णाजी से मिलने के लिए धीरे से बाहर चला गया।

अपनी दहशत की ठीक वजह न जानने पर भी गौरी देशपांडे की मौन मूर्ति रह-रहकर उसके मन में कौंधती रही। उसे महसूस होने लगा कि वह उसके लिए अनिवार्य बनती जा रही है। पार्क से गुज़रते समय कृष्णप्पा की गौरी के घर जाकर मिलने की इच्छा हुई। मिलकर क्या कहे? कह दे कि मैं तुमसे प्यार करता हूँ? यह सम्भव नहीं। इस असम्भावना के लिए क्या उसका मगरूरपन जिम्मेदार है? वह कुछ समझ नहीं पाया। उसे लगा कि खुद में ही कुछ त्रुटि है। वह घबरा गया कि कहीं विवश होकर उसके घर न चला जाए! दीवार की लिखावट उसे अपनी गम्भीरता और अन्तरंग व्यक्तित्व पर बाहरी क्षुद्रता के आक्रमण जैसी लगी। कृष्णप्पा ने सोचा था कि वह उसे नहीं सता रही है। कह जो दिया था कि ऐसी बातों की ओर ध्यान देना भी कमीनापन है। उसे अपनी दहशत और भी निगूढ़ लगी।

अण्णाजी नरम सोफे पर पाँव फैलाकर चारमीनार पीते हुए उमा के साथ बातें कर रहा था। उमा उसके सामने एक स्टूल पर बैठी थी। वह दोनों हाथों पर गोल-मटोल चेहरा टिकाकर अपनी बड़ी-बड़ी आँखों से अण्णाजी को प्यार-भरी नजरों से देखते हुए उसकी बातें सुन रही थी। अण्णाजी फ्रेंच क्रान्ति की कहानी इतनी रमणीयता से सुना रहा था मानो उसे सिनेमा की भाँति आँखों के सामने चित्रित किया जा रहा है। कृष्णप्पा चुपचाप भीतर आकर दूसरे सोफे पर बैठ गया। कमरे के चारों ओर नजर घुमाकर अण्णाजी की खुली किस्मत देखी। टेबल पर फूलदान। उमा की आँखें चमक रही थीं। अण्णाजी अपनी एक माह की बढ़ी दाढ़ी सफाचट मुँड़ाकर नहा चुका था। बिलकुल सफेद धोती और अचकन पहनकर बैठा था।

''मिस्टर चन्नवीरय्या ने आज शाम को रोटरी में बोलने के लिए कहा है। तुम भी आओ।'' कृष्णप्पा को अण्णाजी ने निमन्त्रण दिया। उसके लिए कॉफी लाने उमा ज़ीना उतरकर चली गई।

कृष्णप्पा को जवाब न देते देखकर अण्णाजी बोला, ''मार्क्सवाद के ऐतिहासिक सिद्धान्त के बारे में बोलूँगा।''

''रोटरी में?'' कृष्णप्पा ने व्यंग्य से पूछा।

''व्हॉय नाट?'' अण्णाजी ने भी व्यंग्य से जवाब दिया। ''बोलना मुझ जैसों

का काम है। मिसाल के तौर पर उमा को देखो। वह ब्यूरोक्रेट के धरातल से आकर कांप्रडार कैपिटलिस्ट वर्ग में शामिल हुई है। पोटैन्शियली वह रेवोल्यूशनरी है। धनी समाज उस जैसों को अपनी बपौती बनाना चाहता है। किन्तु...।"

"अब तुम उसकी बपौती बने हो?" कृष्णप्पा ने कमरे के वैभव पर नजर घुमाते हुए कहा। अण्णाजी ने व्यंग्य से हँसकर कृष्णप्पा की आलोचना की ओर ध्यान नहीं दिया।

बहुत देर तक उसका वहाँ बैठे रहना शायद उमा को पसन्द नहीं, इस भाव को ताड़कर कृष्णप्पा कॉफी पीते ही उठा। कुछ देर और बैठने के अण्णाजी के अनुरोध पर भी रुका नहीं। शाम की सभा में आने का आश्वासन देकर पहाड़ी की ओर चला गया। उसे तनहाई की सख्त आवश्यकता थी। गौरी के घर से दूर रहना भी आवश्यक लगा।

शहर के पास वाली पहाड़ी पर एक गुफा थी। उस गुफा में सिर्फ लँगोट पहनकर लम्बी दाढ़ी वाला एक बूढ़ा बैरागी रहता था। उसका नाम कोई नहीं जानता था। वह किसी से बोलता भी नहीं था। वह हर सवेरे पहाड़ी से उतरकर शहर में आता। हर दिन एक गली के छोर पर खड़ा होकर ऊँची आवाज में एक घंटे तक 'गीता' के अध्यायों का लयबद्ध गायन करता। जमीन पर रखी उसकी चँगेरी में राहगीर चावल, दाल, फल आदि डालते। उस छोटी चँगेरी के भर जाने पर बैरागी और कुछ नहीं लेता था। अपना गायन समाप्त करके फिर पहाड़ी पर लौट उसे पकाकर खा लेता, बस।

इस बैरागी के लिए कृष्णप्पा के मन में जिज्ञासा थी। वह पहाड़ी चढ़कर उसकी गुफा के पास जा बैठा। बैरागी रोज की तरह गुफा के बाहर पत्थर जोड़कर बनाए चूल्हे पर चावल, दाल पत्थर की हाँडी में डालकर पका रहा था। कृष्णप्पा ने प्रणाम किया और वहीं एक सिल पर बैठकर प्रतीक्षा करने लगा। बैरागी बोला नहीं। वह चावल-दाल पकने पर गुफा के भीतर से पलाश के पत्ते ले आया। बैरागी ने तीन बड़ी पत्तलें बनाईं। हाँडी का खाना बराबर-बराबर तीन हिस्सों में बाँटकर इन तीनों पत्तलों पर परोस दिया। एक पत्तल कुछ दूर रख आया। कृष्णप्पा ने शिलाओं के पीछे से इस आहार के लिए एक कुत्ते को धीरे से आते हुए देखा। बिना उतावली के बैरागी ने दूसरी पत्तल कृष्णप्पा के सामने रखी और तीसरी पत्तल के सामने खुद बैठकर आँखें बन्द करके ध्यान किया। कृष्णप्पा की समझ में नहीं आया कि वह क्या कहे! जब बैरागी खाने लगा तो कृष्णप्पा ने भी अपनी पत्तल का खाना खा लिया। उसमें कोई जायका नहीं था। किन्तु भूख लगी थी सो खा लिया।

खाना खाकर बैरागी पत्तल को दूर फेंक आया। कृष्णप्पा भी अपनी पत्तल फेंककर पहली वाली जगह पर आ बैठा। बैरागी अब भी बोला नहीं। धीरे-धीरे कृष्णप्पा को भी बातों की आवश्यकता समाप्त हो गई। बैराबी ने छाँव में पाँव फैलाकर आँखें बन्द कर लीं। यह बैरागी थोथा है या ठोस, मुक्त है या ईडियट– आदि प्रश्न बेतुके-से लगे। इससे कृष्णप्पा की दहशत और बढ़ गई। कई सम्भावनाओं के सामने खड़े रहने के कारण उसे यह दहशत हुई होगी। इन शिलाओं से लुढ़ककर मृत्यु का वरण किया जा सकता है। इस बैरागी की भाँति दिन में एक बार खाकर चुपचाप रहा जा सकता है। अण्णाजी की भाँति समाज से जूझा जा सकता है। हर रात गौरी से लिपटकर सम्भोग करके बच्चे पैदा किए जा सकते हैं। कोई भी काम अनिवार्य नहीं, जो चाहे किया जा सकता है। बिना कुछ किए भी अब की भाँति रहा जा सकता है। इस तरह रहना भी कुछ और काम किए जाने के बराबर ही है। किसी बात का भी कोई अर्थ नहीं। अथवा वह जो अर्थ लगाएगा, वही अर्थ है।

बैरागी उठ बैठा। उसका चेहरा भावशून्य था। उठकर एक शिला के पीछे जाकर पेशाब किया और फिर आकर सो गया।

क्या यह बैरागी हर रोज इसी तरह रहने की बात ठानकर निकलता है? या उसका यही निश्चय बन चुका है? क्या उसे खुशी महसूस होती है? क्या उसकी कोई आवश्यकता है?

क्या वह इसी भाँति कल तक सोता रहेगा? कर्म करो, कर्म के बिना चुपचाप रहो, खुश मत होओ, दुखी मत होओ आदि बातें बैरागीपन से कहकर वह अपनी रोज की रोटी जुटाकर रह जाता है। किसके द्वारा यह चलायमान होता है? इन प्रश्नों से उलझते हुए कृष्णप्पा सहसा खड़ा हो गया।

"बाबाजी, मेरा एक प्रश्न है?" उसने कहा। बैरागी पलकें मिचकाते हुए सोया रहा। उसने फिर पूछा, "क्या आप मौनी हैं? तब क्यों हर रोज गलियों में 'गीता' का पाठ करते हैं? आपका उद्देश्य क्या है?"

बैरागी ने मुँह तक नहीं घुमाया। लगा, वह बहरा होगा। अपनी बातों को व्यर्थ की चिल्लाहट बनते देखकर भी उससे रहा न गया। बैरागी के निकट बैठकर जोर से कहा, "सुनिए...!"

यह हरकत खुद कृष्णप्पा को बड़ी हास्यास्पद लगी। विवश होकर जोर से बैरागी का हाथ पकड़ा। बिना विरोध उसके हाथ में अपना हाथ देकर बैरागी पूरब की ओर देखते हुए बैठा रहा। कृष्णप्पा का चीखने को मन हुआ। आँख, कान, नाक, त्वचा–ये सभी बाहरी संवेदना को भीतर प्रवेश कराते रहते हैं? बाह्य और

अन्तर, शिश्न और योनि–और भी आत्मीयता से कस लेते हैं? इस सत्य के सिवा इस गोसाईं ने और क्या देखा है? उसकी प्रतिक्रिया जानने के कारण क्या उसकी दुरूहता और भी रहस्यपूर्ण नहीं बन गई है? चाहे वह ईडियट ही क्यों न हो, पर उसने अपने-आपको जीत लिया है। आखिरकार उसकी प्रतिक्रिया जानने की चपलता को दबाकर तथा निराश होकर कृष्णप्पा उठ खड़ा हुआ। भारी कदमों से पहाड़ी से उतरकर वह शहर की ओर चला आया।

रोटरी क्लब की सभा के रिच्युअल्स सहते हुए कृष्णप्पा अण्णाजी को आश्चर्य से देखता रहा। व्यक्ति और समाज की अन्योन्यता, उत्पादन-साधनों के परिवर्तन, वर्ग-चेतना, क्रान्ति आदि के बारे में अण्णाजी धाराप्रवाह अंग्रेजी में बोलते रहे। सिल्क के अचकन-सूट पहने हुए लोगों को अंग्रेजी में चल रही इस वार्ता का लोरी जैसा रस लेते देख कृष्णप्पा बड़ी मुश्किल से खुद को रोके रहा। कर्म और पुनर्जन्म की तरह यह क्रान्ति भी कालानुक्रम में अनिवार्य क्यों न बने? प्रलय की तरह? चन्नवीरय्या भी अकड़कर बैठा था। धन्यवाद-ज्ञापन से पहले ही कृष्णप्पा होस्टल चला आया।

अँधेरा हो चुका था। होस्टल के सामने गौरी देशपांडे की कार खड़ी थी। सिगरेट पीता हुआ ड्राइवर कार के बाहर खड़ा था। होस्टल के सारे लड़के बड़े संभ्रम के साथ टोलियों में खड़े आपस में उद्वेग से बातें कर रहे थे। इस होस्टल के भीतर यही पहली बार एक औरत-जात आई थी। होस्टल के लड़कों का खयाल था कि उनके मर्दाना होस्टल में एक मादा मच्छर भी नहीं आ सकता। किन्तु गौरी देशपांडे का आगमन एक ऐतिहासिक घटना बन गई। कृष्णप्पा को देखते ही सभी की बातें बन्द हुईं। कृष्णप्पा ने ज़ीना चढ़कर अपने कमरे के किवाड़ खोले। गौरी बड़ी तन्मयता से कोई किताब पढ़ रही थी। किवाड़ खुलते ही वह उठ खड़ी हुई।

"माफ करना। आपके कमरे पर आकर तकलीफ दे रही हूँ।" इतना कहकर नरमी से गौरी मुस्कराई। उसका चौड़ा दूधिया चेहरा शान्त था। माथे पर सिन्दूर के चूर्ण का बड़ा-सा टीका लगा हुआ था। उसके कुछ फूले हुए अधर, भारी स्तन, गोल-मटोल भुजाएँ, लम्बी टाँगें, उसके खड़े रहने की त्रिभंगी-मुद्रा, पीठ पर लटकता हुआ भारी काला जूड़ा–ये सभी मोह उत्पन्न कर रहे थे। लेकिन उसकी प्रशान्त बड़ी-बड़ी आँखें, कोरदार भौंहें उसके अगम्य होने की भावना भी उत्पन्न कर रही थीं। नीरवता की झील में छिपी कन्या की भाँति वह लग रही थी। अपनी खुशी तथा उसे पसन्द करने का भाव न छिपाकर कृष्णप्पा भी पत्थर में तराशी गई मूर्ति की तरह खड़ा रहा।

“बैठ सकते हैं न?” शरारती हँसी हँसकर गौरी ने कहा। कमरे में एक ही कुर्सी थी। वह कहाँ बैठे, इस उधेड़बुन में उसने इधर-उधर देखा। कृष्णप्पा ने खुद बिस्तर पर बैठकर उसे कुर्सी की ओर इशारा किया। उसके चहेते विवेकानन्द और गांधी को गौरी ने दीवार पर देखा।

“क्या आप सच ही कॉलेज छोड़ने वाले हैं?” उसने पूछा।

“हाँ! उसकी वजह है कुछ दूसरी तरह का काम करने की इच्छा, आप नहीं।”

गौरी को इस बात से तसल्ली हुई है, कृष्णप्पा ने फौरन भाँप लिया।

गौरी ने कहा, “आपकी चिट्ठी मिली थी। माँ के बाद यदि कोई मेरा है तो वह आप ही हैं। कैसे बताऊँ कि गौरव या प्रेम, फिर भी...इसे मुँह खोलकर कह न पा रही हूँ। इसके लिए बुरा मत मानना। यहाँ आने का मेरा कोई हेतु नहीं रहा है।”

गौरी ने बड़ी सहजता से कहा था। कृष्णप्पा ने सिर झुकाए सुना।

“लड़कों के होस्टल में आप अकेली आई हैं। आपकी माँ क्या कहेंगी?”

“मैंने सोचा नहीं था कि आप ऐसा प्रश्न पूछेंगे।” अपने जवाब से कृष्णप्पा को लजाते देखकर हँसते हुए गौरी ने कहा, “मेरे पिता को माँ जेल काटते हुए छोड़कर आई हैं न! मेरी किसी भी इच्छा का विरोध नहीं करतीं... ।”

“पर इस बात के लिए तो आपको अपना गुस्सा नहीं उतारना चाहिए!” कृष्णप्पा सँभल गया था।

“आपको यह गुस्सा जैसा क्यों लगता है? मैंने अभी कहा कि मैं आपको चाहती हूँ। आपको इससे गर्व हुआ न! आपने कभी सोचा भी नहीं होगा कि मैं ऐसी बातें करूँगी।”

कृष्णप्पा भौचक्क रह गया। गौरी उठ खड़ी हुई।

“जब-जब मन हो, घर आते रहिए।” इतना कहकर वह चली गई।

कृष्णप्पा को महसूस हुआ कि प्रेम जितना तीव्र होता है, उतनी ही प्रेम किए जानेवाली वस्तु अगम्य लगती है। मैं तीव्रता से जिसे चाहता हूँ, उसका उपभोग नहीं करता अथवा जब चाह तीव्र होती है, तब उपभोग नहीं करता—मौत का सामना करते कृष्णप्पा इन दिनों यह बात सोच लेता है।

इस प्रकार कभी न सुझलनेवाले प्रेम, आशा-निराशा के अग्नि-चक्रों से गौरी ने कृष्णप्पा को बाँधा था। एक और रात बिना नींद के काटी। सवेरे उठकर अण्णाजी से मिलने गया। अण्णाजी नाश्ता करके चन्नवीरय्या के साथ बगीचे में बैठा था। चन्नवीरय्या टूटी-फूटी अंग्रेजी में अण्णाजी के कल के भाषण की चर्चा कर रहा था। वह बता रहा था कि उसके सभी मित्रों को भाषण पसन्द आया।

बड़े-बड़े एडवोकेट भी सिर हिलाते रहे। कृष्णप्पा को कुर्सी दे या खड़े-खड़े ही बातें करके निकल जानेवाली वह हस्ती है, इस पसोपेश में चन्नवीरय्या उसे घूरने लगा। अण्णाजी को खुशी-खुशी उठकर अपनी कुर्सी देते देखकर 'न, न, कुर्सी मँगवाता हूँ' कहते हुए कर्कश आवाज में 'अरे ओ ऽ माद—कहाँ चला गया?'...कहकर हाँक लगाई। अण्णाजी को खड़े देखकर वह भी खड़ा हो गया। अण्णाजी ने गौरवपात्र कृष्णप्पा को एड़ी से चोटी तक देखा। "आप हैं मिस्टर कृष्णप्पा गौड़ा। दस वर्षों में इस देश के बड़े नेता बनेंगे—किसानों के नेता। स्वतन्त्र होकर सोच सकते हैं। ग्रास रूट्स पॉलिटिक्स कर सकेंगे।" अण्णाजी कृष्णप्पा का परिचय कराने लगा तो चन्नवीरय्या लॉन की घास निरखने लगा। यह देखकर अण्णाजी पढ़ाई की ओर मुड़ा, "ग्रास रूट्स एक मुहावरा है। उदाहरण के लिए, गांधी की पॉलिटिक्स ग्रास रूट्स पॉलिटिक्स है। केवल ऊपरी परिवर्तन मात्र का प्रयत्न न करके कॉमन पीपुल्स के कान्शेसनेस में भी परिवर्तन करने का प्रयत्न करना—कल मैंने यही बात कही थी।"

चन्नवीरय्या ने अर्थपूर्ण ढंग से कृष्णप्पा को भी अपने में शामिल कर लेने की चेष्टा में कहा, "आज के जमाने में अंग्रेजी का स्तर इतना गिर गया है कि डबल ग्रेजुएटों की भी समझ में नहीं आती। ऐसा ही है न, मिस्टर कृष्णप्पा गौड़ा? डेमोक्रेसी के नाम पर ऐरे-गैरे-नत्थूखैरों को मास्टर बनाते जाएँगे तो भला हमारे बच्चे कैसे सीख पाएँगे?"

गौरी देशपांडे के घर जाने से खुद को बचाने की इच्छा से कृष्णप्पा अण्णाजी से मिलने चला आया था। किन्तु लॉन पर चल रहे इस नाटक से वह ऊब गया।

"माफ कीजिए, मुझे जाना है।" उसने कहा। खुद उमा ही ट्रे में कॉफी ले आई। कृष्णप्पा ने जैसे काँटों पर बैठकर कॉफी पी हो। जब वह उठने को हुआ तो चन्नवीरय्या ही कार मँगवाकर चला गया। तब कृष्णप्पा ने अण्णाजी के साथ गैरेज के ऊपरवाले कमरे में जाकर किवाड़ बन्द कर लिए।

"अण्णाजी, मैंने कॉलेज छोड़ दिया है। छिछोरेपन की भी हद होती है।" उसने कहा। उसे अकड़ा हुआ देखकर औरों से बदन छुआ लेने में कृष्णप्पा के हिचकने की बात याद आई। बढ़ाए हुए हाथों को यों ही ऊपर उठाकर कहा, "ग्रेट! देहात में जाओ!" और फिर सिगरेट सुलगा लिया। दोनों कुछ देर चुप बैठे रहे।

"कल की मीटिंग में डी.एस.पी. भी आया था?" कृष्णप्पा ने प्रश्नार्थक भाव से अण्णाजी का मुँह देखा।

"येस, मैं रेस्पेक्टेबल बनने की कोशिश कर रहा हूँ। लेकिन सुनो...!"

उसने उस दिन के 'हिन्दू' समाचारपत्र के भीतरी पन्ने का एक कॉलम दिखाया। उसमें तेलंगाना प्रदेश में किसानों को भड़कानेवाले स्वामी नाम के एक फरार व्यक्ति को पकड़ने वाले को माफिक इनाम की खबर छपी थी। मुँड़ा हुआ सिर, गेरुआ कुर्ता, गेरुई धोती, ऊँचे कद और लम्बे चेहरे वाले स्वामीजी के हुलिए का वर्णन भी था। जब वह बंगाली गृहस्थ की तरह दिखाई देनेवाले अण्णाजी को आशंका से देखने लगा तो अण्णाजी ने ट्रंक से गेरुआ कुर्ता और धोती निकालकर कागज में लपेटते हुए कहा, "अब इनकी जरूरत नहीं। इन्हें जला डालो।"

"फिर?" कृष्णप्पा ने पूछा।

"देहात पहुँचकर तुम मुझे कहीं छिपाकर रखना। फिलहाल मैं राय की धारणा से मार्क्सवाद की आलोचना करते हुए अपनी आइडेंटिटी छिपाए रखूँगा। ये देखो।"

तब लिंकन और रूजवेल्ट की तसवीरें, जो उसने अपनी पुस्तक से काटकर कमरे में लगा ली थीं, दिखाई।

कृष्णप्पा का मन हुआ कि बेवजह आनेवाली दहशत के बारे में बता दे, किन्तु ऐसी बात करने की इच्छा ही नहीं हुई। उस दिन की 'हिन्दू' पत्रिका में गेरुआ कुर्ता और धोती लपेटकर जलाने को हुआ। दरवाजे पर दस्तक की आवाज सुनकर अण्णाजी की आँखों में खुशी कौंध गई।

"शायद उमा होगी। मार्वलस उमन! रेवोल्यूशनरी की बगल में ऐसी एक उमन होगा...!" उसने दरवाजा खोला। उमा ने गोर्की की कहानियों की पुस्तक हाथ में लिये हुए कहा, "क्या अन्दर आ सकती हूँ?"

"ठहरो! हम गोर्की की चर्चा करने जा रहे हैं।" अण्णाजी ने कृष्णप्पा से कहा। लेकिन कृष्णप्पा रुका नहीं। उमा की प्रेम से चमकती हुई आँखें, साँसों के फूलने से उभरी हुई छाती, चंचल चितवन देखी। अपने मन में ईर्ष्या उत्पन्न होते देखकर कृष्णप्पा को कसमसाहट हुई। उमा को इस हालत में देखकर शायद अण्णाजी को भी उसके साथ तनहाई में रहने की घबराहट हुई होगी। अतः उसे बैठने का अनुरोध किया। लेकिन कृष्णप्पा को जाते देख ज़ीना उतरकर उसे विदा किया।

कृष्णप्पा का मन गौरी के घर जाने को हुआ तो सीधा उसके घर की ओर ही चला। घर पास आने लगा तो दिल ने धड़कना शुरू कर दिया। वह घर पर न मिले—ऐसी कामना करते हुए गेट के सामने जा खड़ा हुआ। पोर्टिको में कार न पाकर दिल हलका हुआ। वह भूल ही गया था कि इस समय गौरी कॉलेज में होती है; या फिर हो सकता है कि कार में उसकी माँ कहीं गई हो! बगीचे में फूल-पौधों के बीच काम करते हुए एक माली ने कृष्णप्पा को देखकर कहा, "छोटी

मालकिन नहीं हैं। क्या बड़ी मालकिन से मिलना है?'' 'ना' कहकर कृष्णप्पा सरपट बाहर आ गया। उसका दिल कुछ हलका हुआ।

अब कहाँ जाए, कुछ समझ न पाकर वह भटकता रहा। जब धूप चढ़ने लगी, तब तय किया कि आज उस बैरागी के मौन का रहस्य खोल दे। यह सोचकर पहाड़ी पर चढ़ा। सवेरे नाश्ता न लेने के कारण अब भूख चमक गई थी। रात की नींद भी गायब होकर अब थकावट में बदलने लगी।

दूर से ही चूल्हा सुलगाता हुआ बैरागी दिखाई दिया। उसे देखकर भूख और भी तेज हो गई। पहले दिन की ही तरह एक शिला से टिककर वह बैठ गया। बैरागी चूल्हे पर हाँडी चढ़ाकर गुफा के भीतर से एक मोटी पुस्तक लाकर पढ़ने लगा। पुस्तक कौन-सी है—यह जानने का कुतूहल हुआ। किन्तु पास जाकर देखने से कहीं उसकी तन्मयता भंग न हो, इस विचार से चुप रहा। कुछ देर बाद बैरागी ने गुफा से पलाश के पत्ते लाकर तीन पत्तल टाँक लीं। उसके भोजन में से आज भी उसे हिस्सा मिल रहा है। इस हद तक तो बैरागी ने उसकी उपस्थिति पर गौर किया है। किसी शिला के बीच से कुत्ता प्रकट होकर दूसरी शिला की छाँव में सोकर जीभ निकालकर हाँफने लगा। काले धब्बों वाला भूरे रंग का कुत्ता। किसी दिन इस बैरागी के पीछे आकर यहाँ डेरा डाला होगा।

हाँडी का खाना पक जाने पर बैरागी उसके तीन हिस्से करने लगा तो कृष्णप्पा उठकर चूल्हे के पास जा बैठा। एक पत्तल उठाकर कुत्ते के लिए रख आने तक कृष्णप्पा ने देखा कि बैरागी की पुस्तक वाल्मीकि की संस्कृत रामायण है। फिर मौन रहकर ही अगल-बगल बैठकर दोनों का खाना भी हुआ। आज पके हुए अन्न में दाल-चावल के साथ गुड़ और नारियल भी थे। किसी ने दिया होगा।

बैरागी से बातें करने की इच्छा हुई। अपने को बेहद सताते रहने वाला प्रश्न यदि पूछा जाए तो कैसा रहेगा?

''एक—एक बार क्या करें, कुछ सूझता नहीं। हजारों सम्भावनाएँ सामने आती हैं। समझ में नहीं आता कि क्यों जिएँ?''

बैरागी इस तरह भावशून्य होकर खा रहा था कि कृष्णप्पा को अपना प्रलाप बेतुका लगने लगा। उसे आशंका हुई कि उसके मौन के कारण कहीं अपना प्रश्न ही तो झूठा नहीं है, या स्वकल्पित है? अथवा किसी घोंचू के पास अपने मन की बात कहने की मूर्खता तो वह नहीं कर रहा है? भोजन के बीच पत्तल फेंककर गुफा से कुछ दूर वाले झरने में हाथ धो लिया। लौटते समय घटी एक घटना के कारण बैरागी उसे और भी रहस्यपूर्ण व्यक्ति लगा।

टोपी पहने तथा कमीज पर धोती ओढ़े एक बूढ़ा खाना खाते हुए बैरागी के

सामने आ खड़ा हुआ। धोती से मुँह पोंछते हुए पानी माँगा। बैरागी ने सुराही का पानी और पत्तों से बना दोना उसे दिया। बूढ़े ने पानी पीकर दोने के तलवाली चीज को आँखों से लगा लिया।

"मूकाबिंका मन्दिर जाना है। रास्ता भटक गया हूँ। क्या यहाँ से बहुत दूर है?"

बैरागी का खाना समाप्त हो चुका था। वह उठ खड़ा हुआ। हाथ धोकर आया।

"इस रास्ते से जाओ। उस बड़ी शिला के पास दाहिनी ओर मुड़ो। वहाँ सीढ़ियाँ हैं। लगभग सौ सीढ़ियाँ चढ़ने पर मन्दिर मिलेगा।" उसने बताया।

बूढ़े के प्रणाम कर चले जाने के बाद चौंककर बैरागी को देखते हुए कृष्णप्पा ने पूछा, "आप मेरे साथ क्यों नहीं बोलते?"

इस प्रश्न का जवाब नहीं मिला। व्यायाम के द्वारा बाईं ओर जीवनीशक्ति को जाग्रत की चेष्टा करते हुए कृष्णप्पा इस घटना को याद करके कहता है, "प्रश्न यदि फैक्चुएल होता तो ही यह बैरागी जवाब देता। अभिप्रायों का जवाब नहीं देता था। अण्णाजी जोशीला आदमी था, तो यह बैरागी जितनी जरूरत हो उतना ही दुनिया के लिए उघड़ा हुआ था। किन्तु इससे उसके भीतर पता नहीं क्या पककर फलित हुआ, उससे वह क्या पा सका या किसने क्या पाया—कहा नहीं जा सकता। किन्तु मैंने या अण्णाजी ने ही क्या तीर मार लिया है?" ऐसी बातें करते हुए कृष्णप्पा काफी उदास हो जाता था, इसलिए इसे भी उसका आमूल अभिप्राय नहीं कहा जा सकता। इतनी बात तो सच है कि उस बैरागी ने उसे पीड़ा पहुँचाई है। उसी की भाँति मौनी बनकर अन्तरंग को धकधक जला लेने की कामना उससे छूटी नहीं, मलमूत्र विसर्जन का व्यवधान खोते हुए इस अवस्था में भी।

जब पता चला कि बैरागी बोलता है तो कृष्णप्पा बेचैन होकर उससे बातें करने लायक अपना प्रश्न सोचने लगा। पूछा जानेवाला प्रश्न सच्चा होना चाहिए। साफ-साफ पूछा जानेवाला हो—जैसे 'अमुक जगह जाने के लिए रास्ता कौन-सा है' पूछा जाता है। कृष्णप्पा को घबराहट हुई कि उसकी सारी पीड़ा शायद मन के लालच से उत्पन्न हुई है; अथवा उसकी क्या समस्या है, वास्तव में वह खुद भी नहीं जानता है। यदि ऐसा प्रश्न पूछना सम्भव भी हो जाए तो बैरागी की समझ से बाहर होने के कारण शायद वह चुप भी रह सकता है अथवा उसकी धारणा हो सकती है कि कोई भी समस्या औरों से पूछकर सुलझाई जानेवाली नहीं होती।

साँझ होते-होते कृष्णप्पा पहाड़ी से नीचे उतरा। क्या गौरी देशपांडे से मिले? मिलकर क्या कहे? अपना सारा बर्ताव अपरिपक्व मानकर होस्टल गया। लड़कों

को कुछ पूछने की ताक में देखकर 'बड़ी थकावट हो गई है, यारो! कल बातें करेंगे' कहकर कमरे में जाकर सो गया। किशोर ने दूध ला दिया तो कृष्णप्पा ने पी लिया। उसके दिए लिफाफे को उतावली से खोलकर पढ़ा :

'आज मेरी खोज में मेरे घर शायद आप ही आए होंगे। ज़ीने में खड़ी मेरी माँ को और कौन भला कवि जैसा दिखाई पड़ा होगा? कल आइए—मन चाहे तो। हिचकिचाइए नहीं।

आप ही की—गौरी देशपांडे'

कृष्णप्पा को खुशी हुई। डर भी लगा। इन दिनों मौत के साथ जूझते हुए वे सारी घटनाएँ याद करके वह चौंक उठता है। प्रीति के लिए उपलब्ध स्त्री की अपेक्षा अनुपलब्ध स्त्री से ही अपनी कल्पना क्यों अधिक लगाव रखती है? उसे इतना चाहकर भी क्यों उससे सीधे-सीधे 'तुम मुझे चाहिए' कहकर पूछना सम्भव नहीं हो सका? वह कितनी सहजता से, मुक्त मन से खुलकर बातें करती थी! किन्तु जैसे औरत को मर्द की आवश्यकता होती है, उस तरह 'तुम मुझे चाहिए' कहकर सूचित करना उससे भी क्यों सम्भव नहीं हो सका? उसके दैविक चेहरे की जब याद आती तो उसकी सुगठित देह को चाहना सम्भव नहीं हो पाता था। उसकी देह को पाने की इच्छा जब कभी होती तो उसकी बातें, चेहरा, चितवन याद आ जातीं और अपनी कामना के प्रति घिन-सी होने लगती। इसलिए उन दिनों अपनी सारी भावनाएँ अपने सम्पूर्ण प्राणों की चाह की एक बात बनकर, एक प्रश्न बनकर, एक अटल निर्णय बनकर कहते नहीं बनती थी।

कृष्णप्पा को उस दिन नींद नहीं आई। आधी रात को कुछ हो-हल्ला सुनकर आँखें खुलीं। उठकर बत्ती जलाई। ज़ीना उतरते समय होस्टल के सारे लड़कों को बड़े जोश में किसी को भीतर घसीटते हुए देखा। कृष्णप्पा उतावली में उतर ही रहा था कि शामण्णा हाँफते हुए आकर कृष्णप्पा को उसके कमरे में ठेल ले गया। किवाड़ बन्द करके हाथ जोड़कर खड़ा हुआ। लगता था कि शामण्णा पिए हो। हाँफते हुए बड़बड़ाया, "आप जरा चुप रहें। उन बम्भन के बच्चों का कचूमर निकालने के बाद आपको बुलाएँगे। आपके पाँव पड़ते हैं। उनकी तनिक भी हानि नहीं करेंगे, आपकी कसम!" यह कहकर शामण्णा हड़बड़ी में बाहर निकल गया। उसने कृष्णप्पा के कमरे का दरवाजा बाहर से बन्द करके साँकल चढ़ा दी। कृष्णप्पा विवश होकर बैठा रहा। नीचे अत्यन्त लजीले स्वभाव के लड़कों को भी डाँट दिखाते, गालियाँ सुनाते, धकधक आवाज सुनते, बहस करते और फिर सारा-का-सारा वातावरण स्तब्ध होते सुनता रहा। साँकल खुली। शामण्णा ने सामने आकर कहा, "चाहे कल हमें फटकारिए। अब नीचे चलिए। वे सुअर

आपसे माफी माँगने के लिए राजी हो गए हैं।"

कृष्णप्पा ने नीचे आकर देखा। दृश्य बड़ा हास्यास्पद था। गिरोह के लीडर रामू को पलँग के एक पाये से बाँधा गया था। होस्टल के चूल्हे से राख और कोयला लाकर उसके मुँह पर पोता गया था। उसके दो साथियों के, हाथ-पाँव रस्सी से कसकर, खिड़की की सलाखों से बाँधा गया था। राख और कोयले से पुते हुए रामू की लम्बी मूँछें और चेहरा भय, क्रोध, तिरस्कार से विकृत हो उठा था। शामण्णा कृष्णप्पा के सम्मुख उसे फटकारते हुए बड़े रौब से तहकीकात करने लगा—गौरव-सूचक बहुवचन में। किन्तु इस हद तक आने से पहले जो-जो बातें सुनानी पड़ी थीं, उन्हें सन्दर्भोचित सुनते रहने की प्रतीति कृष्णप्पा को हुए बिना नहीं रही।

"आधी रात को तुम लोग होस्टल की दीवार पर गन्दी-गन्दी बातें लिखते रहे हो या नहीं?"

शामण्णा के प्रश्न का रामू ने भभकती आवाज में जवाब दिया, "हाँ!"

"मानते हो कि यह गू खाने जैसा काम है?"

शामण्णा को अपनी पैंट की जेब से साइकल की चेन निकालते देखकर रामू ने अपने बिगड़े चेहरे से कहा, "ठीक है।"

"कृष्णप्पा गौड़ा हम सबके लीडर हैं। तुम्हें उनसे माफी माँगनी होगी। हम तुम्हें फ्री कर देते हैं, लेकिन तुम्हें सच्ची दोस्ती जाहिर करनी होगी।"

जिसको बाँकेलाल समझा हुआ था, उस शामण्णा का यह पहलू देखकर कृष्णप्पा को अचम्भा हुआ। शामण्णा का ही इशारा पाकर लड़कों ने तीनों को खोल दिया। रामू अकड़कर कृष्णप्पा की ओर मुड़ा।

"हमारी घड़ियाँ उतारकर रख ली हैं। वे दिलवा दो।" उसने कहा।

"छिः! हम कोई चोर नहीं।" शामण्णा ने उन तीनों की घड़ियाँ लौटा दीं। फिर लड़कों के साथ उन्हें घेरकर कृष्णप्पा के सामने ला खड़ा किया।

कृष्णप्पा ने अपने स्वाभाविक लहजे में बिना किसी उद्वेग के कहा, "मुझे तुम्हारी क्षमा-याचना नहीं चाहिए। मैं और तुम लोग अथवा गौरी देशपांडे और तुम लोग—सभी बराबर हैं। बराबरी में ऐसा काम ठीक नहीं। बेचारे तुम लोग भी क्या करते! तुम्हारी तरह मैं भी इस कॉलेज में समय बरबाद करता रहा, इसलिए तुम्हें ऐसा भ्रम हुआ है...!"

चलने को उद्यत रामू को शामण्णा ने टोका। आँखें दिखाकर रोका, "भले ही वे न चाहते हों, लेकिन हम डिमांड करते हैं। उनसे माफी माँगो।"

रामू ने ठिठकते हुए कहा, "गलती हुई। माफ करना।"

शामण्णा ने कहा, "एक बाल्टी पानी लाओ।"

उसमें अपना तौलिया डुबोकर वह रामू का मुँह पोंछने लगा। उसने मुँह फेर लिया तो कहा, "तुम्हारे माफी माँगने के बाद इस पुती हुई कालिख को मिटाना मेरी ड्यूटी है, समझे?"

रामू माना नहीं। खुद ही मुँह धो लिया। तब शामण्णा बोला, "जो कुछ दीवार पर तुमने लिखा है, अब उसे मिटाओ। यह तुम्हारा वादा था।"

रामू और उसके साथी बाहर निकले। सारा होस्टल उनको लिखावट मिटाते हुए देखता रहा।

रामू और उसके साथियों को दी जानेवाली सजा को कमीनेपन की निगाह से देखते हुए वह गम्भीर ढंग से पेश आया था। किन्तु अब कृष्णप्पा को लगता है कि यह सजा शायद उसने मन-ही-मन चाही थी। आगे उसके राजनीतिक जीवन में ऐसे कितने ही सन्दर्भ आए हैं और बदला लेने में अपनी निरासक्ति को ही विपक्षियों को महत्त्वहीन बनानेवाला अस्त्र बनाया है। खुद मुँह खोलकर न कहने पर भी जो होना था, वह दूसरों के जरिए हुआ है। खुद पाक रहकर दूसरों से ऐसे काम करवाना क्या ठीक है? किन्तु ऐसे नैतिक प्रश्न सूक्ष्म कहलानेवाले सामाजिक न्याय से सम्बद्ध थे। क्या अण्णाजी ने नहीं कहा था कि दीन-दलितों के पक्ष में लड़ी जानेवाली लड़ाई में जब हम ठोस और अडिग बनकर खड़े हो जाएँगे, तब उसे जीतने के लिए जो भी किया जाएगा, वह न्यायसंगत होगा! कृष्णप्पा को, जो अब एक-एक उँगली मोड़ना, बोलना सीख रहा है, अपने व्यक्तित्व के अक्खड़ अंश सता रहे हैं। लगता है कि पूरी तरह दूसरों के हित में जीने में भी हमारा साबुत बचे रहना निश्चित नहीं।

कृष्णप्पा अगले दिन गौरी देशपांडे से मिला था। वह कॉलेज न जाकर घर में ही रुकी थी। अपनी बेटी का किसी लड़के से लगाव देखकर उसकी माँ अनसूयाबाई खुश नजर आने लगी थीं। ऊँचे कद व छरहरे बदन वाली अनसूयाबाई रेशम की साड़ी पहनकर ज़ीने से उतर आईं। कृष्णप्पा का ऐसा स्वागत किया जिससे उसे तनिक भी हिचकिचाहट महसूस न हो। उनके सिर से सफेद बाल झाँक रहे थे। फिर भी जवानी की चुस्ती और मोहकता को चेहरे ने बचा रखा था। कृष्णप्पा तथा अपनी बेटी को नाश्ता देकर फ्लास्क में कॉफी रख दी। उन दोनों को बातें करने के लिए कहकर स्वयं अपने कमरे में चली गईं।

गौरी ने कृष्णप्पा को 'उपमा' परोसते हुए उसके तनाव को ढीला करने की चेष्टा की, "आगे क्या करने का विचार है?"

इस प्रश्न के जवाब में कृष्णप्पा को दुविधा महसूस करते हुए गौरी ने देखा।

"पता नहीं। गाँव जाकर रहूँगा। मेरी माँ है। थोड़ी-सी जमीन है। गाँव में रहकर जो करने को मन चाहेगा, करूँगा। आप?"

कृष्णप्पा ने यह प्रश्न शिष्टाचारवश नहीं पूछा था। उसने उपमा खा लिया था। गौरी ने उसके लिए सेब काटा। गौरी का मन था कि कृष्णप्पा की प्रतिक्रिया जानने के लिए वह कहे कि उसकी माँ के लिए नंजप्पा शिमला से डलियाँ भर-भरकर सेब मँगवाते रहते हैं। किन्तु गौरी चुप रही। उसने अपनी इच्छा को दबा लिया।

"क्या आप मानते हैं कि किसी लड़की की माँ बनने की इच्छा नहीं भी हो सकती है?"

कृष्णप्पा को ऐसे प्रश्न की आशा नहीं थी। गौरी ने बिना जल्दबाजी के उसके जवाब की प्रतीक्षा की।

"मैंने इस बारे में सोचा नहीं। यही सोचा था कि बच्चों की कामना करना स्वाभाविक होता है।"

"न। मेरा कहना है कि उसके मन में बच्चों के प्रति कामना होती है। खुद माँ बनने की कामना शायद न हो।"

"क्यों? डर के कारण?"

"नहीं। डर भी नहीं। पुरुष की संगति की कामना होते हुए भी अपनी देह को बच्चे पानेवाला साधन बनाना किसी औरत को शायद पसन्द न हो। क्या आप इसे अस्वाभाविक कहते हैं?"

"अगर आपको ऐसा लगता है तो मैं उसे समझने की कोशिश करूँगा। किन्तु आप एकदम जनरली कह देंगी तो क्या जवाब दूँ, मेरी समझ में नहीं आता।"

गौरी उत्सुकता से बोली, "चलिए, कमरे में बैठकर बातें करेंगे।"

"चाहें तो सिगरेट लगाइए।" कह उसने सामने एक पैकिट रख दिया। कृष्णप्पा ने सोचा, शायद नंजप्पा द्वारा यहाँ छोड़ा गया पैकिट होगा। कृष्णप्पा सिगरेट पीने लगा। गौरी ने कहा, "येस! मुझे ऐसा लगता है। कृपया मेरे माहौल को इसका जिम्मेदार मत समझिए। माँ यही मानकर बहुत पीड़ा सहती रहती हैं। मुझे देश-विदेश घूमने की, बहुत सारी पुस्तकें पढ़ने की, तरह-तरह के लोगों से मिलने की इच्छा होती रहती है। किसी एक पुरुष से बँधकर उसकी सहधर्मिणी बन सारी उम्र बिताने को मन नहीं करता।"

कृष्णप्पा चुप बैठा रहा। हँसती हुई गौरी बोली, "आपको शॉक लगा! है न? लेकिन वास्तव में मुझे ऐसा ही लगता है। फिर मैं भी तनिक अपनी माँ की तरह हूँ। मुझे पुरुष चाहिए। मेरा खयाल है कि मैं फ्लर्ट लड़की नहीं हूँ। चलिए।"

कृष्णप्पा को अपने प्रश्न का उत्तर देने के लिए बाध्य न करने के इरादे से गौरी उसे बगीचे में ले गई और वहाँ उसे गुलाब के फूल दिखाए। बगीचे के नुक्कड़ वाले पेड़ के कोटर में एक परिन्दे का घोंसला दिखाया–बगल में खड़े होकर। मुलायम डैनोंवाले कच्चे-कच्चे-से, लाल चोंच खोलकर 'चूँ-चूँ' चहकनेवाले पोतों को बताते हुए गौरी ने कृष्णप्पा की भुजा पर बिलकुल सहज भाव से अपना चेहरा टिका दिया था। कृष्णप्पा ने खुशी से उसके अंगों को थिरकते हुए देखा। बचपन में वह ऐसे कितने ही घोंसलों को ढूँढ़ता फिरा है। कभी-कभी बेवजह संटी परिन्दे की टाँग में मारकर उसे पीड़ा भी पहुँचाई है। किन्तु आज गौरी की उमंग देखकर वह बहुत नरमदिल बन गया। इस्तरी की हुई फूलोंवाली सफेद साड़ी पहनकर व सीने पर चोटी लटकाए गौरी ने खुशी से नम आँखों से कृष्णप्पा को देखा। अपनी बगल में खड़ी गौरी से और भी अधिक सटकर खड़े होने की चाह को कृष्णप्पा ने रोक लिया।

कृष्णप्पा ने पहाड़ी की ओर चलने का सुझाव दिया। गौरी ना-नुच कर मान गई। उसने कार लेनी चाही तो कृष्णप्पा को कुछ हिचक हुई। किन्तु उतनी दूर गौरी कैसे चल पाएगी? वह थक जाएगी, यह सोचकर वह मान गया। रास्ते में उसे महेश्वरय्या और अण्णाजी के बारे में जानकारी दी। गौरी से इतनी सरलता से अपने बारे में बातें करने पर खुद उसे आश्चर्य हुआ। पहाड़ी के नीचे कार रोककर पूछा कि क्या वह बैरागी के बारे में जानती है? गाँव से बाहर रहनेवाली गौरी इस बारे में कुछ नहीं जानती थी।

कृष्णप्पा बोला, "चलिए। उनसे मिलेंगे।"

गौरी के साथ-साथ पहाड़ी पर चढ़ते हुए कहा, "अच्छा, तो आपके प्रश्न का क्या जवाब दें, कुछ समझ में नहीं आ रहा है। आपको अगर ऐसा लगता है तो शायद ठीक ही है, लेकिन...।"

गौरी को हाँफते हुए देखकर वह रुका। अगला रास्ता कुछ चढ़ावदार था। एक शिला चढ़नी थी। गौरी ने अपनी साड़ी समेटकर स्वाभाविक लहजे में कहा, "मेरी माँ की भाँति आप भी यों न समझें कि मैं द्वेष के कारण ऐसा करती हूँ।"

"नहीं।" कृष्णप्पा शिला पर चढ़ गया और गौरी के लिए हाथ आगे बढ़ाया। उसके मजबूत बाहुओं की मदद से गौरी फुदककर शिला पर चढ़ गई।

"पॉलिटिक्स मुझे बोर करती है।" अपनी अटल राय देते हुए गौरी बोली। "मुझे यह गाँव छोटा लगता है। बड़े शहरों में प्राइवेसी रहती है। इसलिए बम्बई या दिल्ली जाकर पढ़ना चाहती हूँ। आप भला कैसे देहात में रहेंगे!" उसने जो कुछ कहा था, कृष्णप्पा ने उससे अधिक अर्थ उन बातों में पाया।

बैरागी की गुफा के सामने कुत्ता कुहराम मचाए हुए था। चूल्हे के सामने खाना पकाते बैठा बैरागी कुत्ते को शान्त करने की चेष्टा कर रहा था। गुफा के निकट पहुँचकर गौरी के मुँह से हलकी-सी चीख निकल गई। वह कृष्णप्पा से सटकर खड़ी हो गई। एक नाग फन फैलाकर कुत्ते की ओर फुफकारते हुए गुफा की ओर बढ़ रहा था। बैरागी ने कुत्ते को मजबूती से पकड़ लिया था। साँप सरपट गुफा में घुस गया। कुत्ते को सहलाते हुए बैरागी उसे दूर चले जाने के लिए फुसलाने लगा। धीरे-धीरे कुत्ता शान्त हो गया और अपनी जगह जाकर सोए सोए भी गुफा की ओर घूरकर देख लेता। हाँडी का खाना पक जाने पर पत्ते लाने के लिए बैरागी गुफा में जाने लगा तो उसे देखकर गौरी कृष्णप्पा से लिपटकर काँपने लगी। गुफा से फूत्कार की आवाज आई। भीतर जाता हुआ बैरागी ठिठक गया। सोया हुआ कुत्ता कान खड़े कर फिर उद्विग्नता से भौंकते हुए भाग आया। बैरागी ने उसे आगोश में लेकर सहलाने का प्रयत्न किया। कृष्णप्पा के पास कुत्ते को खींचकर ले आया और इशारे से उसे पकड़े रहने के लिए कहा। जब कृष्णप्पा कुत्ते को पकड़े हुए था, तब हाँडी के पानी से सामनेवाले शिलाखंड पर चार समतल जगहों को धोया। ''बाबाजी, हमें भोजन नहीं चाहिए।'' कृष्णप्पा ने कहा। तब बैरागी आधा खाना कुत्ते के लिए दूर रखकर उसे खिलाने के लिए खींचकर ले गया। किन्तु कुत्ता खाने से इनकार कर पीछे-पीछे भाग गया। गुफा के सामने भौंकते हुए खड़ा हो गया। साँप फुँफकारता रहा। बैरागी ने दुबारा कुत्ते को खींचकर जबरन उसके खाने के सामने ले जाने की चेष्टा की।

यह नाटक गौरी अचम्भे से देखती रही। बैरागी के हाथों में कुत्ता उछल-कूद मचा रहा था।

कृष्णप्पा ने कहा, ''सोचा था कि आप कुत्ते को उसकी हालत पर छोड़ देनेवाले व्यक्ति होंगे।'' गीता की 'नैनं हंति न हन्यते' बात उसे याद आई थी। बैरागी द्वारा रोज पढ़ी जानेवाली पुस्तक जो थी वह।

बैरागी उसकी बात पर गौर करता हुआ-सा लगा। एक छोटा सीत्कार उसके मुँह से निकलते देखकर कृष्णप्पा ने उसकी प्रतिक्रिया का इन्तजार किया। बैरागी ने कुत्ते को छोड़ दिया। कुत्ता लपककर गुफा के सामने जाकर भौंकने लगा। भस्-भस् का फूत्कार ऐसे लग रहा था मानो सारी गुफा ही श्वासोच्छ्वास कर रही हो। उसने बैरागी के चेहरे को फीका पड़ते हुए देखा। गौरी ने कृष्णप्पा के सीने में अपना मुखड़ा छिपा लिया। वह अगली अनिवार्य घटना की प्रतीक्षा करने लगा। कुत्ता गुफा में घुस गया। शुरू-शुरू में साँप का फुफकारना बराबर सुनाई देता रहा। फिर धीरे-धीरे आवाज दब गई और कपड़ा फटकारने की-सी आवाज गुफा के

भीतर से आई। दूसरे ही पल खून से लथपथ छटपटाते हुए साँप को कुत्ता मुँह में दबाए झाड़ियों में भाग गया। गुफा से बहते लहू को देखकर बैरागी अपना खाना बटोरकर फेंक आया। वह मन को सान्त्वना देने की चेष्टा करता हुआ-सा लगा।

आज भी कृष्णप्पा इस घटना को याद करके कहा करता है, "मेरी समझ में नहीं आ पाया कि वह बैरागी अपनी आँखों से देखी हुई हिंसा को पचा सका या नहीं!"

दाहिने हाथ की उँगलियों को थोड़ा-सा मोड़ते-खोलते हुए कृष्णप्पा हथेली को भी हिलाते का प्रयत्न करता है। फिर एक दिन सवेरे जब उसे विश्वास हो गया कि कोहनी और कलाई मोड़ना भी सम्भव हो सकता है तो उसमें तनिक उमंग लहरा गई। देशपांडे के नाम, जो अमरीका से लौटकर दिल्ली के मिरांडा हाउस में अब अंग्रेजी पढ़ाने लगी थी, यह चिट्ठी लिखवाने की इच्छा हुई कि वह दो-चार दिन के लिए आकर उससे मिल ले। उसे देखे पन्द्रह से भी अधिक साल बीत चुके थे। अभी तक वह बिन-बच्चों की, बिना शादी किए ही है। फिलडेल्फिया में पढ़ते समय उसने लिखा था कि वह एक अमेरिकन के साथ रह रही है। तीन वर्षों के बाद लिखा था कि उस आदमी को बच्चों की चाह है, इसलिए भले ही उसने शिकायत नहीं की किन्तु वह निराश भी न हो, इस इरादे से वह अलग हो रही है। उस दिन बातों-बातों में गौरी ने बच्चे पैदा करने से जो इनकार व्यक्त किया था और इसे उसकी अपरिपक्वता समझी थी, धीरे-धीरे यकीन हो गया कि उसकी धारणा गलत थी।

जो भी हो, कृष्णप्पा के भाग्य में वे दिन अत्यन्त पीड़ादायी रहे। वह यूँ रहता मानो अथाह जलप्रपात के किनारे उँगलियों पर खड़ा हो। उसके साथ मुक्त मन, उल्लास से रहने की चेष्टा करके गौरी हार गई थी। जब कभी दोनों को साथ-साथ रहना होता, तब-तब एक-दूसरे को दीप की लौ बनकर जला लिया करते। एक की गर्मी में दूसरा पिघलकर कभी कोमल नहीं बना। कृष्णप्पा की स्वीकृति को जरूरी समझकर गौरी कहती, "शायद आपसे मैंने कहा नहीं। जब मेरे पिता बेलगाम में थे, तब वे और नंजप्पा दोनों दोस्त थे। दोनों का साथ-साथ कुछ बिजनेस भी था। हमारे ही घर नंजप्पा ठहरा करते। सुना है, मेरे पिता की एक और माशूका भी थी।"

ये सारी बातें कृष्णप्पा को फिजूल लगतीं और वह खो-सा जाता। गौरी पछताने लगती कि उसके साथ किसी उत्कर्ष की चाह में आए कृष्णप्पा को वह मामूली वाक्यों की ओर खींच रही है। कृष्णप्पा को उसकी पसन्द का खाना

परोसते रहने तक वह इसी तरह बनी रहती।

कृष्णप्पा वहाँ प्रायः हर साँझ आया करता था। गौरी से ऐसे बात करता मानो वह अपरिचित हो।

"माफ कीजिए। शायद आपको पढ़ना है। परीक्षा निकट जो आ गई है।"

"नहीं, आइए-आइए।" वह कहती। कृष्णप्पा कुछ बोलता नहीं था। बेतकल्लुफी से कमरे में अपनी बड़ी-बड़ी आँखें घुमाते हुए अगर वह बैठ जाता तो गौरी पूछती, "गाऊँ?"

वह जानती थी कि उसका गाना सुनकर कृष्णप्पा तनाव-मुक्त हो जाएगा। अनसूयाबाई बेटी को कृष्णप्पा के सामने बैठकर गाते हुए सुनती रहतीं। कोने के पीढ़े पर उनका चुपचाप बैठे रहना कृष्णप्पा को भी भाता। कृष्णप्पा के सामने दूधिया भावनाओं वाली अपनी बेटी को देखकर घुँघराले बालोंवाली काली मूर्ति की तरह दृढ़काय अनसूयाबाई निहाल हो उठतीं। शरत बाबू के उन उपन्यासों के सन्दर्भों में इन दोनों को रखतीं, जो वह प्रायः पढ़ा करती थीं। इस बीच नंजप्पा आ जाते तो भी किसी को हिचक नहीं होती थी। शुरू-शुरू में वह गरीब कृष्णप्पा के साथ गौरी का स्नेह-सम्बन्ध देखकर कुछ नाराज अवश्य रहा करते थे। किन्तु गौरी से सामना करने की हिम्मत न होने के कारण चुप रह जाते। इधर वे बड़े ही दैव-भक्त बन गए थे। शाम के समय गणेशजी के मन्दिर से आरती उतरवाकर सिन्दूर-प्रसाद लाया करते। तीनों को प्रसाद बाँटकर वह ज़ीना चढ़ जाते। अनुसूयाबाई कब उठकर चली जातीं, इसका पता न गौरी को चलता और न कृष्णप्पा को ही।

उन दिनों गौरी को क्यों नहीं हासिल किया? जब कभी कृष्णप्पा तनहाई में होता तो गौरी से संगति करने की उसकी इच्छा बलवती हो उठती। किन्तु चौपाए की तरह सम्भोग करने की कल्पना से ही कृष्णप्पा को जुगुप्सा होती। इस पाप-भावना से अगर किसी ने कृष्णप्पा को मुक्त किया था तो वह थी लूसिना। मन की कँपकँपी से छुटकारा दिलवाकर उसकी हर साँस, हर जोड़ को सजीव साबित किया था। यदि वह पहले ही गौरी से मुक्त हो गया होता तो...।

एक दिन दोपहर के समय कृष्णप्पा अण्णाजी से मिलने निकला। इन दिनों अण्णाजी को पैसों के लिए तरसने की जरूरत नहीं थी। जरूरत से ज्यादा पैसा उसके हाथों में खेलता रहता था। कृष्णप्पा का सारा कर्जा उसने अदा कर दिया था। कृष्णप्पा ने कभी नहीं पूछा कि इतना पैसा कहाँ से आया? इसके अलावा अण्णाजी ने उमा की उदारता की भूरि-भूरि प्रशंसा की थी। शायद वह अपने पति की नजर बचाकर तिजोरी से उसका काला धन उड़ाती और अण्णाजी को देती

थी। अण्णाजी को इस तरह की अनैतिकता नहीं सताती थी। आज भी कृष्णप्पा के साथ वह बड़ी तन्मयता से मार्क्सवाद-लेनिनवाद की बारीकियों के बारे में बातें करता है। इन बातों को सुनती हुई उमा अपना गेहुँआ गोल-मटोल चेहरा हथेलियों में धरकर बैठी रहती है। जब अत्यन्त जटिल तर्कों को पेश करना होता है तो अण्णाजी उसकी ओर मुड़कर देखता है। तब कृष्णप्पा को यूँ लगता है कि आराधना के फूल बरसाने की भाँति अण्णाजी उमा की ओर विचारों को फेंकते हुए मूर्ति की पूजा कर रहा हो।

उस दिन दोपहर के समय कृष्णप्पा जब दरवाजे के सामने जा खड़ा हुआ तो उमा को सिसकारते हुए और अण्णाजी को रहस्यपूर्ण ढंग से कुछ कहते हुए सुना। वह दरवाजा खटखटाने वाला था कि ठिठक गया। उसके कदमों की आहट शायद सुनाई दी होगी। दरवाजे के बाहर से ही दोनों को उठकर आवेग में लम्बी साँस लेते हुए व उतावली में दौड़-धूप करते हुए देखकर कृष्णप्पा को आश्चर्य हुआ। अब उसका चले जाना ठीक नहीं। खड़े रहना भी गलती होगी। दुविधा में कहा, "मैं हूँ, कृष्णप्पा। फिर कभी आऊँगा। यूँ ही चला आया था।" इसे सुनकर अण्णाजी को बड़ी राहत मिली है, यह उसकी आवाज से ही पता चल गया।

"ओह! कृष्णप्पा, ठहरो। जाओ मत।"

कृष्णप्पा को और भी दुविधा हुई। अब वह लौटकर जा भी नहीं सकता था। अण्णाजी और उमा के चेहरों को इस तरह देखना होगा मानो कुछ हुआ ही नहीं। यों घोंचू बनकर पेश आना होगा कि उन दोनों को छिपा लेने में मुश्किल न हो और यह कि ये सारी बातें उसकी समझ के बाहर हैं।

दरवाजा खुला। उमा के बाल बिखरे हुए थे और वह कपड़े से पुस्तकों की धूल झाड़ते हुए तिपाई के पास खड़ी थी। ऐसा स्वाँग रचाया था मानो उस काम के कारण ही वह तुरन्त दरवाजा नहीं खोल सकी। अण्णाजी यों आँखें मल रहा था मानो अभी नींद से उठा हो, उसे यह खासा बेतुका-सा लगा। फिर भी दो-एक मिनटों में ही अण्णाजी लेनिन के 'डेमोक्रेटिव सेंट्रलिज्म' तत्व के कांट्राडिक्शन के बारे में वास्तव में तन्मय होकर चर्चा करने लगा था। बीच में लेनिन का कोई उद्धरण याद नहीं आया तो उमा से कहा, "उमा, जरा वहाँ से लेनिन का 'कलेक्टेड वर्क्स' तो देना।" उमा ने किताब लाकर सामने रख दी। "मिस्टर चन्नवीरय्या से भी जल्दी यह सीख रही है। इसमें विचार-शक्ति भी काफी है।" उमा की प्रशंसा करके अण्णाजी उद्धरण ढूँढ़ने लगा। उमा कॉफी लाने नीचे चली गई।

कृष्णप्पा ने उस दिन घोर ईर्ष्या का अनुभव किया। उमा की चाल में दिखाई देनेवाली प्यारी थकावट ने उसके दिल को झकझोरा। वह बहुत बेचैन हो उठा कि

अण्णाजी की भाँति वह क्यों नहीं है! अण्णाजी ऐसा तन्द्रालु आदमी था जिसकी देह भूख-प्यास से नहीं तड़पती थी। ऐसे आदमी को जब अपनी कामना की वस्तु एक औरत के जरिए इतनी आसानी से प्राप्त हो सकती है तो उसके लिए यह क्यों सम्भव नहीं? कल्पना में भी वह गौरी को नंगा नहीं देख सकता। अण्णाजी के मर जाने के बाद भी कृष्णप्पा में यह ईर्ष्या रही है। इस ईर्ष्या से कृष्णप्पा तभी मुक्त हो पाया था, जब लूसिना ने अपने होंठ और जिह्वा की नोक से उसके सारे बदन को अंगारे का बिछौना बनाकर चीते जैसी अपनी सुगठित देह को उस पर सुलाया था। कृष्णप्पा को सहसा खड़े होते देख अण्णाजी ने बिना किसी याचना के कहा, "जाओ नहीं, बैठे रहो। आशंका से उमा तड़प उठेगी। तुम्हारा अनुमान ठीक है, किन्तु यह सब मेरे बस से बाहर का है।"

अण्णाजी को इतना सहज देखकर कृष्णप्पा चौंक गया।

आँचल की ओट किए, सिन्दूर का बड़ा-सा टीका लगाए, नाक में नथ डाले और थोड़ा-सा झुककर कॉफी लिये उमा को देखकर कृष्णप्पा और भी अधिक चौंक गया। तो औरत पाप-प्रज्ञा से न कराहकर सामाजिक बन्धन को लाँघ सकती है। बड़ी प्यार-भरी आवाज में अण्णाजी ने कहा, "बैठ जाओ, उमा! तुम दोनों से एक सीरियस बात करनी है।" इसके बाद उसे सामने बैठा लिया और अपनी विशिष्ट शैली में पढ़ाई शुरू की :

"अब तक समाज ने उत्पादन के जितने भी सम्बन्ध निर्मित किए हैं, वे सभी मनुष्य की आजादी को कुंठित करनेवाले हैं। उदाहरण के लिए, मर्द और औरत का ही सम्बन्ध ले लो। अन्य वस्तुओं की तरह औरत की एक मिल्कियत बन गई है। इसीलिए मनुष्य ने अमुक को खुद की औरत और अमुक को पराई औरत कहकर विभाजन किया है। इस तरह अपनी मिल्कियत को बचाए रखने की व्यवस्था उसने फ्यूडल और कैपिटलिस्ट पद्धति से की है। ये सभी पद्धतियाँ मनुष्य के सहज विकास में रुकावट पैदा करती हैं। और साथ ही हमारा लिबिडो—काम-जीवन—अस्वाभाविक बन्धनों का शिकार हो जाता है। यह पूँजीवादी अर्थव्यवस्था न्यूनता के आधार पर खड़ी है—बनावटी न्यूनता और शोषण। यह बात काम-जीवन में भी लागू होती है। ठीक समृद्धि में मनुष्य की रोटी, कपड़ा, आवास, आराम की आवश्यकताएँ तथा सांस्कृतिक आवश्यकताएँ जैसे-जैसे सप्लाई होती जाएँगी, मनुष्य के अन्तिम छुटकारे के लिए वह तैयार हो जाता है। अपने को कठोर पीड़ा और संकट का सामना करनेवाले काम-जीवन से सम्बन्धित निषेधों को तोड़कर मर्द और औरत छुटकारा पाते हैं। जिसके साथ शादी हुई हो, केवल

उसी से और वह भी नियमानुसार देह के सुख पाने की अड़चनें नहीं रहेंगी। वर्ग-रहित समाज में पूँजी की अनिवार्यता नहीं रहेगी। तब सारी देह छुटकारा पाकर सुख का फव्वारा बनेगी। इस सुख का साधन ही मनुष्य में नैतिकता ला देता है। वह जिसका उपभोग कर रहा है, वह अमूल्य है, स्वतन्त्र है—इस धारणा से बढ़कर नैतिकता और कहाँ है?''

''क्या यह समझ लिया जाए कि तुम अपने जीवन-विधान का समर्थन करने के लिए ऐसी दलील पेश कर रहे हो?'' उमा की उपस्थिति को भूलकर कृष्णप्पा ने तीखी आवाज में कहा।

''मेरी बात छोड़कर सोचो! सुनो, कृष्णप्पा, तुम ठहरे किसान वर्ग के। तुम्हारे पूर्वज भू-स्वामी रहे हैं। इसलिए औरत के बारे में मूलतः तुम फ्यूडल हो।'' अण्णाज़ी ने कुछ मसखरेपन से कहा।

''स्वच्छन्द जीवन न जीने में विश्वास रखना और औरत को पवित्र मानना फ्यूडल है तो इसमें क्या हर्ज है?''

''औरत क्यों पवित्र है, बताओ तो सही? क्योंकि वह मिल्कियत है। ऐसी बात कहनेवाले ही औरतों की पिटाई करते हैं। औरतों को रसोई, बनाव-शृंगार, संगीत मात्र के लायक समझते हैं। अपने साथ सम्भोग के लिए राजी होनेवाली औरत को ओछा समझते हैं...।''

अण्णाजी की आखिरी बात से कृष्णप्पा को पीड़ा हुई। मानो मर्मस्थल पर चोट की गई हो। अण्णाजी के सामने उमा निष्पाप औरत की तरह बैठी थी, किन्तु उसे रात में पति को भी अपनी देह सौंपनी थी। चन्नवीरय्या के दाँतों पर तो सोने का वरक चढ़ा हुआ है। क्या उसके साथ उसकी देह-सुख का फव्वारा बनेगी जैसी कि अण्णाजी के साथ से बनी है? अगर नहीं तो वह कैसे पति को देह सौंपती है? यह सोचकर कृष्णप्पा का सारा व्यक्तित्व विरोध कर उठा था कि एक औरत दो के बीच बाँटी नहीं जा सकती। किन्तु वह बोला नहीं। शायद उमा पति के साथ यन्त्रवत् रहकर अण्णाजी के साथ ही वास्तव में खिलती होगी। ऐसी हालत में उसे पति को छोड़ देना चाहिए। अगर उमा सामने न होती तो अण्णाजी के साथ इसकी चर्चा की जा सकती थी। यह सोचकर वह चुप बैठा रहा।

उस दिन शाम को जब वह गौरी के घर गया तो इसी सोच में डूबा हुआ था। उसे गौरी चाहिए, लेकिन उसके साथ वह देहात में जानेवाली नहीं। शादी के बिना अपने साथ सोने के लिए कहना उसे एक भोग की वस्तु समझना है। इसके लिए अगर वह मान भी जाती है तो बाद में यकीनन वह उसे क्षुद्र समझने लगेगा। इस दुविधा में फँसा कृष्णप्पा गौरी के प्रश्नों का उत्तर 'हाँ', 'हूँ' में देकर लौट आया

था। दूसरे दिन पहाड़ी पर बैरागी के पास जा बैठा। वह उस दिनवाली पुस्तक ही पढ़ रहा था। कृष्णप्पा को बेजारी हुई कि उससे क्या पूछे? बैरागी रसोई की तैयारी में लगा तो कृष्णप्पा उठ खड़ा हुआ। शायद बैरागी की इच्छा कृष्णप्पा को रोक लेने की हुई होगी। किन्तु उसके चेहरे से अनुमान लगाया कि वह अपने नियम के अनुसार उसे न रोककर चुप है। इस तरह अपने रास्ते को प्रयत्नपूर्वक शुष्क नहीं करना है, यह सोचकर पहाड़ी से उतर पड़ा।

जब उसकी पत्नी ह्वील-चेयर पर उसे ठेलने लगती है तो वह सोचा करता है, 'मैं पत्नी को मारने गया हूँ। एक ही उद्देश्य के लिए जीवन बिताकर भी उसमें सफल न हो सका और अब सूखता जा रहा हूँ। धीरे-धीरे मरूँगा। मेरे यहाँ कोई भी अपनी प्रेम-कहानी नहीं सुनाएगा। वे दल-बदलुओं या दल बदलने जा रहे लोगों की खबरें ही लाते हैं। मुझे इससे क्या लेना?''

उसे चिढ़ होने लगती है कि शरीर के दुर्बल होने से ही ऐसे विचार क्यों सताया करते हैं?

''अरे नागेश!'' वह हाँक लगाता है। युवजन सभा का कार्यकर्ता नागेश सामने आकर पूछता है, ''क्या है, सर?''

''किसी लड़की से तुमने कभी इश्क-विश्क किया है?'' वह हँसकर पूछता है।

''मैं? गौड़ाजी, उसके लिए फुरसत ही कहाँ है? देश की इतनी सारी समस्याओं के बीच...।''

नागेश हँसी से अछूता रहकर जब संजीदगी से बातें करने लगता है तो कृष्णप्पा कहता है, ''अच्छा, जाने दो। यह स्टेटमेंट लिख लो।''

उस दिन के लिए आवश्यक किन्तु अन्य राजनीतिक व्यक्ति जिसमें दखल देने से डरते हैं, ऐसी बातें लिखवाता है। नागेश बड़े चाव से लिख लेता है। नागेश के सुडौल चेहरे पर अभी दाढ़ी-मूँछें निकल रही थीं। कन्धे तक बाल बढ़े हुए थे। कृष्णप्पा उसे प्यार और मसखरेपन से देखता है। इसी उम्र में वह भी 'अमुक आदमी' कहलाने की चाह में राजनीति में उतर पड़ा था। फिर टाँग मोड़ने की चेष्टा करते हुए सोचता है, ''गौरी देशपांडे को आने के लिए कल चिट्ठी लिखवानी चाहिए। अगर उसे आज भी मेरे प्रति प्रेम होता तो क्या वह आए बिना रहती? सुना है, दिल्ली में माँ के साथ रहती है। हर रोज पत्र लिखवाने को मन तो करता है, लेकिन उसे टालता रहता है कि शायद वह उसकी यह अवस्था देख न पाए।

आज वह मरणासन्न पड़ा है। क्या वह साबुत बची है? यही प्रश्न उसे कोंचता रहता है।

ह्वील-चेयर पर बैठा कृष्णप्पा जब इस प्रकार विचारों में डूबा होता है तो सहसा उसकी आँखों के सामने आ जाते हैं—मठ का प्रबन्धक, नरसिंह भट्‌ट, जो उसकी तीव्र भर्त्सना का लक्ष्य था; सुपारी के बगीचे वाला शिवनंजप्पा; राज्य का मुख्यमन्त्री वीरभद्रप्पा जिसने पी. डब्ल्यू. डी. विभाग में लाखों की रकम पर हाथ साफ किया था, और भयानक चेहरेवाला वारंगल का पुलिस-अधिकारी।

दुबली-पतली टाँगों वाले बच्चों को गोद में लिये, बिखरे बालों वाली औरतें, घुटनों तक मैली धोती पहने किसान आवेश में इन पर धावा बोलते हैं। धीरे-धीरे वे इन्हें मार डालते हैं। उनका खून लाकर उसकी लकवाग्रस्त टाँग और बाँह पर मलते हैं। "यह खून नहीं, यारो, कबूतर का गरम खून लाओ।" कोई कहता है। कृष्णप्पा हँसता है।

कृष्णप्पा की बेटी गौरी अपने पिता से कुछ कहने आई थी। उसे सपने में क्रूर निगाहों से घूरते देखकर वह डर जाती है। कृष्णप्पा अपने पाँव उठाने के भाव से सारा मन अपने चरणों में केन्द्रित करता है। फिर उन्हें उठाने की चेष्टा करता है। जो पाँव, कमर से ऊपर उठने की प्रतीक्षा में था, वह सिर्फ अँगूठे के पास तनिक ऊपर उठकर रह जाता है। लम्बी साँस छोड़कर कृष्णप्पा फिर दूसरे दिवास्वप्न को लौट जाता है। अब किसान लोग कत्ल नहीं कर रहे हैं। तुंदिल पेटवाले दुश्मनों के सामने खड़े होकर गम्भीरता से उनकी खबर ले रहे हैं।

2

दरअसल एक घटना ने कृष्णप्पा को देहात में जा बसने तथा किसानों का संगठन करने के लिए बाध्य कर दिया। वह घटना थी अण्णाजी की गिरफ्तारी और हत्या।

अण्णाजी, जैसाकि वह ख़ुद अपना मजाक उड़ाते हुए कहता था, इन दिनों चरबी-चढ़ा मुस्टंडा बुर्जुआ जैसा दिखाई देने लगा था। उसने अपनी सारी कहानी उमा से कह सुनाई थी। उसके साथ किसी भी क्षण और कहीं भी भाग निकलने के लिए उमा ने अपनी स्वीकृति दे दी थी। अण्णाजी ने इसे उमा का रोमांटिसिज्म कहकर कृष्णप्पा के सामने मजाक भी किया था। किन्तु अण्णाजी के दिल में यह डर था कि उमा उसके लिए तिजोरी से जो पैसा निकाला करती है और उसके साथ जो सम्बन्ध बढ़ गया है, इसका पता एक-न-एक दिन चन्नवीरय्या को जरूर लगकर रहेगा। जब उसका अंग्रेजी सीखने का खुमार धीरे-धीरे उतर जाएगा, तब इन दिनों को किसी-न-किसी नतीजे पर पहुँचना ही होगा। कृष्णप्पा अपनी प्रतिक्रिया व्यक्त किए बिना अण्णाजी के बखेड़े सुन लेता। जब कृष्णप्पा के आत्मीय होने का पूरा पूरा यकीन हो गया तो उमा बेझिझक उसकी मौजूदगी में भी अण्णाजी के साथ खूब घुलकर बातें करने लगी। लगता था कि वह अपने मनपसन्द यार के साथ भाग निकलने की तैयारी में थी। पति से बेवफाई करने की तनिक भी शर्म उसमें दिखाई नहीं देती थी। किन्तु कृष्णप्पा ने गौर किया कि उमा का जिस उद्वेग के साथ उससे लगाव था, उससे अण्णाजी की भावनाओं में खलबली-सी मच गई थी। अण्णाजी अब उमा की अनुपस्थिति में अपनी अभिरुचि के विषय की चर्चा भी नहीं करता था। राजनीति की शुष्क चर्चा—चाहे उमा की समझ में आए न आए—अण्णाजी जब उसके सामने छेड़ता तो उस पर प्रणय का बुखार चढ़ा होता। कृष्णप्पा चौंक उठता। उमा ने सोचा था कि अण्णाजी के साथ वह भी किसी देहात में जाकर मेहनत करेगी। अण्णाजी ने ट्यूटोरियल शुरू करने के इरादे से केरल जाने का तय किया था। केरल के एक बढ़ई से, जो तामीरात

के काम के लिए घर आया करता था, उमा ने थोड़ी-बहुत मलयालम सीखना भी शुरू किया था–हाट-बाजार की आवश्यकता के अनुसार। पन्द्रह-बीस दिनों के भीतर ही भाग जाने की सभी तैयारियाँ होने लगी थीं। उमा ने अपने निहायत जरूरी कपड़ों का एक छोटा-सा ट्रंक अण्णाजी के कमरे में लाकर रख भी दिया था। चन्नवीरय्या जो हर रोज क्लब में ताश खेलकर नशे में चूर आधी रात घर आया करता था, इस बात से खुश था कि उसकी बीवी अन्य दोस्तों की बीवियों की तरह हो-हल्ला नहीं करती। उसे गरूर था कि बीवी उसके बस में है।

एक दिन दोपहर के समय अचानक पुलिस की जीप घर के सामने आकर रुक गई। उस समय अण्णाजी उमा से गुलछर्रे उड़ाते बैठा था। दरवाजे पर दस्तक हुई। शायद कृष्णप्पा होगा, इस विचार से अण्णाजी ने दरवाजा खोला। खुद डी. एस. पी. सामने शैतान बनकर खड़ा था। थाने चलने के लिए कहा। उमा सन्न खड़ी रही।

"उमा, डरो नहीं। शायद इनको गलतफहमी हुई है। कृष्णप्पा को थाने भेज देना। मुझे शायद जमानत की जरूरत पड़ सकती है।" पुलिस पर धाक बिठाने लायक शुद्ध अंग्रेजी में इतना कहकर अण्णाजी बाहर निकला।

कुछ देर बाद कृष्णप्पा आया तो उमा रोने लगी। कृष्णप्पा से औरतों का रोना देखा नहीं जाता। वह पसोपेश में पड़ गया कि क्या कहे! तभी उमा ने उसके हाथ में एक हजार रुपए थमा दिए। कृष्णप्पा से याचना की कि किसी भी हालत में अण्णाजी को छुड़ा लाए। जब कृष्णप्पा थाने पहुँचा तो पता चला कि अण्णाजी को जीप से सीधे वारंगल रवाना किया जा रहा है। वहाँ उसे अदालत के सामने पेश किए जाने की सूचना देते हुए थानेदार ने कहा, "उस पर खून का इलजाम है मिस्टर! बचकर रहना।"

उमा से मिलने के लिए कृष्णप्पा वापस आया। तब तक अण्णाजी की गिरफ्तारी की खबर सुनकर चन्नवीरय्या घर पहुँचकर पत्नी को सान्त्वना दे रहा था। "देखिए, कृष्णप्पा! यह सुना है कि रेवोल्यूशन के नाम पर खून-खराबा करने में उसका हाथ था। यहाँ वह अंडरग्राउंड था। थैंक गॉड, इतने पर ही बला टली। लेकिन मेरी वाइफ को उसके प्रति बड़ा रिगार्ड था–उसका नॉलेज देखकर। अगर अपने दोस्त की कुछ मदद करना चाहते हैं तो मेहरबानी करके वारंगल जाइए। खर्चे के लिए यह लीजिए पाँच सौ। अण्णाजी की एक माह की फीस भी देनी थी। लेकिन मेहरबानी करके मुझे इसमें इन्वॉल्व मत कीजिए। मेरा जो बिजनेस है–बड़ा डेलिकेट है।" उसने कहा।

रकम पाकर जब कृष्णप्पा रेलगाड़ी से वारंगल के लिए रवाना होने लगा तो

पता नहीं, धुत् महेश्वरय्या कहाँ से सामने टपक पड़े! "हाँ, तो मैं भी चलता हूँ यार, तेरे साथ। मैं थोड़ी-बहुत तेलुगू भी बोल लेता हूँ।" महेश्वरय्या ने कहा।

महेश्वरय्या के बाल पहले से भी ज्यादा पक गए थे। माथे के सिन्दूर से पता लगता था कि वे अभी-अभी देवी-पूजा के किसी मंडल को पूरा करके आ रहे हैं। महेश्वरय्या ने पहले दर्जे के दो टिकट खरीद लिये। कृष्णप्पा ने अण्णाजी के लिए जहाँ-तहाँ से कर्जा लिया था और अभी तक अदा नहीं किया गया था, उसे अदा कर दिया। खादी भंडार जाकर कृष्णप्पा के लिए छह महीन धोतियाँ, अचकन के लिए कपड़ा और एक ऊनी कोट का कपड़ा भी खरीदकर सिलाने के लिए दे दिया। दर्जी को बताया कि आस्तीन कितनी ढीली हो, गले की पट्टी कैसी हो, नीचे आते-आते अचकन कैसा चौड़ा बनता जाए। कृष्णप्पा से बोले, "अब से तुझे काँछेदार धोती पहननी होगी, यार!" शाम की गाड़ी से दोनों वारंगल की दिशा में निकल पड़े।

दो दिन की यात्रा के बाद वारंगल पहुँचे। झट टैक्सी पकड़कर थाने को भागे। वहाँ जब पूछा कि 'आर. एल. नायक को कहाँ रखा गया है,' तो कृष्णप्पा तथा महेश्वरय्या को बैठने के लिए कहे बिना पुलिस-अधिकारी ने पूछा, "वे तुम्हारे क्या लगते थे?"

"दोस्त!" कृष्णप्पा ने कहा।

"खबरदारी से जवाब दो। किस नाम से तुम्हारे दोस्त बने थे? उनके बारे में तुम क्या-क्या जानते हो?"

"अदालत में जवाबदेही होगी न! अब क्यों?"

"क्या आर. एल. नायक के नाम से ही तुमसे परिचय हुआ था?"

महेश्वरय्या ने, जिन्होंने काफी दुनिया देखी थी, कृष्णप्पा को बोलने न देकर कहा, "उस नाम से गिरफ्तार किए जाने के कारण अनुमान से ऐसा कहा है। हमारे यहाँ अण्णाजी के नाम से वे इन्हें अंग्रेजी ट्यूशन पढ़ाया करते थे।"

"अच्छा, यंग मैन, जानते हो, वह कौन था? तेलंगाना में जमींदारों का खून करवाने के लिए कुछ कल्प्रिट्स को तैयार करते रहनेवाला सोकाल्ड कम्युनिस्ट लफंगा था। तुमने खद्दर पहना हुआ है, इसलिए वार्न किए दे रहा हूँ। कभी किसी से यह न कह बैठना कि उससे तुम्हारी कोई जान-पहचान थी। उसका कभी का खात्मा किया जा चुका है। देखा नहीं?" यह कहकर उस दिन का एक अंग्रेजी अखबार कृष्णप्पा के हाथ में थमा दिया।

अखबार में गेरुए कपड़े पहने हुए व्यक्ति की फोटो के नीचे 'भगवाधारी गुनहगार की हत्या' छपा था। पुलिस की रपट में लिखा था : 'कर्नाटक में भूमिगत

इस गुनहगार को जब पुलिस जीप में ले जा रही थी, तब किसी जंगल में उस व्यक्ति के अनुयायियों ने जीप पर धावा बोल दिया। इस मुठभेड़ में दो पुलिस कांस्टेबल घायल हुए। गुनहगार आर.एल. स्वामी उर्फ अण्णाजी इस गोलीबारी में फँसकर मर गया।' आगे यह खबर भी छपी थी कि उसके अनुयायियों में कुछ लोग अभी शायद कर्नाटक में भूमिगत हैं और कर्नाटक की पुलिस उनके लिए जंगलों की छानबीन कर रही है।

कृष्णप्पा के मुँह पर हवाइयाँ उड़ने लगीं। सामने खाकी वर्दी में हाथ में डंडा लिये दुहरे बदन का अधिकारी खड़ा था। कृष्णप्पा उसे हुंकारते हुए देखता रहा।

"आखिरी बात पढ़ी न? बचके रहना। अगर खुद को उस हरामजादे की जान-पहचान वाला कहोगे तो तुम्हें भी गिरफ्तार करना पड़ेगा।" दुहरे बदन के अधिकारी ने कहा।

"कातिल, सुअर, साला, मादरचो...!"

झपटकर कृष्णप्पा ने पुलिस-अधिकारी का गला पकड़ लिया। दौड़कर दो सिपाहियों ने उसे छुड़ाया। महेश्वरय्या ने गिड़गिड़ाकर हाथ जोड़कर तेलुगू में कहा, "बड़ा गुस्से वाला लड़का है, साहब। माफ कीजिए।" अपने को सँभालकर कृष्णप्पा गरज उठा, "इस कमीने के सामने हाथ मत जोड़िए।"

"तुझमें इतनी मस्ती है तो देख लूँगा। असाल्ट की नालिश दाग दूँगा। मजिस्ट्रेट के सामने पेश करके तहकीकात के लिए तुझे यहीं रोक लूँगा।" इतना कहकर पुलिस-अधिकारी खड़ा हो गया। "इस सिन्दूरवाले पंडे को यहाँ से ले जाओ। कड़ी नजर रखना। कहीं भाग न जाए। सभी बहुरूपिए कातिल हैं।" उसने अपनी पैंट ऊपर उठाकर और कुर्ते को नीचे खींचते हुए मूँछों पर ताव दिया।

एक कान्स्टेबल आगे बढ़कर महेश्वरय्या को बाहर ठेलने लगा।

"मैं किसी वकील की व्यवस्था करूँगा। घबरा मत। देवी का स्तोत्र पढ़ते रहना।" यह कहकर महेश्वरय्या बाहर चले गए।

चूहे जैसे चेहरेवाले एक ठिंगने मजिस्ट्रेट के सामने कृष्णप्पा को पेश किया गया। पुलिस-अधिकारी ने बयान दिया कि कृष्णप्पा ने उस पर असाल्ट करने की चेष्टा की और बताया कि वह स्वामी का साथी है। अतः उसे तहकीकात के लिए थाने के सुपुर्द करने की माँग की। कृष्णप्पा आँखें फाड़कर उसे घूरते हुए चुपचाप खड़ा रहा। मजिस्ट्रेट की इजाजत पाकर अधिकारी कृष्णप्पा को शहर के किसी दूसरे थाने में ले गया और वहाँ पिछवाड़े की एक कोठरी के सामने पहुँचकर बगल में खड़े कान्स्टेबल को दरवाजा खोलने को कहा। चरमराते हुए दरवाजा खुला।

उस कोठरी में एक भी खिड़की नहीं थी। न ही हवा आने की तनिक भी गुंजाइश। वहाँ की सड़ाँध नाक में घुस गई। कान्स्टेबल ने कृष्णप्पा को भीतर ठेलकर उसके पाँव तले एक कम्बल फेंक दिया। फिर दरवाजे से दाखिल हुई रोशनी में पेशाब और पाखाने के लिए जंग-चढ़ा एक भगोना दिखा दिया। वैसा ही जंग-चढ़ा हुआ एक और बर्तन बताकर उर्दू में कहा कि उसमें पीने का पानी रखा है। "दोनों बर्तन अलग-अलग काम के लिए हैं। याद रहे।" यह कहते हुए अधिकारी हँसा। कान्स्टेबल ने कृष्णप्पा की जेब की तलाशी ली। उसमें से डेढ़ हजार रुपए, सिगरेट, दियासलाई की डिबिया निकालकर अधिकारी को सौंप दिया।

वारंगल में बेहद गर्मी थी। जैसे ही कोठरी में दाखिल हुआ, वहाँ की गर्द के कारण कृष्णप्पा की साँस ऊपर-नीचे होने लगी। भीतर की धूमिल रोशनी में मकड़ी के जाले दिखे। अलाव की तरह तपती कोठरी के चारों ओर वह अभी नजरें दौड़ा ही रहा था कि दरवाजा बन्द हो गया। फिर अँधेरा छा गया।

गर्द-गुबार से ढँकी जमीन पर कम्बल बिछाकर कृष्णप्पा बैठने को हुआ। किन्तु उमस के कारण कम्बल पर बैठने में घबराहट हुई। पाँव करक रहे थे, इसलिए कम्बल पर ही बैठ अचकन उतारकर मुँह-बदन पोंछ लिया। सिगरेट पीने को मन हुआ। कांस्टेबल ने जेब खाली कर दी थी, फिर भी, कुछ-न-कुछ बचे रहने की आशा में हर एक जेब को टटोलकर देखा।

उसे सबसे पहले जो बात सूझी, वह यह थी कि ऐसे समय अक्ल पर पत्थर नहीं पड़ने देना चाहिए। सहसा इस तरह हड़पाई गई क्षुद्रता से डिगना नहीं होगा। काफी विश्रांति पाकर आगामी स्थितियों का सामना करने के लिए अपनी सारी शक्ति को सँजोए रखना होगा। फिर वह चुभते कम्बल पर पाँव तानकर सो गया। पसीना छूटने के कारण प्यास लगी। पानी वाला बर्तन आँखों को दिखाई नहीं पड़ा। उसमें रखे हुए पानी को पीने की कल्पना से ही घिन होने लगी।

आँखें बन्द करनी चाहीं। जरा-सा हिलने-डुलने पर भी धूल उड़कर नाक में भर जाती थी। दरवाजे की दरार से रोशनी की किरण पाने की उम्मीद की। किन्तु किवाड़ एक ही फलक का बना हुआ था। छोटा था और मजबूती से बन्द था। यहाँ रहते हुए दिन और रात का पता लगाना असम्भव था। कृष्णप्पा पहली बार जेल में बन्द नहीं हुआ था। सन् बयालीस में और फिर मैसूर की मुक्ति के लिए सैंतालीस में वह जेल गया था। उन दिनों जेल से मतलब था सभी साथियों द्वारा मिलकर गाना गाने और खाना पकाकर खाते रहने की एक जगह मात्र। अण्णाजी ने कहा था कि व्यवस्था का ही विरोध करने पर सरकार के वर्ग-लक्षण का पता चल जाता है–अँधेरे में कृष्णप्पा को वह बात याद आई। किसी जानवर की भाँति

अण्णाजी को मार डाला गया था। एक औरत के साथ घर बसाकर शायद अमन के साथ जीने का सपना देखा था अण्णाजी ने। इस बारे में सोचते हुए सहसा कृष्णप्पा का बदन क्रोध से जल उठा। सोए-सोए सपना देखने लगा कि कम्बल पर उसकी काली देह अगर भयानक अजगर बन जाए और अण्णाजी के कातिलों को डँसकर जहर से उनकी जान ले ले तो?...सहसा अपने बदन में कई जगह डंक मारे जाने का अहसास हुआ तो उठकर बैठ गया। हथेलियों की मसलन में फँसकर पिचके जाने से उठी हुई बदबू से पता चला कि सुई की तरह शरीर-भर में कोंचते रहनेवाले जीव खटमल थे। उठकर सारा बदन खुजा लिया, कभी गर्दन पर तो कभी पीठ पर—जहाँ हाथ न पहुँच पाते, खटमल रेंगते रहे। तब वह अचकन से सारे बदन की रगड़ाई करते हुए उठ खड़ा हुआ।

इस तरह पता नहीं, कितना समय बीत गया था! एक कोने से खरखराहट की आवाज सुनाई पड़ी। शायद थाली की आवाज होगी। दो-चार चूहे अपने अगले पाँवों से उसे खरोंच रहे होंगे। हाँ, चूँ-चूँ की आवाज भी सुनाई दे रही है। शायद कुछ खाना होगा जिसे पहले-वाला कोई कैदी छोड़ गया होगा। चूहे उसे सफाचट करके थाली के तल को खरोंच रहे हैं—चिपके हुए कणों के लिए। जिस ओर से आवाज आ रही थी, उसी ओर टकटकी बाँधे खड़ा रहा। खटमल सारे बदन से झड़ चुके थे। पाँव के जरिए कहीं वे फिर न चढ़ जाएँ, इस विचार से वह पाँव रगड़ते हुए खड़ा था। जरा-सी रोशनी होती तो चूहों की आँखें चमक सकती थीं। इस कोठरी में शायद कहीं चूहों का बिल होगा। कृष्णप्पा अपनी पढ़ी हुई सारी कहानियाँ याद करने लगा कि इस प्रकार की कोठरी में किसी आदमी द्वारा दिन-रात बिताए जाने का प्रसंग किसमें आया है। उसे याद आया कि 'काउंट ऑफ मांटिक्रिस्टो' कहानी का नायक अपने कमरे में एक सुराख को धीरे-धीरे बड़ा बनाते हुए भाग निकला था। किस औजार से उसने सुराख बनाया होगा, उसे पहरेदारों से कैसे छिपाए रहा होगा, आदि बातें याद करते हुए वह खड़ा रहा। जहाँ चूहों का बिल है, क्या उसी को बड़ा बनाता जाए? उसके लिए आवश्यक औजार? थाली क्या स्टील की होगी? न। यदि स्टील की हुई तो उसे पिचकाकर खोदने का औजार बनाया जा सकेगा।

जिधर से आवाज आ रही थी, उस कोने की ओर कृष्णप्पा दबे पाँव बढ़ा। पाँव तले कुछ मुलायम-सी चीज आ गई। सारा बदन सिहर उठा। चूहे से घिन्ना कर काँपने लगा। घबराहट में थाली पर पाँव रखा तो वह उलट गई। फिर थाली को ढूँढ़कर उठा लिया। सैकड़ों जगह से पिचकी हुई तथा बिना किनारोंवाली अल्मुनियम की थाली थी। उससे बजबजाहट की बू पाकर फेंक दिया। गर्द पर

धप्प की आवाज के साथ गिर पड़ी।

बहुत दिन पहले एक बार बुद्धि-भ्रम हुआ था। उस तरह अब न होने पाए और ठोस बना रहे, इस विचार से वहाँ से भाग निकलने के उपाय फिर से सोचने लगा। हजारों उपाय ढूँढ़ते हुए उनकी कमियों और गुणों का अन्दाज लगाने लगा।

दरवाजा खुलने की किर्रर्र की आहट पाकर वह उसकी ओर मुड़ा। अध-खुले दरवाजे से रोशनी नहीं आई। मतलब, रात हो गई है। रात हो जाने के कारण शायद उमस कुछ कम हुई होगी। दरवाजे से भीतर आती हुई तनिक-सी हवा को कृष्णप्पा ने आशा-भाव से देखा।

दरवाजे के सामने खड़ा आदमी उर्दू में कुछ बोला। कृष्णप्पा की समझ में नहीं आया। 'सुअर' कहकर उसका गाली देना-भर समझ गया। दुहरे बदनवाला अधिकारी नहीं, कर्कश आवाज वाला कांस्टेबल है। वह दियासलाई जलाकर कोठरी में कोई चीज ढूँढ़ते हुए गालियाँ सुनाता रहा। उसने दौड़कर थाली उठा ली और फिर उसे कृष्णप्पा के मुँह पर कोंचते हुए गालियाँ देता रहा। शायद उसने थाली उठाकर देने के लिए कहा था। यह सिपाही दुबला था। नुकीले खुश्क चेहरे पर बड़ी-बड़ी मूँछें दियासलाई की रोशनी में दीख पड़ीं।

किवाड़ बन्द करके वह चला गया। कुछ देर बाद दरवाजा खोलकर 'अरे ओ!' कहा। कृष्णप्पा दरवाजे की ओर गया। वह थाली आगे बढ़ाए खड़ा था। वही थाली थी। कृष्णप्पा अंग्रेजी में बोला, "मुझे खाना नहीं चाहिए।" सिपाही ने थाली कोठरी में रखकर दरवाजा बन्द कर दिया। वह उर्दू में कुछ कहते हुए चला गया।

थाली उठाकर बाहर भी नहीं फेंकी जा सकती थी। उसमें रखे दाल-भात की बू से कृष्णप्पा को मिचली-सी आई। वह मुँह और नाक बन्द करके हैरान-सा खड़ा रहा। इस खाने पर चूहे टूट पड़ेंगे। थाली को एक कोने में पहलेवाली जगह पर रखकर कोठरी के बीचोबीच आ खड़ा हुआ। फिर बड़ी सावधानी से कदमों पर कदम रखते हुए और कोठरी की दीवार टटोलते हुए धीरे-धीरे चहलकदमी करने लगा।

पलस्तर झड़ जाने के कारण कहीं-कहीं से खुरदरी दीवार। सभी खटमलों ने शायद इन्हीं दरारों में चौकड़ी जमाई होगी। टटोलते हुए आगे बढ़ने पर पानी और पाखाने के बर्तनों से जा टकराया। पानी से मुँह धोकर आगे बढ़ा। कोठरी के दूसरे कोने में सीमेंट का बना एक चबूतरा था। शायद सोने के लिए बनाया गया होगा। कम्बल से उसे पोंछा। बचे हुए पानी से ऊपरी हिस्सा धोकर बैठ गया। सोना चाहा, लेकिन खटमलों का डर था। कोने में कितने ही चूहे थाली पर टूट पड़े थे।

कोठरी में पाँव लटकाकर बैठने लायक एक साफ-सुथरी जगह मात्र पाकर

उसे जो हर्ष हुआ, उससे वह खुद चौंक उठा। यह देह कैसे मश्क हो जाती है! उसे झपकी लग ही रही थी कि बाहर शोरगुल सुनाई पड़ा।

चूड़ियों की आवाज के साथ जूतों की आहट। मर्द हँसते हुए उर्दू में कुछ छेड़छाड़ करता है। 'सिनेमा' शब्द सुनाई पड़ता है। मर्द मौज में बातें कर रहा है। दुहरे बदन वाले अधिकारी की आवाज लगती है। अगर वही हो तो–वह अंग्रेजी जानता है। उससे सिगरेट का पैकेट माँगा जा सकता है। कृष्णप्पा कान लगाकर सुनता रहा। किसी के छूटकर भागने की आवाज। मर्द चिल्लाकर कुछ कह रहा है। औरत रो रही है। वह तेलुगू में बोल रही है, इसलिए कृष्णप्पा थोड़ी-बहुत बात समझ पा रहा है। वह गिड़गिड़ाकर कह रही थी कि वह सिनेमा देखने गई थी। साथ के आदमी के साथ अगले माह उसकी शादी होनेवाली है। उस मर्द को एक कांस्टेबल कहीं और ले गया है। उसे यहाँ लिवा लाए। मर्द ने हँसते हुए उर्दू में कुछ कहा। दो-एक पल की खामोशी के बाद तेलुगू में औरत चिल्लाने लगी, "छोड़ो, छोड़ो, मुझे छोड़ दो!" चबूतरे से उठकर कृष्णप्पा दरवाजे के पास आया और जोर-जोर से दस्तक देने लगा।

"अरे ओ, क्या तुम इनसान हो या शैतान? छोड़ दो उसे!" वह अंग्रेजी में चिल्लाया।

औरत का रोना थम गया था। मर्द की साँसें चढ़ रही थीं। कृष्णप्पा जोर-जोर से दरवाजे पर लात मारने लगा। "दरवाजा खोलो–दरवाजा खोलो!" वह चिल्लाने लगा। जब अपनी ही चीख कानों के परदे फाड़ने लगी तो उसकी टाँगें सुन्न हो गईं। वह वहीं ढेर होकर बैठ गया। गुस्सा और नफरत भी मनुष्य के सामने ही कारगर होते हैं, ऐसी जगह नहीं। इस सच्चाई को जानकर वह चौंक उठा। यह उसका पहला अनुभव था। इसका अहसास शायद उस बैरागी या अण्णाजी को भी न हुआ हो, जिनका प्रयोजन प्रतिहिंसा से कभी पीछे हटना नहीं था, अथवा महेश्वरय्या को भी न हुआ हो, जो गुह्य साधना द्वारा सदा मुक्ति की तैयारी में लगे रहते हैं। लगा कि अब दिन निकलेगा ही नहीं। अगर निकलेगा भी तो इसका पता उसे नहीं चलेगा। खाली थाली खुरचते हुए चूहे आवाज कर रहे थे। समय की चिन्ता जाती रही।

एक सिपाही ने दरवाजा खोला। कृष्णप्पा की आँखें अभी रोशनी की अभ्यस्त हो ही रही थीं कि दो सिपाहियों ने दौड़कर उन पर पट्टी बाँध दी और हाथ पकड़कर घसीटते हुए उर्दू में कहा, "चल!" जिधर उसे घसीटा जा रहा था, उस दिशा में कृष्णप्पा चला। उसे एक कुर्सी पर बिठाया गया। बेंत की बुनाई वाली लोहे की कुर्सी–हत्थोंवाली। इससे उसका कुछ हौसला बढ़ा और तभी उसकी

आँखों की पट्टी उतार दी गई।

अपने सामनेवाले लोगों को कृष्णप्पा ने इस तरह चौंककर देखा मानो वह किसी और दुनिया में चला आया हो। टेबल के पीछे तीन आदमी एक कतार में बैठे थे। सफाचट हजामत किए हुए चेहरे, सिर पर पीक कैप, कड़क इस्तरी की हुई खाकी वर्दी। तीनों आदमी नक्काशी किए हुए कप-सॉसर में चाय पी रहे थे। टेबल पर नीला ऊनी कपड़ा बिछाकर ऊपर शीशा रखा गया था—उन तीनों में से मँझला आदमी शरीफ तथा सुशिक्षित लगता था। उसके चश्मा पहने होने के कारण। बाईं ओर वाला एक खिलाड़ी जैसा था। दाईं ओर वाले की मूँछ पकी थी। माथे पर छोटा-सा सिन्दूर का टीका था।

मँझले आदमी ने बड़ी शराफत से पूछा, "क्या आपके लिए चाय मँगवाऊँ?"

इन तीनों के पीछे दीवार पर टँगी नेहरू और राजेन्द्र प्रसाद की तसवीरों पर गौर करते हुए कृष्णप्पा बोला, "नहीं! आपने मुझे यहाँ बेवजह कैद कर रखा है। मैं इसके विरोध में उपवास कर रहा हूँ।" उन लोगों में इनसानियत की झलक पाकर कृष्णप्पा के मन में फिर विद्रोह की भावना जाग उठी।

"आपकी बेगुनाही का सबूत मिलते ही हम आपको यहाँ एक पल भी नहीं रखेंगे। मेहरबानी करके बताइए कि आपके परिचित अण्णाजी ने सारे हथियार कहाँ छिपाकर रखे हैं?"

"मैं कुछ नहीं जानता।"

"आप बड़े मासूम लगते हैं। आप जैसे आदर्शवादियों को चंगुल में फँसाकर ही अण्णाजी जैसे लोग देश के लिए खतरनाक काम करते रहते हैं। अगर आप सच-सच बता देंगे तो हम आपको छोड़ देंगे। हम चाहते हैं कि आप पढ़-लिखकर आगे बढ़ें। अब मुझे ही देखिए। राजनीतिशास्त्र में एम.ए. करने के बाद ही इस काम में आया हूँ। मेरी दाईं ओर वाले जैंटलमैन कर्नाटक के हैं। कर्नाटक वालों के लिए वारंगल ऐतिहासिक महत्त्व रखता है। जानते हैं न रामप्पा मन्दिर का मामला? ये दूसरे महाशय हैं फेमस क्रिकेटियर ऑफ दिस रीजन।"

कृष्णप्पा को ये बातें बड़ी प्यारी लगीं। रामप्पा मन्दिर की बात को बीच में टपका देने का जो अन्दाज था, उससे मानो वह इशारा कर रहा था कि मैं भी तुम्हारी तरह इनसान हूँ। कृष्णप्पा ने कहा, "मैं अण्णाजी से प्यार करता था। तुम लोगों ने उसका खून किया है। इस संस्कृति को और भी उज्ज्वल बनाने का उद्देश्य रखता था अण्णाजी...।" यह बात मुँह से निकल जाने की उसे कसमसाहट हुई। उनकी शराफत पर लट्टू होकर अपने दिल की बात उसने क्यों कह डाली!

''यह आपकी राय हो सकती है, मिस्टर गौड़!'' क्रिकेटियर ने कहा।

सिन्दूरधारी जम्हाई लेते हुए इस अन्दाज में कन्नड़ में बोला मानो यह कोई खास बात नहीं, रूटीन हो, ''मैं गुलबर्गा की तरफ वाला हूँ। आप? शिवमोगा की तरफ वाले हैं न? ये मेरे कलीग्ज बड़े अच्छे हैं। अण्णाजी के सम्पर्क में आने वाले कौन लोग थे? किनको वे चिट्ठी-पत्री लिखा करते थे, इतना-भर बता दीजिए। ये लोग आपको फिर छोड़ देंगे।"

एक ही स्वर में उसने यह बात खत्म की। कृष्णप्पा को चुप देखकर मँझला आदमी अपनी मँजी हुई अंग्रेजी में बोला, "यंग मैन, तुम्हारी भलाई के लिए ही कह रहे हैं। वह किस-किसको चिट्ठी लिखा करता था, बता दो। हम जानते हैं कि उसके वुमेन-कांटैक्ट्स भी थे...।"

"नहीं। मुझे मालूम नहीं।"

"नाहक तुम अपना सफरिंग प्रोलांग कर लोगे। यहाँ से बगैर मुँह खोले कोई नहीं गया। हम अपने स्वार्थ के लिए तुमसे पूछताछ नहीं कर रहे हैं। यह देश का काम है। इस देश की सुरक्षा को कायम रखने का काम है। नेहरूजी ने क्या कहा है...?"

मँझले आदमी को भाषण के बढ़िया अन्दाज में बातें करते देखकर कृष्णप्पा का गुस्सा और भी बढ़ गया। उसने गुस्से में घूरकर ताना देते हुए कहा, "तुम्हारी पुलिस ने कल रात मेरी कोठरी के बाहर क्या हरकत की है, जानते हो? है कुछ पता?"

कृष्णप्पा का गला भर आया। सामने बैठे हुए तीनों व्यक्तियों के चेहरे पसोपेश में पीले पड़ गए थे। इससे लगता था कि उनमें इनसानियत बाकी है। कृष्णप्पा और भी अधिक भावावेश में आकर सिसकते हुए बोला, "एक औरत को, एक मासूम औरत को, आपके इन शैतानों ने रात में पकड़कर...।"

आगे कुछ न कहकर कृष्णप्पा ने सिर झुका लिया। मँझला आदमी तीखी हँसी हँसकर बोला, "डोंट गेट एक्सटाइटिड टू मच, यंग मैन! ब्रूट्स हर कहीं होते हैं। ब्रूट्स लोगों की सीमा में रखने के लिए हम लोगों को भी ब्रूट बनना पड़ता है। अब तुम बताओगे भी या नहीं? मौका गँवा रहे हो। बाकी लोग हमारे जैसे नहीं। मुँह खुलवाने के लिए थर्ड-डिग्री का ही इस्तेमाल करेंगे। अब हम लोगों को कहीं कान्फ्रेंस में जाना है। आल राइट!" उसने आँखों से इशारा किया। सिपाही आकर कृष्णप्पा को बाहर ले गया और उसकी आँखों पर पट्टी बाँध दी।

दस-बारह फुट ऊँची दीवार से घिरे बरामदे में कृष्णप्पा की आँखों की पट्टी खोली गई। सामने दुहरे बदन वाला बैठा था मानो वह उसी की प्रतीक्षा में था।

"क्यों भई, रात दरवाजे की पिटाई कर रहे थे?"

कृष्णप्पा चुप रहा।

"तेरा मुँह खुलवाने की दवा मेरे पास है। एरोप्लेन जानता है? बाँधो रे, इसे।" हुक्म देने के बाद सिगरेट सुलगाकर वह भीतर चला गया।

बरामदे में गड़ी दो खूँटियों के बीच कुएँ जैसा गोल लोहे का रहट लगा था। उससे लटकती रस्सी के एक छोर से कृष्णप्पा के दोनों हाथ पीठ-पीछे कसकर बाँध दिए गए। दूसरे छोर को कर्कश आवाज वाले सिपाही ने पकड़ लिया। फिर उसने 'साऽब' कहकर पुकारा।

दुहरे बदन वाला सिगरेट पीते हुए बाहर आया। दफादार के लेजर में दस्तखत करते हुए कहा, "येस गो ऑन।" कर्कश आवाज वाला सिपाही रस्सी खींचने लगा। जैसे ही कृष्णप्पा के पीछे बँधे हाथों को रस्सी ऊपर खींचने लगी, दुहरे बदन वाले ने रोकने का इशारा करते हुए कहा, "अभी से दर्द होने लगा है। और भी ऊपर खींचा जाएगा तो तेरी आँखों के सामने तारे नजर आने लगेंगे।'' उसने हँसते हुए कहा, "जल्दी बता दे। बेचारा! तूने तो खाना ही नहीं खाया।"

कृष्णप्पा कुछ नहीं बोला।

सहसा अधिकारी का चेहरा तमतमा गया। "खींचो!" उसने उर्दू में कहा। हाथ ऊपर खिंचते-खिंचते कृष्णप्पा को महसूस हुआ कि अब टूट जाएँगे। आँखों के आगे अँधेरा छा गया। उसे अनुभव हुआ कि अब वह टुकड़े-टुकड़े हो जाएँगे।

खिंचती हुई रस्सी ढीली पड़ गई। कुछ राहत मिली। आँखें बन्द करके कृष्णप्पा फिर खींचे जाने का इन्तजार करने लगा तो सहसा दहल उठा!

धीरे-धीरे कृष्णप्पा को एहसास होने लगा कि इन्तजार में जो दर्दनाक पीड़ा होती है, वह मौजूदा अनुभव में उतनी दर्दनाक नहीं है। आगामी पीड़ा की प्रतीक्षा न करके मौजूदा स्थिति में ही मन को कैसे रमाए रखे? मन को अपने बचपन के दिनों की ओर मोड़ दिया। अपने मन में उठने वाले कुछ सन्दर्भों में उसे रोकना चाहा :

ढोर-मवेशी गले की घंटियों से आवाज करते हुए सामने चर रहे हैं। वह एक बड़े कटहल के पेड़ के नीचे बैठा है–कम्बल पर। झाड़ियों से एक शहाबी मुर्ग बाहर आता है और फुदकते हुए ओझल हो जाता है। इसके दर्शन होने का मतलब है कि मीठा खाने को मिलेगा। बाँसुरी उठा लेता है। भूख लगती है। हाथ में छुरी और पत्तल का छत्ता ओढ़े हुए माँ आती नजर आती है। माँ को देखते ही अपनी भूख की बात उससे कहने की उतावली होती है।

सामने आकर बनावटी गुस्सा दिखाकर मुस्कराते हुए माँ डाँटती है, "भूख है

कि बला! सवेरे ही तो काँजी खाई थी न?" कृष्णप्पा तुतलाता है, "कैसी काँजी! क्या खाक था उसमें?" माँ के अलावा और किसके सामने वह अपनी मामी की शिकायत कर सकता था? वह उसके लिए कुछ तथा अपने बच्चों के लिए कुछ और किया करती थी।

गोठ के लिए घास लाने निकली हुई माँ अपने बेटे के साथ कुछ अधिक समय बिताने की चाह से इधर-उधर की बातें करती हुई उसकी भूख को भड़काया करती। कृष्णप्पा जब चिढ़ में आकर सटपटाने लगता, तब माँ अपनी गोद खोलती। केले के पत्तल में बँधा 'कडुबु' (कटहल) का एक डला निकालकर देती है। कडुबु पर देसी घी लगा है। कल का कडुबु आज और भी जायकेदार। अपने हिस्से की कुछ चीज छिपाए माँ अकेले में दूसरे दिन बेटे को लाकर दे रही है। भाभी की आँख बचाकर लाए हुए कडुबु लेते समय जो खुशी होती है, उसे कृष्णप्पा जाहिर नहीं होने देता। उसे बगल में रखकर कहता है, "यह अच्छी तरह पका नहीं।" माँ बेटे के नखरे जानती है। "ज्यादा कसक मत दिखा, खा ले।" कडुबु खाते हुए चमकने वाली बेटे की आँखों को निहारते हुए वह खड़ी रहती है।

कडुबु पर दाँत मारकर वह 'होय, होय' की हाँक लगाते हुए जोयिस के मवेशियों के पीछे भागता है। चोर जानवर जिस किसी के खेतों में घुस जाता है।

जोयिसजी प्राइमरी स्कूल के अध्यापक थे। चरवाहा बनने से पहले कोई दस-ग्यारह की उम्र तक कृष्णप्पा उन्हीं के स्कूल जाया करता था। सन्तानहीन जोयिसजी की पत्नी रुक्मिणियम्मा को कृष्णप्पा के प्रति बड़ा लगाव था। किसी-न-किसी बहाने उसे रोक लेती और इधर-उधर की बातें करते हुए आँखें भरकर उसे देखती। 'चक्ली', 'कोडबेले' देती। कृष्णप्पा की माँ भी उनके यहाँ अपना सारा सुख-दुख कह लेती--पान-सुपारी चबाते हुए। साँझ के समय चौपाल में जोयिसजी जब अपनी सुरीली आवाज में 'महाभारत' का पाठ करते तो उसे सुननेवाला चाहे और कोई न हो, कृष्णप्पा की हाजिरी जरूर लगती। कृष्णप्पा की माँ से वे कहा करते, "तुम्हारे बेटे में राज-लक्षण हैं।" कर्ण की कहानी सुनते समय कृष्णप्पा की आँखें गीली होते जोयिसजी देख लेते हैं। पूछते हैं, "एकलव्य की कहानी सुनेगा?"

रुक्मिणियम्मा के यहाँ बड़ी शुचि रहती है। कृष्णप्पा की फैली हुई हथेली पर वह बड़ी ऊँचाई से कोडबेले डालती। अगर घेरे पर साड़ी सूखने के लिए डाली गई हो और दूर कृष्णप्पा दिखाई दे जाए तो ऊँचे आवाज में कहती, "अरे ओ, किट्टी, शुचि सूखने डाली है रे! उठाती हूँ। घेरे को मत छूना।" फिर वह साड़ी निकाल लेती है। देखें कि छू लेने से क्या होता है, इस इरादे से जब कृष्णप्पा उसे

छूते हुए भीतर आने लगता है तो उसे देखकर रुक्मिणियम्मा मारने भागती है। फिर कृष्णप्पा को छू लेने से जो अशुचि होगी, इस बात को ताड़कर 'लफंगा' कहकर हाथ को ज्यों-का-त्यों उठाए खड़ी रह जाती है। कृष्णप्पा हँसने लगता है। रुक्मिणियम्मा अपनी हँसी दबाकर बनावटी गुस्सा दिखाते हुए कहती है, "ठहर जरा! तेरी माँ से कहकर खूब कान मरोड़वाऊँगी। घर लौटते समय पीठ पर पत्तल बाँधे रखना। अच्छा!" तब कृष्णप्पा के हाथ से ही साड़ी उठवाकर कुएँ पर रखवाती है और पानी से धोकर सुखाने डालती है...।

'हाय' कहकर कृष्णप्पा चिल्लाया। फिर चिल्लाने पर संयम कर लिया। रस्सी हाथों को खींचकर मरोड़ रही थी। लग रहा था कि यह पीड़ा लम्बे अरसे तक जारी रहेगी। तभी सहसा रस्सी ढीली पड़ गई। आँखों के आगे अँधेरा छा जाने से कृष्णप्पा टूट गया। कर्कश आवाज वाला सिपाही उसका मुँह खोलकर पानी उँडेल रहा था।

जब कृष्णप्पा होश में आने लगा था, तभी सिनेमा-संगीत की एक लहर कानों में पड़ गई। वह चौंक गया। अहाते की दीवार के उस पार कोई होटल होगा। वहीं यह सिनेमा का गाना गूँज रहा है। कोड़े की फटकार की आवाज। बाहर की दुनिया यथावत् अपनी लीक पर चल रही है। वहाँ होटल में आराम के साथ बैठकर चाय के लिए आर्डर दिया जा रहा है। दुकान से बर्कले सिगरेट मँगवाकर धुआँ छोड़ा जा रहा है। बैलगाड़ी की आहट दूर चली जा रही है। सीलोन से आने वाला गाना खत्म हो गया है और अब एस्प्रो की घोषणा सुनाई दे रही है।

दुहरे बदन वाला आदमी टाँगें फैलाकर प्याले में कॉफी पी रहा था। प्याले के खाली होने के इन्तजार में हाथ बढ़ाए एक सिपाही खड़ा था। खाली प्याले को दुहरे बदन वाले ने लापरवाही से बढ़ाया तो दाईं ओर खड़ा सिपाही बाईं ओर दौड़कर प्याली लिए भीतर चला गया। उसकी जिन्दगी पर हुकूमत जताने वाले सर्वशक्तिमान की तरह खड़े अधिकारी को कृष्णप्पा ने चौंककर देखा। क्या इसकी भी माँ है? क्या यह भी कभी लड़का रहा होगा? लापरवाही से खड़ा अधिकारी कमर को थोड़ा-सा झुकाकर पादा। उर्दू में कुछ कहकर कृष्णप्पा की ओर देखे बिना चला गया। कृष्णप्पा को उठाकर सिपाही एक खाली कमरे में ले गया, जहाँ दो कुर्सियाँ थीं। एक कुर्सी पर उसे बिठाया गया। अल्मूनियम की थाली में उपमा और प्याले में कॉफी भरकर सामने रखी और इन्तजार करते खड़ा रहा।

उपमा देखकर कृष्णप्पा की भूख भड़क उठी। किन्तु शरीफों जैसे दिखाई पड़ने वाले अधिकारियों के सामने कह जो दिया था कि वह उपवास कर रहा है, इसलिए उसे खा नहीं सकेगा। इच्छा को दबा लिया। अपनी इच्छा को जीतने की खुशी

में कुर्सी पर सोकर आँखें मूँद लीं। अभी झपकी लग ही रही थी कि एक सिपाही ने अपने जूतों में बँधी नालों को सीमेंट की फर्श पर खटाखट कूटा। घबराकर कृष्णप्पा जाग गया। अपनी घबराहट का पता सिपाही को लग जाने से वह जलील-सा हो गया। फिर से सोने की ठानकर बड़ी मुश्किल से आँखें खोलकर बैठा रहा।

गौरी देशपांडे की याद कर ली। उसने ढीला जूड़ा बाँधा है। कानों से होकर उसके घने काले बाल सीने पर बिखरे हैं। वह तम्बूरा लिए गा रही है। 'कहत कबीर सुनो भाई साधो' वाला अन्तिम चरण ऊँचे सुर में गा रही है। कृष्णप्पा अब अपनी इच्छा से शरमाता नहीं। उठकर अपनी बगल में बैठी गीता को हलके-से सहलाता है और फिर यह बात अण्णाजी को बताता है। अण्णाजी खुश हो उठता है। वह इस सिस्टम को बदलने की थ्योरी पर बहस करता है। हिंसा पर ही समाज टिका है। सारी हिंसा को केन्द्रित करके पुलिस विभाग बना है। व्यक्तिगत रूप से नाहक पुलिस से द्वेष करने से क्या लाभ? सिस्टम की रीति का पता लगाकर उसे बदलना होगा। इसे बदलने वाले होते हैं रैयत-मजदूर। दुहरे बदन वाला अधिकारी भी एक साधन मात्र है। किन्तु रात में उसने किसी औरत के साथ जबर्दस्ती से सम्भोग किया था। उस समय के भयानक शब्द याद आते हैं। कृष्णप्पा की आँखों से नींद उड़ जाती है और आँखों में क्रूरता उतर आती है।

यहाँ से उसके छुटकारे के लिए महेश्वरय्या कोई रास्ता ढूँढ़ रहे होंगे। वे जानते हैं कि ऐसी स्थिति में क्या किया जाए।

देश में क्रान्ति होगी। इस दुहरे बदन वाले अधिकारी को दंड देने के विधानों के बारे में सोचते हुए कृष्णप्पा एक संकीर्ण कल-यन्त्र का निर्माण करने लगता है। एक में एक फँसे हुए सैकड़ों चक्र। वह कल-यन्त्र इस अधिकारी को अनेक पहलुओं में पकड़कर पेरता है। इस प्रकार हनन करता है कि मरने नहीं देता। वह कोल्हू की तरह होता है। कोल्हाड़ की याद आती है। निर्झर होकर बहने वाला रस। सुपारी के छिलके से उठने वाली रंग-बिरंगी आग में पकने वाला कड़ाह। इस कड़ाह से उठा-उठाकर खाया जाने वाला फेनिल गुड़...।

फिर आवाज होती है। सिपाही ने ही उपमा खाकर अल्मूनियम की थाली नीचे फेंकी थी। कृष्णप्पा को देखकर ईडियट की तरह वह हँसता हुआ खड़ा था। उसके दाँत कीड़े पड़ जाने के कारण काले हो गए थे। उसने ऐसा काम किया था कि ऊपर वाले अधिकारियों को अन्दाजा हो जाए कि कृष्णप्पा ने ही उपमा खाया है।

लगा कि एरोप्लेन पर चढ़वाने के लिए फिर ले जाएँगे। पीछे बँधे हाथों के खींचे जाते समय सब्र की भी एक हद होती है। उस हद को पार कर जाने पर

इंच-दर-इंच दर्द बढ़ता जाता है। भय से कृष्णप्पा काँप उठा। इस बार दर्द को बर्दाश्त न करके वे सभी नाम बता देगा, जिन्हें अण्णाजी पैसा भेजा करता था।

जूतों की आहट सुनाई पड़ी।

माथे पर सिन्दूर की टीका लगाए पकी मूँछों वाला अधिकारी भीतर आकर दूसरी कुर्सी पर बैठ गया। अपनी पीक-कैप उतारकर माथे का पसीना पोंछ लिया। सिन्दूर भी भीगकर नाक के नीचे उतर रहा था। नाक, गाल और गर्दन को इस तरह पोंछ लिया कि कहीं सिन्दूर मिट न जाए।

"इस दलिदर वारंगल की तरफ पथरीले पहाड़ हैं न, इसलिए बेहद गरमी होती है। कॉफी मँगवाऊँ?" उसने पूछा।

कृष्णप्पा ने 'ना' कहकर सिर हिलाया।

"शरबत?"

कृष्णप्पा ने फिर 'ना' कहा।

"वैसे मुझे यहाँ नहीं आना चाहिए। ये सभी लोअर केडर के अधिकारियों के काम हैं। उनका अप्रोच ब्रूटल होता है...।"

कृष्णप्पा का ध्यान अपनी बातों की ओर न पाकर वह बोला, "मेरा नाम गजानन जोशी है।"

कृष्णप्पा को मुँह सिए बैठे देखकर कहा, "तुम्हारे कोई हमदर्द—महेश्वरय्या नाम के—घर आए थे। सवेरे हमारे यहाँ ही नाश्ता हुआ। इसलिए मैं खुद तुम्हें देखने आया हूँ।"

महेश्वरय्या का नाम सुनकर अप्रत्याशित रूप से गहरी साँस लेकर उतावली में कृष्णप्पा अगली बात की प्रतीक्षा करने लगा। जोशी ने इसे ताड़कर दबी आवाज में कहा, "हमारा महकमा ही ऐसा है। रिटायर होने के इन्तजार में हूँ। लेकिन आज तक मैं पूजा-पाठ के बिना घर से नहीं निकला।"

उसने एक बार फिर गर्दन पोंछ ली। पास खड़े सिपाही को बाहर भेजकर बात जारी रखी, "लगता है कि क्रिमिनल्स के साथ पेश आते-आते शायद हम लोग भी उसी टेम्परमेंट के बन जाते हैं। अब तुम्हीं देख लो। हम जानते ही नहीं कि तुम्हारे जैसे आदर्शवादी नौजवान के साथ कैसे पेश आएँ! तुम पूछ सकते हो कि देश में क्या बेहद अन्याय नहीं हो रहा है? येस, मैं मानता हूँ। ऐसी हालत में तुम्हें क्रान्ति की जरूरत महसूस होती हो तो क्या वह गुनाह है? एक कहावत है न—पच्चीस की उम्र में अगर कोई कम्युनिस्ट न हो तो वह हार्टलेस होगा और पच्चीस के बाद भी वह कम्युनिस्ट बना रहा तो वह ईडियट होगा।"

कहकहाते हुए जोशी बोला। फिर अपनी रानों को इस तरह थपथपाने लगा

मानो कृष्णप्पा भी उसकी हँसी में हँसी मिला रहा हो। कृष्णप्पा उसे घूरते बैठा ही रहा।

"तुम्हारे लिए यह कहावत नई नहीं होगी। है न? वेरीफन्नी! वेरी-वेरी फन्नी!"

जोशी ने हँसी रोककर आँखों से उमड़ते पानी को पोंछते हुए कहा, "गौड़–तुम्हारा सरनेम है न? धारवाड़ की ओर गौड़ा ब्राह्मण भी होते हैं। सुना है कि पहले किसी जमाने में तुम लोग जैन थे, तिलकधारी। महेश्वरय्या ने सब-कुछ बताया है। वेरी इंटरेस्टिंग, वेरी इंटरेस्टिंग! यह इलाका निजाम की हुकूमत में था न, यहाँ की सारी पुलिस बिलकुल ब्रूट है। इसीलिए मैं खुद आया हूँ। डोंट वरी। यह अण्णाजी था न, सुना है कि महाराष्ट्र में दो-एक औरतों के साथ उसका कान्टेक्ट था। अगर हमें उनके पते-भर मिल जाएँ तो काफी है।''

इतना कहकर जोशी चुप हो गया। पानी लाने के लिए सिपाही को तेलुगू में आवाज दी। "पानी के लिए कैसा व्रत?" कहते हुए सुराही का एक प्याला ठंडा पानी कृष्णप्पा को देकर खुद पी लिया।

"इस तहकीकात के लिए मैं ही प्रमुख हूँ। महेश्वरय्या से मैंने कह दिया है कि अगर तुमसे इतनी-सी सूचना मिल जाए तो काफी है। फिर हम तुम्हें छोड़ देंगे। बड़े दिलचस्प आदमी हैं। ऐसे आदमी को पाकर तुम लक्की हो। उस अण्णाजी कहलाने वाले से पता नहीं कैसे तुम्हारा पाला पड़ गया! मैं अपने लड़के से कहा करता हूँ : बेटे, जो चाहे करो लेकिन कभी पुलिस के हाथ में न फँसना।"

कृष्णप्पा ने नरम आवाज में कहा मानो यही उसका आखिरी बयान हो, "मैं कुछ नहीं जानता।"

"आल राइट!" अपनी पीक-कैप पहनते हुए जोशी उठ खड़ा हुआ, "जब बताने को मन हो, मुझे कहला भेजना। बिना मुँह खोले यहाँ से कोई बचकर निकला नहीं, समझे! मैं जो कह रहा हूँ वह फैक्ट है, तुम्हें धमकी देने के लिए नहीं।"

वर्दी ठीक कर वह चला गया। सिपाही कृष्णप्पा को फिर से एरोप्लेन वाली जगह पर ले आया। वहाँ किसी को एरोप्लेन पर चढ़ाते हुए दुहरे बदन वाला अधिकारी खड़ा था। उस आदमी के हाथ, जिसने फटी कमीज और पैंट पहनी हुई थी, जैसे ही ऊपर खींचे जाने लगे वह जोर से चीखने लगा। तेलुगू में वह बड़बड़ाने लगा तो उसे नीचे उतरवाकर अधिकारी ने उसका बयान दर्ज कर लिया और दफादार के साथ उसे भेज दिया। यह नजारा दिखाने के लिए जिस आदमी ने कृष्णप्पा को वहाँ खड़ा किया था, वह उसे घुमा-फिराकर, सीढ़ियाँ चढ़वा-उतरवाकर,

कई कमरों से होते हुए वहाँ लिवाकर लाया था। जब वह उसे एक बरामदे से लिवा ले जा रहा था तो वहाँ कुछ मफ्ती के लोगों को टेबल के सामने कुछ लिखते हुए कृष्णप्पा ने देखा। सभी मामूली कचहरियों की भाँति यह भी था। माथे पर भस्म का त्रिपुंड लगाए तथा सफेद टोपी पहने एक आदमी बीच वाले टेबल के सामने बैठकर लिख रहा था। स्याही में डूबा हुआ टेबल-क्लाथ, एक बर्तन में बासी आटे की लुगदी, उसमें डुबाई गई मोटी काड़ी, दीवार पर बोस-नेहरू की तस्वीरें, कोने में बीड़ी पीते खड़े चपरासी, बीड़ी बुझाने से दीवार पर लगे काले धब्बे, एक कोने में बालू की ढेरी पर खुले मुँह वाली सुराहियाँ, दबी आवाज में सभी की फुसफुसाहट, खुली आलमारियों में भरी हुई पीली पड़ी हुई मिसलें–इन सभी की ओर नजर दौड़ाते हुए पिंजरापोल जैसे बरामदे में टेबलों के बीच से रास्ता बनाते हुए कृष्णप्पा धीरे-धीरे चला। शायद जिले का यही प्रमुख थाना होगा। जोशी भी यहीं कहीं होगा। ज़ीने पर कितने ही कमरों में उसके ऊपर वाले–ऊपर वाले के भी ऊपर वाले हाकिम होंगे। उन कमरों में पंखे होंगे। इसी इमारत के एक कमरे में तीन हाकिमों ने उसकी तहकीकात की थी। मुँड़े चेहरे को घुमाते हुए नाक की नोक पर चश्मा उतारकर, कागज और कलमों में तन्मय होकर लिखने बैठे हुए ये सभी लोग मासूम गरीब गृहस्थों-जैसे लगते हैं। इसी इमारत के किसी हिस्से में वह दालान है, जहाँ उसे एरोप्लेन पर चढ़ाया गया था। सज्जनों जैसे दिखाई देने वाले इन बाबू लोगों के कानों तक वहाँ की चीख-चिल्लाहट पहुँचती हुई नहीं लगती। लेकिन हिंसा के जरिए वहाँ जो बयान हासिल किए जाते हैं, उन्हें ये बाबू लोग जुमलों में तबदील कर अदालत में पेश करने लायक बना देते होंगे।

यहीं कहीं आँगन है। लेकिन अपनी अँधेरी कोठरी किधर है? भाग निकलने के प्रयत्न में पहला काम है इस इमारत का नक्शा बना लेना। नक्शा बना लेने पर भाग जाना आसान हो जाएगा। शायद इसी वजह से पहली बार उसकी आँखों पर पट्टी बाँधकर ले जाया गया था। वह कमरा, जहाँ आज जोशी से भेंट हुई थी, फिर हिंसा का आँगन, वहाँ से आगे चढ़ना-उतरना, कमरे, फिर यह पिंजरापोल जैसा बरामदा–कृष्णप्पा के मन में खलबली हुई। सोचा कि अगली बार वह सब-कुछ याद रखता जाएगा। पिंजरापोल पार करते समय थोड़ा-सा आकाश दिखाई पड़ा। इस आकाश से सटकर चारों ओर खड़े काले-काले पथरीले पहाड़ दिखाई पड़े। रामप्पा के मन्दिर के लिए–जो अत्यन्त प्राचीन माना जाता था–शायद इन पहाड़ियों से ही पत्थर लिए गए होंगे।

इस इमारत के अगले हिस्से की कुछ झलक दिखाई पड़ी तो कृष्णप्पा चौंक गया। इतने जलील बरामदे, जालिम आँगन, जीवन की धकापेल से थके-हारे

दिखाई पड़ने वाले, धँसी आँखों वाले छरहरे बाबू लोग, शैतान जैसे दुहरे बदन वाले अधिकारी–इन सभी को अपने में समाए इस बड़ी इमारत का अगला हिस्सा बड़ा आलीशान था। ऐसी गरमी में भी हरा-भरा, भीगा-भीगा सा लॉन था; फव्वारा था। बनावटी अन्दाज में कमर उचकाकर उस पर घड़ा लिए स्त्री के शिल्प पर यह फव्वारा पानी बरसा रहा था। इस इमारत के उस पार साइकिल-रिक्शाएँ सवारी के इन्तजार में कतार में खड़ी थीं। बिना किसी खौफ के पान-सुपारी चबाते हुए किसान और धोती उठाकर पकड़े शहरी लोग। कृष्णप्पा ने इमारत के अगले हिस्से की दिशा को, अबकी दुपहरी बेला को, मन में दर्ज कर लिया। पहला पाठ–मौजूदा पीड़ा को प्रतीक्षा से अधिक सह्य बनाना है। दूसरा पाठ–उस अँधेरे कमरे में देश और काल को भूल जाने की सम्भावना अधिक है, इसलिए काल और अवकाश में वह कहाँ है, इस बात की प्रज्ञा खोए बिना चौकन्ना बने रहना होगा।

भूख के कारण पाँवों में शक्ति नहीं थी। साथ वाले चेचकरू सिपाही से, जो उतना जालिम नहीं लगता था, कृष्णप्पा ने इशारे से पानी माँगा। वहीं कोने में रखी सुराही से सिपाही ने ठंडा पानी दिया। इमारत के अग्रभाग को बारीकी से देखने के इरादे से पानी पीने का बहाना बनाकर वह वहीं खड़ा रहा। सिपाही उसे उतावली में वहाँ से आगे ले गया। वह जिन कमरों से अब गुजर रहा था, वे सभी खाली थे। फिर उलझन में पड़ गया कि अब वह कहाँ है! न जाने कहाँ-कहाँ का चक्कर काटकर आखिर वह जब रुक गया तो पता चला कि सामने वाला दरवाजा उसी की कोठरी का है। उसे भीतर ढकेलकर सिपाही ने दरवाजा बन्द कर दिया।

जब खटमल सारी देह पर रेंगते हुए काटने लगे तो वह चौंका नहीं। बदन रगड़ते हुए सीमेन्ट के चबूतरे पर बैठ गया। इन खटमलों की बदौलत ही सही, तन की सुध बनी रहेगी। गाँव की आबोहवा का आदी होने के कारण शायद उतना पसीना नहीं बह रहा है। बैठे-बैठे पलकें भारी होने लगीं। कोई सहसा जगा देगा, इस घबराहट में शरीर के लिए आवश्यक नींद ले लेने का विचार आया। दीवार से सिर टिकाकर पलकें बन्द करके सो गया। खटमल हैं तो वे काटते रहेंगे, ला-इलाज है–इस बात को समझने की चेष्टा करते-करते कृष्णप्पा को गहरी नींद लग गई।

जब आँखें खुलीं तो इस उलझन में पड़ गया कि क्या यह वही दिन है या दूसरा दिन? दिन है या रात है? नाक के दोनों नथुनों में बुलाकें पहनकर जूड़े की छोटी-सी गाँठ में चम्पा का फूल पहनकर, 'शुचि हूँ, चल दूर हट' कहती हुई तथा उसकी ओर दूर से ही कोडबेले फेंकने वाली रुक्मिणियम्मा की याद हो आई। फिर उसके साथ बीती किसी मसखरेपन की घटना की याद करने लगा। वह किसी

सोच में पड़ना नहीं चाहता था। इस बात की याद से ही वह बेचैन हो उठा।

कृष्णप्पा अभी कोख में ही था कि उसके पिता मर गए। बचपन में कृष्णप्पा की कल्पना थी कि सभी की भाँति उसका बापू भी बुढ़ापे में मरा होगा। लेकिन जिस दिन चरवाहे का काम छुड़वाकर स्कूल में दाखिल कराने के लिए महेश्वरय्या लिवा ले जाने वाले थे, उस दिन गाँव के बाहर बड़ के पेड़ के नीचे बिठाकर आँसू बहाते हुए माँ ने बताया था कि उसके बापू की मौत कैसे हुई। बिरादरी में बँटवारा तो हुआ था, लेकिन सुपारी के एक बाग के सिलसिले में झगड़ा चल रहा था— ताऊ के बेटे के साथ। उस पुट्टण्ण गौड़ा के मन में बड़ी जलन थी। घास की पयाल में आग लगवाना आदि हरकतें वह करता ही रहता था।

जिद्दी होने के कारण बापू इन सबसे दबने वाले नहीं थे। एक अदालत से दूसरी अदालत का रास्ता नाप-नापकर आखिर बाग का पट्टा अपने नाम करवा ही लिया। उसके दूसरे दिन बापू घर नहीं आया। कोई चरवाहा दर्दनाक समाचार लाया था। जाकर देखा तो बाँस के झाड़खंड में बापू की बोटी-बोटी काटकर फेंकी गई थीं। पुलिस-मुकदमा चला। पुट्टण्ण गौड़ा को फाँसी हुई। इसके बाद माँ अपने भाई के घर आ बसी थी।

यह कहानी सुनने के बाद ही कृष्णप्पा समझ पाया था कि उसकी मामी हमेशा गुस्से में 'बाप को खाकर पैदा हुआ शनि' कहकर क्यों उसे गालियाँ दिया करती थी।

आगे ऐसी सावधानी बरती थी कि इस घटना के कारण उसे कोई ऐब न लगे। अपने बापू की हत्या की बात किसी से कहने की आवश्यकता उसे महसूस ही नहीं हुई थी। महेश्वरय्या ने भी यह बात पूछी नहीं थी। लेकिन कृष्णप्पा को महसूस हुआ कि पैदाइश से ही अँधेरा उस पर छा जाने की ताक में है, अतः जिन्दगी को जिद से जीतते जाना होगा।

उसके बापू की हत्या करने लायक द्वेष उसकी बिरादरी के मन में क्यों पैदा हुआ? ऐसा द्वेष शायद वह भी दूसरों में पैदा कर रहा होगा। कुछ लोगों की तुलना में अपने को नाचीज, क्षुद्र, तमस के रूप में समझ रखा था, यही बात औरों में शायद जमकर बैठ गई है। इस तरह उसने जो कुछ देखा है वह सारा—इस फर्श की धूल में, इस उमस में, इन खटमलों में, इस निर्वात अँधेरे में—केन्द्रीकृत हुआ है। क्या वह इसे जीत सकेगा? इस सोच में होंठ चबाते हुए वह उठ खड़ा हुआ।

अण्णजी ने कहा था : 'क्षुद्रता को अगर जीतना चाहते हो तो याद रखो कि वह तुम्हारे मन के भीतर नहीं, बाहरी दुनिया में है। उसकी जड़ें वहीं हैं।' अण्णाजी की इस बात में सच्चाई हो सकती है। लेकिन फिलहाल अपने मन को उससे

बरबाद होने से बचाए रखने के उपाय ढूँढ़ निकालना बहुत जरूरी है। अगर अपने को यहाँ मरना भी पड़ा तो होंठ काटते हुए मरना होगा। आखिरी दम तक अपने मन को इस तमस के हमले से बचाए रखना होगा।

महेश्वरय्या कहा करते थे : 'अवधानी बनना होगा। फँसना नहीं। लचकीली शक्ति से हाथ धो न बैठना। भीतर भी रहे और बाहर भी। फल खा भी ले और देखता भी रहे। हलका बदन, सख्त पाँखें, तेज पंजे, आकाश की ओर उठी नुकीली चोंच–काफी दूर से ही उसे खतरे की भनक लग जाती है। साथियों के लिए तरसना नहीं। अपने-आप गा लेना है।'

इस तरह सोचते हुए जब काफी समय बीत गया तो लगा कि वह समय की सुधबुध खो बैठा है। इस कोठरी की दीवार के उस तरफ कोई दूसरी कोठरी ही होगी–गली नहीं। आँगन के उस पार से जैसे सुनाई देता है, वैसा यहाँ कुछ सुनाई नहीं देता। दुहरे बदन वाला वह अधिकारी शायद उसे भूल गया होगा। जब वह आँखों के सामने होता है तो लगता है मानो जब-तब वह क्रूरता से हमला कर देगा। लेकिन सहसा उसे नजरअन्दाज करके कहीं और निहारने लगता है–इस बात की याद करके कृष्णप्पा दहल गया। वह अधिकारी, जोशी और तीसरा आदमी उसे भूलकर शायद किसी दूसरे की तलाश में होंगे या उसे दंड देने में लगे होंगे। मुझमें कुछ दम न पाकर रिहा करने का तय किया होगा और शायद सोचते होंगे कि मुझे कभी का रिहा कर दिया गया है। खयाल आया कि क्या फिर दंड देने के लिए नहीं ले जाएँगे?

कितना ही रगड़ते रहने पर भी न जाने किस छोर से घुसकर खटमल गले की पट्टी, काँख, जाँघों की जोड़ में काटते रहे। यह अँधेरी कोठरी मानो एक गर्भागार की भाँति है। इस गर्भागार में धीरे-धीरे हजम होते रहने का-सा भास होता है।

ऐसा सोचना लालचपन है–इस विचार से वह शरमा गया। रह-रहकर की जाने वाली क्रूरता, बहुत ही संदिग्ध रूप में उसे कारागार में बन्द किए जाने के विधान की कल्पना करते हुए बैठ गया। इससे भी थकावट हुई। उपवास करते हुए पता नहीं कितने दिन बीत गए। तीन? चार? गला सूखने लगा। अँधेरे में टटोलते हुए भगौने में बचे हुए पानी से मुँह गीला कर लिया।

अनजाने में ही हाथ की उँगलियों से फर्श की धूल में वह समय-मत के सृष्टिक्रम के अनुसार चक्र उतारने लगा। लग रहा था, मानो महेश्वरय्या सामने ही बैठकर बता रहे हैं। शायद पहले की भाँति बुद्धि-विभ्रम होने लगा है। वह भगवान में विश्वास नहीं रखता। ऐसा विचार कर चक्र का निर्माण करते और बदन

पर खटमलों को मसलते हुए बैठा। पूर्वमुखी त्रिकोण, बीच में बिन्दु, उस पर पहले वाले त्रिकोण के मध्य भाग को छेदने वाला पूर्वमुखी एक और त्रिकोण, पहले वाले त्रिकोणाग्र से पश्चिममुखी दूसरा त्रिकोण लिखकर...महेश्वरय्या की आँखें स्थिर होकर चमक रही थीं। माथे पर सिन्दूर का बड़ा-सा टीका। गीले लम्बे बाल पीठ पर बिखरे हुए। लाल किनारेवाली धोती पहनकर नंगे सीने पर रुद्राक्ष की माला पहने रहते थे।

समयियों की पूजा हृदय-कमल से ही होती है–महेश्वरय्या ने कहा था। जब कृष्णप्पा ऐसी पूजा की तैयारी करने लगा था तो महेश्वरय्या ने चिन्तामणि-गृह का वर्णन किया था। बताया था कि उसके आठ धातुमय प्राकार, ग्यारह रत्नमय प्राकार और छह तत्त्वमय प्राकार–इस प्रकार कुल पच्चीस-पच्चीस प्राकार होते हैं। एक से बढ़कर एक ऊँचा होता है। हर प्राकार में प्रवेश कर पाना बड़ा कठिन होता है...।

कृष्णप्पा ने कुछ मस्ती में और कुछ मसखरेपन में कह दिया कि वह ऐसे ही एक व्यूह में है। फिर हँसने लगा। मूलाधार कन्द मध्य में मदनागार रूपी त्रिकोण है। वहाँ ऊर्ध्वमुखी स्वयंभू-लिंग है। सर्पाकार में साढ़े तीन फेंटे में कुण्डली मारकर कुण्डलिनी शक्ति मधुर और अस्फुट आवाज कर रही है। लगा कि हँसते समय ऐसी आवाज पेट की कुलबुलाहट के साथ निकलती है। पर शिव कामेश्वर है और पार्वती कामेश्वरी है। समभाव से अब इनकी पूजा करने के लिए तैयार हुआ। ध्यान किया : हे भगवती! तुम्हारी संगति के बिना वह परशिव भी संचालन में असमर्थ है। 'समया' कहकर भगवती को आँखों के सामने रूपायित करने लगा। महेश्वरय्या द्वारा कंठस्थ कराए गए श्लोकों का मुकुट से नीचे उतरते-उतरते जोर-जोर से पाठ करने लगा। दमकता हुआ मुकुट; हरसिंगार फूलों की महक वाले बाल; चेहरे की आभा के उमड़कर बहने के लिए मानो रास्ते जैसी माँग; कामदेव को जला चुकी आँखें; भौंरों जैसा मस्त चेहरा; कामदेव के धनुष जैसी भौंहें; शृंगार-विस्मय-भय-हास्य की कौंध ली हुई आँखें; उसकी नथुनी; उसके होंठ; जिह्वा का ताम्बूल-राग; कंठ-नाल; कंठ-नाल के तीन बल; चार भुजाएँ, हस्त, स्तन, रोमावली; गंगा नदी के स्थिर भँवर की भाँति–शिवजी की आँखों में तप की सिद्धि का बिल-द्वार की भाँति लगने वाली उसकी नाभि; कुच-भार से थककर मानो धीरे से टूट पड़ने लायक उसकी कमर और मानो उसके बचाव के लिए त्रिबली; हलके चौड़े नितम्ब; उसके चरण–सभी का ध्यान करते, श्लोकों को याद करते, उन्मत्त होकर गाते बैठ गया। खटमल, अँधेरा कमरा, धूल–इन सभी को घटिया मानते हुए लगा कि वह जीत रहा है। उससे निकलने वाली आवाज सर्पाकार कुंडलिनी

की है। इसका अनुभव करने के लिए एकाग्रता के साथ अपने में ही मन को स्थिर करने की चेष्टा की। न, यह बुद्धि-भ्रम नहीं। बार-बार अपने-आपको जता लिया। आखिर उलझन जैसा महसूस होने लगता तो गहरी साँस लेकर उठ खड़ा हुआ।

श्रीचक्र में तीन रेखा मिले हुए चौबीस मर्म-स्थान होते हैं और रेखा मिले हुए चौबीस सन्धि-स्थल होते हैं। फिर सृष्टि-क्रम और संहार-क्रम नामक दो प्रकार होते हैं। संहार-क्रम में लिखना कौल-मत के वामाचारियों का विधान होता है।

अपना समय-मत है तो उस दुहरे बदन वाले अधिकारी का कौल-मत होगा। संभोग, यक्षिणी-सिद्धि, परस्त्री-गमन, बच्चों की जबान काटने वाला महासम्मोहन तन्त्र आदि वाममार्गों द्वारा देवी की उपासना करने वाला वह आदमी इस तेलुगू इलाके का मशहूर कापालिक होगा। इसी भाँति सोचते-सोचते कृष्णप्पा को फिर हँसी उमड़ आई। अँधेरे में बहुत जल्दी थककर सीमेंट के बिस्तर पर बैठे-बैठे पलकें मूँद लीं। पसीने से तर होकर उसकी धोती और अचकन धूल से बेहद गन्दे हो गए थे। उन्हें उतार फेंकने को मन हुआ। अचकन उतार सिरहाने रखकर सो गया। उसे महसूस हुआ कि वह बिन पेंदे के अन्तराल में तैर रहा है।

पता नहीं और कितना समय बिताना होगा! एक सिपाही हाथ पकड़कर उसे खींच रहा था। कृष्णप्पा उठ बैठा। याद करने लगा कि वह कहाँ है। पर सिपाही द्वारा खींचे जाने की दिशा में चलता रहा। उर्दू में उसकी गालियाँ सुनकर मालूम हुआ कि वह वही कर्कश आवाज वाला सिपाही है।

कमरे के बाहर भी अँधेरा है। लेकिन रात की हवा आरामदेह थी। मनमानी हवा-खोरी करते हुए कृष्णप्पा चला।

बत्तियों से आँगन जगमगा रहा था। एरोप्लेन पर चढ़ाई जाने वाली रस्सी रहट से लटक रही थी। दुहरे बदन वाला अधिकारी एक कुर्सी पर बैठकर बोतल से प्याले में रम ढाल रहा था। फूलों से लदी दो औरतें उसके पाँव के पास बैठी थीं। उनके हाथों में भी प्याले थे। रोशनी में दोनों की साड़ियाँ चमक रही थीं। उनके होंठ लाल थे। कानों में चमकती हुई बालियाँ थीं। कलाई में मशहूर हैदराबादी कंकरेदार चूड़ियाँ थीं।

उर्दू में कुछ कहकर अधिकारी ठहाके मारकर हँसा। दोनों औरतें भी आपस में चिमटकर मुस्करा उठीं। उसे भी एक कुर्सी पर बिठाते देखकर कृष्णप्पा को अचम्भा हुआ। दुहरे बदन वाला अधिकारी टाँग पसारकर चैन के साथ बैठा था, इसलिए कृष्णप्पा को उसमें कुछ इन्सानियत नजर आई। ऐसा लगने का शायद एक कारण यह हो कि उसने टोपी नहीं पहनी हुई थी जिसकी वजह से बारीक

कटे बालों के कारण खल्वाट की भाँति कृष्णप्पा को उसका सिर दिखाई दे रहा था। शैशवावस्था में कपड़े की कुंडली बनाकर बच्चे को उस पर सुलाया जाता है, ताकि उसकी खोपड़ी इस तरह खल्वाट न बने। उसकी खोपड़ी अच्छी थी–उसके लिए माँ ने यह कारण बताया था।

"पिएगा?"

यह कापालिक ही है। पूछ रहा है कि पिएगा! इस खयाल से अपने सख्त चेहरे को नरम होते हुए शायद उसने भी देखा होगा।

"अगर तूने पते नहीं बताए तो मेरी फजीहत होगी, समझा? वह जोशी है न, वह मेरी कॉन्फिडेन्शियल रिपोर्ट में 'इनएफिशिएंट' लिख देगा।"

इस लुत्फ-भरे मौके पर शायद यह अधिकारी उसकी बात से तृप्त हो जाएगा, इस विचार से कृष्णप्पा ने कहा, "मुझे कुछ पता नहीं। वाकई।"

"तब क्या वह तेरी बहन का लौंडा था? भैनचोद था? इतनी दूर आया है उसके लिए?"

अपने पाँव के पास बैठी औरत को लात मारकर अधिकारी हँसने लगा।

"सुना है कि उसे औरतों की बड़ी चुल थी। यहाँ की भाँति क्या वहाँ पर भी गुरु महाराज को सप्लाई करना पड़ता था? क्या तू उसके पिम्प का काम करता था? मेरे लिए जो लाई गई हैं न, देख, ये दो औरतें। अव्वल दर्जे की रंडियाँ हैं। जानता है, कैसे टाँग उठाती हैं? तेरे चूतड़ थिरक उठेंगे, समझा! इनमें से एक को तू ले ले। मुझे पते बता दे, वरना मेरी तरक्की गारत हो जाएगी। तू क्या जाने मेरी मुसीबत! दस बच्चे हैं मेरे। चौबीस घंटे की ड्यूटी। जब कभी जोशी बुलाए, यहाँ हाजिर होना पड़ता है। जोशी ने मन्त्री से वादा किया है। वह मन्त्री बड़ा देव-भक्त है और हर हफ्ते तिरुपति जाता है। कम्यूनिस्टों का नामोनिशाँ मिटा देने का वादा करके जोशी ने मेरे और तेरे लिए कैसी मुसीबत ढाई है! ले ले इसे। हँ-ह!"

झुककर उसने औरत का आँचल खींचा। ब्लाउज उतारने के लिए आगे बढ़ा तो औरत ने रोका। झूमते हुए वह उठ खड़ा हुआ। आँखें तरेरते हुए कृष्णप्पा को देखकर गरज उठा, "देखो, यह भड़वा कैसे रौब दिखा रहा है! उतार दो रे इस सुअर के कपड़े।" छूटने की चेष्टा करने पर भी दो सिपाहियों ने कृष्णप्पा को धर-दबाकर उसके कपड़े उतारकर नंगा कर दिया।

"किसी भी हालत में तुझसे पते लेने के लिए कहा है जोशी ने। तू जानता है न, मुझे...!"

झूमते हुए वह सामने आकर खड़ा हो गया। बेंत से शिश्न को कोंचते हुए

औरतों की ओर देखकर ठहाका मारकर हँसा, "फोते का कचूमर निकाल दूँगा। होशियार!"

कर्कश आवाज वाला सिपाही भागकर प्याले में और भी रम भर लाया। अधिकारी का हाथ पकड़कर उसे धीरे से कुर्सी पर बिठाया। अधिकारी हाँफते हुए बैठ गया और चुहल-भरी आवाज में अंग्रेजी में कहा, ''पेशाब करो रे, उसके मुँह में।'' सिपाही को चुपचाप खड़ा देखकर उर्दू में फिर गरजकर कहा। एक औरत उठकर उसकी जाँघों पर जा बैठी और गले के गिर्द बाँहें डालकर कुछ कहा।

''अरे ओ!'' अधिकारी ने किसी को हाँक लगाई। गठीले बदन वाला एक नौजवान सामने आ खड़ा हुआ। अधिकारी ने हँसते हुए कुछ कहा। नौजवान माना नहीं तो अधिकारी खुद उठा और सिकुड़कर बैठी हुई दूसरी औरत को खड़ा कर उसके कपड़े उतार दिए। नौजवान ने भी अपने कपड़े उतारे। कृष्णप्पा ने आँखें बन्द कर लीं। वह भाग निकलने के लिए उठ खड़ा हुआ। तपाक से अधिकारी ने कृष्णप्पा को पकड़ लिया और उसके हाथ-पाँव बँधवाकर जमीन पर लिटा दिया। अपनी बेंत से उसके शिश्न को ऊपर उठाया। ''फ्लैग हॉइस्ट करवाऊँगा। सेल्यूट!'' वह चिल्लाया। सभी हँस पड़े तो वह खुश होकर नंगे नौजवान का फोता सहलाते हुए खड़ा रहा। कृष्णप्पा ने अपनी खुली आँखें फिर बन्द कर लीं। वह अधिकारी का हँसना-फुसलाना सुनता रहा। अधिकारी ने कर्कश आवाज वाले सिपाही को फिर बुलाकर पेशाब करने को कहा। कृष्णप्पा ने घबराकर जब आँखें खोलीं तो औरत पर नंगा नौजवान और झुक-झुककर उन्हें देखते हुए कहकहे भरता हुआ अधिकारी दिखाई पड़ा। उधर यह नजारा देखते हुए अधिकारी कर्कश आवाज वाले सिपाही को छड़ी से टोक रहा था।

दो सिपाहियों ने जबर्दस्ती करछुल डालकर कृष्णप्पा का मुँह खुलवाया। दूसरी औरत अब अधिकारी की पैंट उतार रही थी। कर्कश आवाज वाला सिपाही अपने खाकी निकर के बटन खोलकर कोसते हुए पास आया। सीने पर उकड़ूँ बैठ गया। दो सिपाही उसे मजबूती से पकड़े हुए थे, इसलिए कृष्णप्पा हिलडुल न सका। साँस को रोक लिया ताकि मुँह में चू पड़ने वाली चीज कहीं वह पी न ले।

अधिकारी ने ठहाके मारकर खुश होते हुए, नौजवान में जोश भरते हुए और नंगी खड़ी दूसरी औरत को मसलते हुए कर्कश आवाज वाले सिपाही को बुलाकर पूछा, "हुआ?" 'हुआ' कहते हुए सिपाही ने उठकर बटन लगा लिए। उसे पेशाब न करते देखकर कृष्णप्पा को ताज्जुब हुआ। इसके बाद कृष्णप्पा से बेखबर नंगी औरतों को बगल में लेकर अधिकारी पीने बैठ गया। कृष्णप्पा के लिए सारा दृश्य धूमिल-सा बनता गया।

जब आँखें खुलीं तो लगा कि आँगन में बड़ी नाजुकी से कुछ लिखने की तैयारी चल रही है। कुर्सी वहीं थी। थ्री-एक्स रम की बोतल और प्याले भी वहीं थे। सारी बत्तियाँ बुझाए जाने पर भी धूमिल सपने जैसा लग रहा था। आकाश में टिमटिमाने वाले तारे म्लान होते गए। चहचहाहट की आवाज। कुछ फलित होते रहने की सूचना। कृष्णप्पा ने लम्बी साँस ली। उसने बड़ी ही आरामदेह और तसल्ली देने वाली खुशबू का अनुभव किया। आँगन में खिले गेंदे के फूलों के पौधे दिखाई पड़े। आँगन में उगे हुए हर जंगली पौधे को एहसानमन्द होकर निहारते हुए वह उनके खिलने की बेला का इन्तजार करने लगा। आसमान में सुर्खी छाई। आँगन में सूरज की किरणों को घुसते हुए देखा। उसके बदन पर धोती ओढ़ाई थी—पता नहीं किसने? शायद कर्कश आवाज वाला सिपाही होगा! सारे आसमान को बुहारते हुए दिन खिल रहा था।

यह बेला आदि-अन्त-रहित है। लगा कि शायद वह मर गया है।

अँधेरे कमरे में जब उसे फिर से झोंक दिया जाएगा, तब समय का परिज्ञान नहीं रहेगा। जैसे ही यह दहशत शुरू हुई कि बिना चेतावनी के दरवाजा खुला। दफ्तर में महेश्वरय्या इन्तजार कर रहे थे। मुँह पर चुप्पी की मुहर लगाए कार में बिठाकर ले चले। एक होटल के सामने कार रुकवाई और कृष्णप्पा को कमरे में ले गए। खुद अपने हाथों से नहलाकर नया कुरता और नई धोती पहनाई और नारंगी का रस पिलाया।

जब सोकर उठा तो दिन ढला था। महेश्वरय्या ने कमरे में ही खाना मँगवाया। शीशे के जंगले के सामने बैठकर गाँव की घटिया गलियों को, रंग उड़ी हुई इमारतों को देखते हुए कृष्णप्पा ने भात में दही मिलाकर खाया। महेश्वरय्या ने अपनी भावनाओं को दबाकर धीरे-धीरे कृष्णप्पा को रिहाई की कहानी सुनाई।

जब पता चला कि जोशी बेकार आदमी है तो महेश्वरय्या वारंगल निवासी एक मशहूर कवि के यहाँ गए। उस कवि का, जिसने पार्वती-मंगल पर महाकाव्य लिखा था, तेलुगू साहित्य में बड़ा नाम था। ख्यात वैदिक घराने में उसका जन्म हुआ था। केवल खिताब में ही अष्टावधानी नहीं था, वास्तव में भी था। वह कवि बड़ा दैव-भक्त था, देवी का उपासक। केवल रसिक होने मात्र से उसमें महेश्वरय्या की दिलचस्पी नहीं बढ़ी। यह कवि गृहमन्त्री का बड़ा चहेता था। पार्वती-मंगल का समर्पण अवधानी ने गृहमन्त्री के नाम किया था। मन्त्री महोदय ने उस महाकाव्य को भारी-से-भारी पुरस्कार दिलवाए थे।

अवधानी की रात की महफिल में महेश्वरय्या व्हिस्की की एक बड़ी बोतल

लेकर हाजिर हुए। बड़ी मीठी आवाज में अवधानी अपनी कविताएँ पढ़ता था। महफिल में हर कोई प्रशंसा में झूम उठता था। कर्नाटक में खुद को अवधानी का प्रशंसक बताकर जब महेश्वरय्या ने व्हिस्की की बोतल दी तो मुस्कराते हुए कवि ने कहा, "अच्छा! तो मेरे मदिरापान की कीर्ति कर्नाटक तक फैल गई है!"

महेश्वरय्या और कवि महाशय में बड़ी देर तक सर्वज्ञ और वेमन के बारे में बातें चलती रहीं। जैसे-जैसे रात बढ़ती गई, अवधानी की हुमस भी चढ़ती गई। जब तेलुगू का ज्ञान छोटा पड़ा तो महेश्वरय्या संस्कृत में बातें करने लगे। अवधानी के अन्य प्रशंसक, जिनको संस्कृत का ज्ञान नहीं था, इन दोनों के संस्कृत वार्तालाप से पुलकित होकर व्हिस्की की चुस्की लेने लगे। जैसे ही बोतल खाली होने को हुई, उन लोगों में से वेंकटरमणय्या नामक एक बड़ा व्यापारी अपनी कार से दूसरी बोतल ले आया। उन सबके लिए यह एक बड़ी अहम रात थी। बड़ी देर बाद अवधानी ने महेश्वरय्या के आने का कारण पूछा। महेश्वरय्या ने जब मासूम कृष्णप्पा की गिरफ्तारी की बात कही तो उसी क्षण गृहमन्त्री को फोन करने का पक्का इरादा लेकर अवधानी उठ खड़ा हुआ। अपनी कार में वेंकटरमणय्या दोनों को घर लिवा ले गया। गृहमन्त्री के नाम एक लाइट्निंग कॉल बुक की। अवधानी ने चोंगा उठाया और बड़ी बेतकल्लुफी से लगभग पाँच मिनट तक वार्तालाप चलता रहा। जब सुरीली आवाज में अवधानी अपनी नई कविता गाने लगा तो वेंकटरमणय्या मारे खुशी के निहाल होकर उँगलियों पर खड़ा रहा।

महेश्वरय्या घबरा गए थे कि कहीं अवधानी कृष्णप्पा की बात ही न भुला दें! जैसे ही कविता खत्म हुई तो हलका-सा अवधानी को टोककर कहा, "नाम कृष्णप्पा गौड़ा है।" अवधानी ने एक साधारण मामले के अन्दाज में मन्त्री महोदय से कृष्णप्पा की गिरफ्तारी की बात कही और जवाब में कुछ सुन लिया। फिर बताया कि वह जिस फोन पर बातें कर रहा है, वह गृहमन्त्री के परम भक्त वेंकटरमणय्या का है। फोन का नम्बर भी दिया है। इससे वेंकटरमणय्या की बाँछें खिली हुई-सी दिखाई पड़ीं। चोंगा नीचे रखकर अवधानी ने महेश्वरय्या से कहा कि अभी दस मिनट के भीतर उनका काम बन जाएगा। वेंकटरमणय्या ने आलमारी से स्कॉच निकालकर तीनों के लिए जाम भर दिए। अब तक आधी रात बीत चुकी थी। उसके लिए जो रात बड़ी खौफनाक बनी हुई थी, उसी रात सारी कार्यवाई होने की बात कृष्णप्पा बड़े आश्चर्य के साथ सुनता रहा।

दस मिनट के बाद फोन आया। मन्त्री के पी.ए. ने बताया कि फोन पर जोशी नहीं मिल पा रहा है। दिन निकलते ही मन्त्री महोदय खुद उसे फोन करेंगे। जोशी से सीधा वेंकटरमणय्या के घर फोन आएगा।

महेश्वरय्या उस रात वेंकटरमणय्या के घर पर ही सोए। दिन निकलने पर भी फोन नहीं आया। नहाकर वेंकटरमणय्या दुकान को चला। अवधानी उठेगा दोपहर के बाद ही। मन-ही-मन देवी का ध्यान करते हुए महेश्वरय्या बाट जोहते रहे।

"आखिरकार फोन आया। तेरी रिहाई हुई। देख कृष्णप्पा, हमेशा राजा की नजर से बचकर जीना...लेकिन यह तेरे मिजाज के विरुद्ध है। खैर, तेरी किस्मत... छोड़ दे अब इस बात को। शाम को लौट पड़ेंगे।" यह कहकर महेश्वरय्या ने गर्म साँस छोड़ी।

3

“नागेश! नागेश!”

बाहर बैठकर अखबार पढ़ता हुआ नागेश जल्दी से कृष्णप्पा के सोने वाले कमरे में आता है। अपनी आवाज पर निहाल होने वाले नागेश को सामने देखकर कृष्णप्पा को खुशी होती है। किशोर कुमार ने होस्टल में उसकी ऐसी ही सेवा की थी। अब वह इंजीनियर है। तबादले की सिफारिश के लिए आया था। जब नागेश उसके सामने आकर खड़ा हो जाता है तो कृष्णप्पा भूल ही जाता है कि उसे किसलिए बुलाया था! आखिर नागेश ही पूछता है, “क्या अखबार पढ़कर सुनाऊँ, गौड़ाजी? आज कोई खास खबर दिखाई नहीं पड़ती।”

“इस देश में कौन ऐसी खबर होती है भला?” खिड़की से बाहर देखते हुए कृष्णप्पा बोला।

कृष्णप्पा द्वारा अपनी बात की विशेष प्रतिक्रिया न देखकर नागेश चुप खड़ा रहा। नागेश जैसे व्यक्ति, जिन्हें बातों की वक्त-जरूरत का लिहाज रहता है, राजनीति के क्षेत्र में बहुत विरले होते हैं। इसीलिए वह कृष्णप्पा का चहेता बना था।

“क्या सीता बैंक को चली गई?”

“हाँ, गौड़ाजी! वीरण्णाजी ने उनके लिए कार भेजी थी। गौरी भी नर्सरी को गई।”

“सवेरे-सवेरे कुछ कुहराम मचा था...”

“स्कूल न जाने की जिद!”

कृष्णप्पा का चेहरा नरम पड़ गया।

“उसकी उम्र में मेरा भी मन स्कूल जाने से कतराता था, भैया! ‘महाभारत’ सुनाने के बहाने जोयिसजी फुसलाकर लिवा ले जाते थे।”

नागेश कुर्सी खींचकर बैठ गया।

"कहेंगे कुछ? लिख लूँगा।" उसने आग्रहरहित आवाज में पूछा।

"हाँ, लिख लेना। आज कुछ कहने का मन ही नहीं है, नागेश! लगा कि पाँव तनिक और भी उठाया जा सकता है। कोशिश की। तुम्हें इसलिए बुलाया था कि क्या हकीकत में उठाया जा सकता है, या सिर्फ यह मेरा वहम है, देखो तो सही।"

कृष्णप्पा पाँव खींच लेने की कोशिश में तन्मय हुआ।

"क्या कल से भी ज्यादा आज खींचा जा रहा है, नागेश?"

झूठ बोलना कृष्णप्पा को भाएगा नहीं, अतः नागेश ने कहा, "मुझे तो ऐसा लगता नहीं, गौड़ाजी! हाथ कैसा है?"

कृष्णप्पा ने 'हाथ' कहते हुए नागेश के दिए रबर के गेंद पर उँगलियाँ चलाने की कोशिश की। उँगलियों में अपनी सारी ताकत ले आने की चेष्टा करते हुए होंठ चलाया। गेंद की ठंडी चिकनी बाहरी गोलाई के गिर्द उँगलियाँ मुड़ गईं। गेंद की नरमी के साथ दबाने की चाह से देह में सनसनी-सी उत्पन्न हुई और फिर उँगलियों में उतर आई। गेंद पकड़ में आते देखकर खुशी हुई। नागेश की आँखों में भी यह खुशी चमकते देखकर कृष्णप्पा का मन नाच उठा। गेंद को पकड़े-पकड़े ही अपनी जिद के प्रति उसका नरमाया विरोध और स्वीकृति का मजा लेते हुए बोला, "मैं बहुत अच्छा लट्टू नचाता था, यार!" वारंगल से लौटने के बाद बोआई के दिनों वह खेत में धान के पौधे रोपा करता था, यह बात याद आई। गाँव जाने के पहले महेश्वरय्या के साथ गौरी देशपांडे से मिलने गया था। वह परीक्षा के लिए बैठी पढ़ रही थी। बाहर आकर स्वागत किया। कंघी के बिना सिर के बाल बिखरे हुए थे। पढ़ाई के कारण चेहरा उतरा हुआ-सा था। वह बेसहारा सुन्दरी की भाँति दीख पड़ी। कृष्णप्पा नरक से निकलकर आया था। उसे देखता रहा। अपनी वर्तमान स्थिति को गौरी के लिए बोझिल बन जाने का एहसास हुआ तो कृष्णप्पा का दिल पत्थर बन गया।

"आप महेश्वरय्याजी हैं। गाँव जाने से पहले आपसे मिलने की इच्छा थी।" वह बोला।

अनसूयाबाई ने कॉफी देकर मेहमाननवाजी की। कृष्णप्पा के दुबले होने का कारण पूछा। महेश्वरय्या ने संक्षेप में सारा हाल इस तरह कह सुनाया कि कृष्णप्पा को किसी प्रकार का संकोच न हो। क्या उस समय बेचैन होकर गीली आँखों से गौरी उसे देख नहीं रही थी?

"परीक्षा के बाद हमारे गाँव आइएगा।" कृष्णप्पा ने शिष्टाचारवश कहा।

उस समय उससे आग्रह करते क्यों नहीं बना? उसकी इस हल्की बात से गौरी मायूस हुई थी। ये सभी बारीकियाँ कृष्णप्पा को सता रही हैं। अब कृष्णप्पा को

आशंका होने लगती है कि जब उसकी जिन्दगी मोड़ पर थी, तब पूरी खबरदारी के साथ क्या सभी सम्भावनाओं के लिए वह खुला हुआ नहीं था? उस समय जो बात उसे कहनी थी, वह क्यों नहीं कह पाया था? गौरी के प्रति अपनी भावनाओं को मुँह से न कह पाने के पीछे क्या कोई घमंड था? या साथी के लिए न ललचाने का उसका कोई व्रत था? अथवा वारंगल के पुलिस-थाने रूपी नरक से निकलकर वह अपने-आपको प्रेत जैसा महसूस कर रहा था, वह वजह थी? क्या उसे श्वेत-शुभ्र छवि वाली, बिखरे बालों वाली गौरी के सामने अपनी देह गन्दी लग रही थी? उसे चुपचाप खड़े देखकर कृष्णप्पा ने पूछा था, "आगे आप क्या करेंगी?"

उसके प्रश्न से खैरख्वाही का अन्दाज पाकर शायद गौरी के दिल को दुख पहुँचा होगा। उसने कोई जवाब नहीं दिया।

"नागेश! जिसे हम जी-जान से प्यार करते हैं, उसे पाने का साहस क्यों नहीं करते? पाने के बाद क्या उसकी कीमत घट जाने के डर से?"

यह प्रश्न नागेश की समझ से बाहर था। किन्तु कृष्णप्पा की आलोचना का अनुमान करके कहा, "गौरी देशपांडे को आने के लिए लिखा है–दिल्ली के पते पर।"

नागेश को ललचायी आँखों से निहारते देखकर कृष्णप्पा ने लम्बी साँस ली। मन में इच्छा हुई कि उसके आने तक हाथ-पाँवों में कुछ शक्ति आ जाए तो वह गाँव चला ज़ाएगा। कीचड़ में टाँगें गड़ाकर धान के पौधे जमाने लगेगा। उस पीपल के नीचे बैठेगा, जहाँ पहले ढोर चराते समय बैठा करता था। सामने वाले अमरूद के पेड़ पर पंचरंगी तोतों के आने की प्रतीक्षा करेगा।

"महेश्वरय्या भी आ जाते तो ठीक रहता।"

"लिखना चाहूँ भी तो उनका पता कहाँ है?"

"हाँ, वे ऐसे ही आदमी हैं। सहसा आ धमकते हैं। उस भाग्यवान पर अब रेस का भूत सवार हुआ है। कल बेंगलूर में रेस का मौसम शुरू होने वाला है न–शायद आ भी जाएँ," इतना कह कृष्णप्पा करवट लेने की सोचकर सोया रहा। पता नहीं, करवट लेने की शक्ति कब इस देह में आएगी? यह भी सम्भव है कि एक और स्ट्रोक का शिकार होकर वह मर ही जाए। लहू की एक बूँद कहीं अटक गई होगी। वह हट भी सकती है, वहीं अटकी भी रह सकती है। हर पल चौकन्ना होकर जिए जाना ही अब अपनी किस्मत में लिखा है। अचानक यह देह इस अवस्था को आ पहुँची है–बिना किसी चेतावनी के।

कृष्णप्पा की जिन्दगी में जिन्होंने प्रवेश किया था, उनमें कौन साबुत बचा है और कौन नहीं–इसकी तमीज उसे नहीं। बाहरी दिखावे-मात्र से कौन कैसा है,

यह कह पाना सम्भव नहीं। उदाहरण के लिए उमा! अण्णाजी की मौत से उसे जो सदमा पहुँचा था, वह सिर्फ कृष्णप्पा ही जानता था। किसी से कुछ कहते न बनकर बीमारी के बहाने वह नैहर चली गई थी। उस समय उसके पाँव भारी थे; अर्थात् अब अण्णाजी का बेटा बड़ा हो गया है। उसे मोटर-साइकिल पर हिप्पीनुमा बाल बढ़ाकर शान दिखाते घूमते हुए कृष्णप्पा ने देखा है। सुना है कि उसके बाद उमा के दो बच्चे और हुए। इस रहस्य को आज तक कृष्णप्पा ने छिपाए रखा है। अपनी जीवनी लिखवाते समय भी नागेश से यह रहस्य नहीं कहा। अण्णाजी का दिल राजनीति से विमुख होकर तब दाम्पत्य-जीवन का सुख चाहने लगा था। शायद तभी उसकी हत्या की गई। अब ख्याल आता है कि अण्णाजी ने जो चुना था, क्या वह समझदारी थी? लेकिन उसके मर जाने के बाद लगता है कि वह उसके प्रश्न और अनुमान से भी ऊपर उठा हुआ था। उसने एक हीरो को देखा था। कितनी ही क्षुद्रता का शिकार होने पर भी उसकी बुद्धि तेज रोशनी देती रहती थी। जब वह जीवित था, तब उसकी प्रामाणिकता कृष्णप्पा के लिए एक सवाल बनी थी। लेकिन अब अण्णाजी, जो उसे मात दे गया, शहीद जैसा लगता है। और उमा? लगता है कि उसके सामने जो स्थिति आई, उससे समझौता करके जी रही है।

और फिर वह बैरागी? आज तक उसके बारे में कृष्णप्पा की समझ में कुछ आया ही नहीं। कौन जाने कि वास्तव में उसकी भीतरी जिन्दगी प्रज्ज्वलित थी, या थोथे साग-सब्जी की तरह खोखली थी! लोगों ने उसे छोड़ा नहीं। जहाँ वह रहता था, वहीं एक मन्दिर बनवाया। सपने में आकर प्रश्नों के जवाब देते रहने की अफवाह उसके बारे में फैली है, इससे न जाने कहाँ-कहाँ से लोग आने लगे हैं। लेकिन वह किसी से बोलता नहीं। नियमानुसार सवेरे उठकर वह गली के छोर पर खड़े होकर 'गीता' गाता है, अपना आहार पाता है और पकाकर खा लेता है—इसमें कभी चूक नहीं हुई। लेकिन पहले की भाँति यह अब सरल नहीं रहा है। जिस गली के लिए वह निकलता है, उस गली में बन्दनवार बँधे रहते हैं। जहाँ ठहरकर वह 'गीता' का गायन किया करता है, वहाँ एक प्लेटफार्म बनवाकर माइक लगवाया जाता है। बैरागी को लोग अब सिद्धेश्वर के नाम से पुकारने लगे हैं। बैरागी को न तो किसी से एतराज है और न किसी की तलब है। क्या ऐसा नहीं लगता कि अपने बहाने लोगों की जरूरतें पूरी होते देख उसे खुशी होती है? उस पर चढ़ती हुई चरबी को देखने से लगता है कि जो मिल जाए, उसी को पाने के व्रत ने ही उसे बढ़िया आहार मिलने लायक बनाया होगा।

कृष्णप्पा कभी-कभी उन दिनों की मानसिक स्थिति को लेकर आशंकित हो

जाता है कि उस बैरागी के दिल में जवाब देने की उत्कंठा पैदा करने लायक प्रश्न उसके दिमाग में आया ही नहीं। वह उन दिनों झल्ला उठता था, यह बात सच है। लेकिन कृष्णप्पा को लगता है कि इसका कारण शायद यह था कि उसकी सारी बातें खोखली थीं। इसीलिए बैरागी से प्रश्न नहीं पूछा जा सका था। कृष्णप्पा को बैरागी कुछ हद तक एक मानक जैसा लगता है। जब साँप उसकी गुफा में घुस गया था, तब उसे जिस हिंसा का सामना करना पड़ा था उसे वह सहन नहीं कर पाया था। इससे उसकी कर्म-स्वरूप की तपस्या के प्रति गहरी आशंका होती है। कृष्णप्पा ने अपने आदर्श–जो सभी सम्भावनाओं के लिए सक्रिय बनकर स्पंदित होते हुए जीने का रहा है–की तुलना में जो देखा था, वह उससे मेल नहीं खाता था।

उसमें दरार कहाँ है और यह दरार क्यों पड़ी? मरने से पहले इसे जान लेना चाहिए। बस, अब अपने भाग्य में यही तो है। यों सोचते हुए वह अपने पार्श्व में प्राणशक्ति को बहाने की चेष्टा में लग जाता है।

“नागेश, मेरी माँ को लिवा लाने के लिए किसी को भेजना होगा न?”

“क्या मैं ही लिवा लाऊँ, सर?”

“नहीं, तेरा यहाँ रहना जरूरी है। अपने दोस्तों में से किसी को भेज दे।”

घर के सामने कार आकर रुकी। उससे वीरण्णा उतरे। खद्दर सिल्क का क्लोज कालर का कोट और पैन्ट पहने थे। आयु लगभग साठ वर्ष की होगी। बेंगलूर के दो बड़े होटल और तीन थिएटरों के मालिक! उनके पिता एक मामूली ठेकेदार थे। वीरण्णा अपनी करामात से लखपति बने थे। तिरुपति वेंकटरमण के बड़े भक्त थे और देश-विदेशों में उनके मन्दिर बनवाने के लिए कमर कसकर काम कर रहे थे। सोशलिस्ट नेता तथा पूँजीपतियों का विरोधी कहलाने वाले कृष्णप्पा की तूती बजते देखकर सभी को आश्चर्य हुआ था। उनकी कृपा के लिए कई मन्त्री तक याचना करते रहते थे। वीरण्णा स्वाभिमानी कृष्णप्पा के साथ, जो कभी किसी से कुछ माँगता नहीं था, बड़े अदब के साथ पेश आते। जब कृष्णप्पा को स्ट्रोक हुआ था, तब वह गांधी बाजार के पास एक पुराने घर में रहा करता था। कन्ट्रोल रेट पर पाया हुआ घर था। सौ रुपया महीना किराया। पाखाना घर के बाहर। कृष्णप्पा के लिए यह बहुत असुविधाजनक था। इसलिए सदाशिव नगर में किराये पर अपना फ्लैट लेने की प्रार्थना वीरण्णा ने की। कृष्णप्पा की पत्नी सीता की भी दलील थी कि वह उसके बैंक से बहुत निकट पड़ता है। किन्तु जब कृष्णप्पा ने यह कहकर इनकार किया कि एम.एल.ए. की हैसियत से मिलने वाली तनख्वाह

में सौ से अधिक किराया दे पाना असम्भव है, तब वीरण्णा ने प्रार्थना की, “अच्छा, तो आप मुझे सिर्फ सौ ही किराया देते रहिए। बस।”

“दरअसल उसका किराया है कितना? शायद सात सौ है न?”

“उतनी रकम लेकर मुझे क्या करना है भला? मैं आपको कोई मुफ्त में थोड़े ही दे रहा हूँ?”

अपनी शारीरिक मजबूरी के कारण कृष्णप्पा सदाशिव नगर वाले फ्लैट में अनचाहे मन से आया था। इस जगह आने का एक कारण यह भी था कि सीता की आए दिन की कुढ़न कम हो जाएगी। पास में ही गौरी के लिए अंग्रेजी नर्सरी थी, जिसे पाकर सीता को बेहद खुशी हुई थी।

देश-भर में कृष्णप्पा कितनी बड़ी हस्ती रखता है, इसका पता सभी लोगों को तब लगा जब उसे स्ट्रोक हुआ। खुद राज्यपाल ने अस्पताल जाकर उसकी खैर-खबर ली थी। कृष्णप्पा हमेशा जिसकी कड़ी आलोचना किया करता था, उसी मुख्यमन्त्री ने बम्बई से एक स्पेशलिस्ट को बुलवाया था। देश के सभी वी.आई.पी. लोगों ने अस्पताल आकर कृष्णप्पा का कुशल समाचार पूछा था।

किसी चीज की इच्छा न करके भी हर चीज उसे प्राप्त हो रही थी, इससे खुद कृष्णप्पा को भी आश्चर्य होता था। कृष्णप्पा ने समझा कि वीरण्णा बिना किसी लालच के उसकी सेवा कर रहा है। इसके एवज में वह क्या कर सकेगा भला? फिर कृष्णप्पा का जो विरोध था, वह व्यवस्था से था, न कि व्यक्तियों से। इस व्यवस्था में वीरण्णा भी क्या औरों की भाँति एक व्यक्ति नहीं?

किन्तु कभी-कभी कृष्णप्पा के मन में खटका होता है कि इस प्रकार की दलील से कहीं वह वीरण्णा को स्वीकार तो नहीं करता जा रहा है? गुमान होता है कि वीरण्णा की विनयशीलता पाजीपन का लक्षण है। हजामत किया हुआ उसका चिकना-चुपड़ा चेहरा, कानों पर निकले हुए बाल, नाक के ऊपरी छोर पर जुड़ी हुई घनी भौंहें, मोटी गर्दन, छोटे-छोटे कदमों से उसके इर्द-गिर्द चलते रहने का लहजा, ‘माँजी, ‘माँजी’ की हाँक लगाकर सब्जीमंडी से लाई हुई साग-भाजी की टोकरी सीता के हाथ में थमाते हुए उसकी प्रशंसा पाने का करिश्मा—सभी कृष्णप्पा को किरकिराने लगते। उसके क्रान्तिकारी व्यक्तित्व से प्रभावित होकर नागेश जैसे युवक जब उसके पास होते हैं तब वीरण्णा का आत्मीयतापूर्ण व्यवहार कृष्णप्पा को अखरता था।

“अब क्या हाल है गौड़ा साहब का? अच्छा है, दिन-ब-दिन इम्प्रूव कर रहे हैं। देश की खुशकिस्मती है।” यह कहते हुए वीरण्णा भीतर आकर एक कुर्सी पर बैठ गए। जो भी आता, वह उसकी देह की हालत के बारे में अक्सर झूठ ही बोला

करता। ऐसी शिष्टाचार वाली बातों का कृष्णप्पा जवाब नहीं देता।

"आपको देखने चला आया था, गौड़ा साहब! आज दोपहर को दिल्ली से कोई स्पेशलिस्ट आने वाला है। उन्हें आपको दिखाऊँगा—एक्सपर्ट ओपिनियन के लिए। माँजी को तकलीफ न हो, इसलिए आपकी देखभाल के लिए कल से एक नर्स आया करेगी। अच्छा, तो अब मैं चलूँ?"

वीरण्णा चले गए। कमरे से बाहर जाने के बाद फिर कोई बात याद करके लौट आए, "भूल ही गया था, गौड़ा साहब! आपको एक कार की सख्त जरूरत है। माँजी को घर के काम-काज से निबटकर बैंक जाना पड़ता है। जब असेम्बली का सेशन शुरू होगा, तब आपको लिवा ले जाने के लिए भी वाहन चाहिए। टैक्सी से काफी खर्च पड़ेगा। यों तो अपनी ही कार है, लेकिन वक्त पर मिल आए तब न? आप इस फार्म पर एक हस्ताक्षर कर दीजिए। आपके लिए सरकार को फौरन एक फिएट कार मंजूर करनी पड़ेगी। एम.एल.ए. के नाते यह आपका हक भी है...।"

पहले से भरे हुए आवेदन-पत्र पर कृष्णप्पा के हस्ताक्षर लेने के लिए पेन तैयार करके वीरण्णा आगे बढ़ा।

"न, वीरण्णाजी, कार लेने लायक पैसा मेरे पास है नहीं।"

"धत्, पैसा, पैसा! क्यों हमेशा पैसे की बात करते हो? वह जिम्मेदारी मुझ पर छोड़ दीजिए।"

"वह सब होगा नहीं। कर्जा उठाना मुझे पसन्द नहीं।"

"पसन्द नहीं है तो जाने दीजिए। कर्जा मत उठाइए। आपकी कार मैं ही खरीदकर रख लूँगा। मेरा बेटा भी एक फिएट की जिद किए बैठा है। आपकी मेहरबानी के एवज में जब भी आपको जरूरत पड़े, मैं अपनी कार दे दूँगा।"

नागेश कमरे से उठकर चला गया। वीरण्णा की मेहरबानियों से उसके दिल को दबते हुए उसने पहचान लिया है। उसके सुभीते के लिए वह बाहर चला गया है।

कृष्णप्पा ने निश्चयात्मक भाव से सिर हिलाते हुए वीरण्णा से 'ना' कहा।

"अच्छा तो अपने लिए न सही। मुझ पर तो कृपा कर सकेंगे न आप?"

वीरण्णा जैसे लखपति के लिए दस-बारह हजार अधिक कीमत देकर एक फिएट खरीद लेना कौन बड़ी बात है? इतनी-सी बात के लिए क्या उसके सामने हाथ फैलाने वाला आसामी है वह? फिर भी कृपा की याचना कर रहा है, इसलिए कृष्णप्पा नरम पड़ गया। फार्म पर हस्ताक्षर कर दिए। वीरण्णा के चले जाने पर नागेश भीतर आया।

"यह भी एक करप्शन है यार, नागेश। इस कार से वीरण्णा कम-से-कम दस हजार का लाभ उठा ही रहा है। कहता था कि मेरे लिए खरीद रहा है। हो भी सकता है...।"

"जाने दीजिए, सर! क्या यह कार उनके लिए भारी पड़ेगी? आपकी जरूरत के लिए खरीद रहे हैं। उन जैसे लोगों का यह फर्ज भी बनता है।"

नागेश की बात से कृष्णप्पा को तसल्ली हुई। इसीलिए कड़वी बातें कह पाना उससे बन पाया, "अभी तुझे तजुर्बा नहीं, नागेश! मैं नरम पड़ता जा रहा हूँ। भीतर से सड़ता जा रहा हूँ। दस साल पहले ऐसे लोगों की छाया तक भी मेरे पास नहीं फटकती थी।" इस बात के लिए नागेश की अपने प्रति और भी श्रद्धा बढ़ते देखकर खुद को कोसते हुए, आँखें मूँदकर कृष्णप्पा ने कहा, "मुझे ह्वील-चेयर पर बिठाएगा, नागेश? बाहर कोई होगा। उसे भी बुला ले मदद के लिए।"

बेंगलूर में अक्तूबर की हवा मनभावन थी। आँगन में सीमेन्ट के फर्श पर नंगे हाथ-पाँवों पर धूप सेंकते हुए तथा उनमें खून बहते रहने के एहसास की कल्पना करते हुए कृष्णप्पा बैठा था।

वारंगल से वापस गाँव लौटकर तथा मामा से अपनी पुश्तैनी जमीन छुड़वाकर माँ के साथ एक छोटी-सी झोंपड़ी में घर बसाया था। गोठ में दो दुधारू मवेशी थे। तड़के उठकर कृष्णप्पा ही उन्हें दुहा करता था। अब जो मरियल जैसी उँगलियाँ हैं, वे ही उन दिनों मवेशी के थनों को फुसला-फुसलाकर दूध उतरवाती थीं। ऊपर से नीचे तक दोनों हाथों से दो-दो थनों को एक तान में जबरन, फिर भी कोमलता के साथ, दबाकर निचोड़ता। शुरू-शुरू में हाथ जल्दी ही थक जाते थे। बाद में चितकबरी कावेरी अपनी पिछली टाँगों को फैलाकर खड़ी हो जाती और थन का भार कृष्णप्पा के एकतानी निचुड़न से धार बनकर उतरने लगता तो उसका आनन्द लेते हुए गहरी साँस लेने लगती। माँ दूध गरम करके देती। कृष्णप्पा इसे पीकर खेत की ओर जाता। गर्मी के दिनों में जब कुआँ सूख जाता था और उसमें घुटनों तक पानी रह जाता, तब कृष्णप्पा उसमें उतरता था। बाल्टी में कीचड़ भर-भरकर उठाकर देता, तो ऊपर शेषप्पा रस्सी से खींच लेता। दम-घुटे सोतों को सहलाकर जगाने के लिए कीचड़ उठाने के लिए हाथ लालायित हो जाते। चंगेरी से इस तरह कीचड़ और पानी उठाने लगता तो सहसा ठंडे पानी के स्रोत उछलकर उँगलियों के पोर को छू जाते। तब सारी देह में सनसनी-सी दौड़ जाती।

"क्यों यारो, इस मेमार की पूजा करते हुए बद्दू बन बैठे हो! वह एक पत्थर ही तो है। उठाकर फेंक दो। तुम्हें सताने वाला भूत मठ का एजेन्ट नरसिंह भट्ट

है, जो तुम्हारी सारी बोवाई-कटाई उठाकर ले जाता है।"

कृष्णप्पा अपने आस-पड़ोस के किसानों से कहता है। यह बात जोयिसजी के कानों तक पहुँचती है।

केले के पत्ते काटने के बहाने 'किट्टप्पा' कहते हुए जोयिसजी चौपाल में आ बैठते हैं। कृष्णप्पा का दिया हुआ दूध पीकर इधर-उधर की बातें करते हुए कहते हैं, 'किट्टप्पा, सुना है कि तुमने मेमार को निरा पत्थर बताकर उसे उठा फेंकने के लिए कहा है। क्या यह सच है?''

जोयिस की छरहरी देह, ऊबड़-खाबड़ सफेद दाढ़ी, लम्बी चोटी, चेहरे पर सदा सौम्य लगने वाली आँखें देखते हुए कृष्णप्पा आहिस्ता से बात करता है। जोयिस के आने के कारण माँ भी पान-सुपारी चबाते हुए चौपाल में आ बैठती है।

"आप भी नरसिंह भगवान के अनुयायी हैं न? फिर कैसे अपने खेत से बेदखल हो गए भला? कौन उसके लिए जिम्मेदार है?"

"हम तो ठहरे मियाँ-बीवी दो प्राणी। थोड़ा-सा वजीफा मिलता है। गाँव में एक ब्राह्मण तो रहे जो कुछ जोतिष-ओतिष भी जानता हो। इस विचार से तुम्हारे मामा और गाँव के दो-चार गौड़ा परिवार हमारी गृहस्थी के लिए ईंधन, आटा-दाल, साग-सब्जी, फल-मेवा वगैरह देते रहते हैं। फिर मुझे क्यों खेती चाहिए भला?"

"अच्छा, जोयिसजी, नरसिंह भगवान के मठ का एजेंट भट्ट है न? क्या उसी ने आपको खेत से बेदखल करके खुद की काश्त के लिए नहीं रख लिया?"

"लगान चुकाया नहीं गया था, इसलिए रख लिया। ठीक ही तो है। क्या उसे चुकाया भी जा सकता है?"

"बेशक चुकाया जा सकता है, जोयिसजी!"

"आजकल के कानून हम नहीं जानते। लेकिन अदालत की सीढ़ियाँ चढ़कर किसी का उद्धार होते हुए हमने नहीं देखा। खैर, जाने दो। मेरे सवाल का तुम्हारे इस उलटे सवाल से कोई सम्बन्ध ही समझ में नहीं आ रहा।"

"सम्बन्ध है।"

"तब बता दो। 'शिष्यादिच्छेत् पराजयं' कहा जाता है।"

"देखिए, जोयिसजी, मेमार पर विश्वास रखने के कारण ही ये शूद्र लोग उस नरसिंह भट्ट से डरते हैं। कह लेते हैं कि अपनी ऐहिक अवस्था में तनिक भी परिवर्तन सम्भव नहीं। समझते हैं कि मुर्गा-बकरी खाने वाला मेमार ही अपने को उभार सकता है।"

"किट्टप्पा, मैं भी मानता हूँ कि तुम्हारे लोग निराकार, निर्गुण ब्रह्म को समझने लायक बनें। धर्म-कर्म के द्वारा ही वे ऊपर उठ सकेंगे, न कि...।"

"मेरे कहने का मतलब यह नहीं, जोयिसजी! सुनिए। अगर वे लोग नरसिंह भट्ट का सामना करके अपनी ऐहिक जिन्दगी को ऊर्जित कर लेंगे तो धीरे-धीरे इन भेड़-बकरी खाने वाले भूत-प्रेतों की पूजा से मुक्त हो जाएँगे। किन्तु नरसिंह भट्ट की लानत-मलामत करके जीना चाहें तो मेमार में विश्वास आड़े आ जाता है न! इसलिए मेरे सामने प्रश्न यह है कि उस मेमार को जड़ से उखाड़ फेंकने से जो हिम्मत बढ़ेगी, उससे नरसिंह भट्ट की तोंद गलानी होगी या दूसरा काम पहले करके मेमार की आराधना करने की अवस्था से ऊपर उठना होगा...?"

कृष्णप्पा भाँप लेता है कि नरसिंह भट्ट को एकवचन में भला-बुरा सुनाते देखकर ब्राह्मण जोयिस को कसमसाहट होने लगी है। जोयिस ने ही कई बार कृष्णप्पा के सामने नरसिंह भट्ट के लालची होने की शिकायत की है और कहा है कि जब मठ-मन्दिर ही धर्म के रास्ते से भटक जाएँ तो क्या हाल होगा! मठ के स्वामीजी ने खुद एक रंडी को रखकर और सारे कारोबार अपने छोटे भाई के सुपुर्द करके जोयिस जैसे धर्म-भीरु लोगों के साथ घृणात्मक व्यवहार किया था। अण्णाजी ने उसमें जो विचार बोए थे या वारंगल के थाने में उसने जो नरक देखा था, उसे इस ब्राह्मण के सामने बयान करके यकीन दिलाना असम्भव मानकर कृष्णप्पा ने वह विचार छोड़ दिया था। फिर भी जोयिसजी तथा उनकी पत्नी, कृष्णप्पा के दिल में अपनत्व की भावना उत्पन्न करते हैं। जब शुरू-शुरू में कृष्णप्पा गाँव आया था, उन दिनों कड़े जाड़े में भी जोयिसजी एक धोती पहने तथा दूसरी ओढ़े हुए दिखाई पड़ते। कृष्णप्पा ने उनके लिए जब ऊनी शॉल ला दी थी तो रुक्मिणियम्मा की आँखों में चमक और आँसू उमड़ पड़े थे।

मांस न खाने के कारण कृष्णप्पा जोयिस का और भी आत्मीय बना था। जोयिस की धारणा थी कि इस दुनिया में अब भी वर्षा-पानी, फसल आदि जो हो रहा है, वह कुछ ही ब्राह्मणों द्वारा त्रिकाल सन्ध्या-वन्दन आदि करते रहने के ही कारण। कृष्णप्पा इस धारणा को प्रेम की वजह से सह लेता है। जोयिसजी समझते हैं कि अपने जप-तप के फलस्वरूप ही कृष्णप्पा इतनी तरक्की कर रहा है। जोयिसजी की इस धारणा को भी कृष्णप्पा सह लेता। चाहे कितना ही गन्दा क्यों न हो लेकिन पूर्व-जन्म के पुण्य-प्रभाव से ही नरसिंह भट्ट को ब्राह्मणत्व प्राप्त हुआ है, कृष्णप्पा इस धारणा की कदर नहीं करता था। वह जानता था कि अपने जप-तप के फलस्वरूप ब्राह्मण बने नरसिंह भट्ट का निरादर करते देखकर कृष्णप्पा जोयिस के लिए एक पहेली बन गया था।

लगान की वसूली के दिन आते कि नरसिंह भट्ट, उसका अमीन, पटवारी—ये सभी लोग गाँव के किसानों के लिए सिंह-स्वप्न बन जाते। इस बार एक घटना

हुई। लगान की अदायगी न किए जाने के कारण बीरे गौड़ा नामक एक किसान के घर नरसिंह भट्ट अपने आदमियों के साथ घुस गया। बीरे गौड़ा के बच्चे को ज्वर था। उसकी पत्नी बच्चे के लिए काँसे के बर्तन में दूध गरम कर रही थी। भट्ट का खयाल था कि बीरे गौड़ा ने भीतर कहीं सुपारी छिपाकर रखी है। लेकिन भीतर घुसकर देखने पर जब वहाँ कुछ नहीं पाया तो उसका पारा चढ़ गया। शायद गौड़ा ने सुपारी कहीं और रवाना की होगी, इस चिड़चिड़ाहट में दाँत किटकिटाते हुए भट्ट ने नौकरों से भीतर का सारा सामान आँगन में फेंकने के लिए कहा। गौड़ा की पत्नी के गिड़गिड़ाने पर भी उसकी एक न सुनी। चूल्हे पर रखा हुआ दूध भी आँगन में गिरा दिया। इस घटना से गाँव के लोग आतंकित हो गए थे। कानों में बुँदकी पहने, माथे पर भभूत लगाए, काँछेदार धोती पर काला सर्ज का कोट पहने, हाथ में लाठी लिए, उभरे दाँतों वाला काला-कलूटा भट्ट बीरे गौड़ा को साक्षात् यम-जैसा दिखाई पड़ा था। और फिर उसी शाम ज्वर-पीड़ित बच्चा भी मर गया।

वारंगल थाने की हिंसा की जड़ें अपने ही इर्द-गिर्द देखकर बीरे गौड़ा के बच्चे को दफनाने के लिए खुद कृष्णप्पा चला। उसने वहाँ आए हुए किसानों से कहा था : 'मठ का भट्ट अधिकाधिक लगान वसूल कर रहा है। लगान के अनाज का माप साल-दर-साल बढ़ता जाता है। तुम लोग जिद करो कि पिछले साल के माप से ही अनाज देंगे। तब वह तुम पर जुल्म करने के लिए आगे बढ़ेगा। अपने घर की औरतों को पहले ही आगाह कर रखो कि गोबर-पानी मिलाकर उसमें झाड़ू डुबोए तैयार रखें। अगर भट्ट भीतर घुस जाए तो झाड़ू से पिटाई कर दें। इससे बामन हैरान हो जाएगा।'

दूसरे दिन एक गरीब गौड़ा के घर भट्ट की सफेद कमीज और सर्ज के कोट पर गोबर में डूबे झाड़ू की बौछार हुई। तालुके-भर में यह खबर फैल गई। इस घटना के फलस्वरूप कितनी ही कार्रवाइयाँ हुईं।

पुलिस की मदद से भट्ट ने बेदखल करवाना शुरू किया। संगठित होकर किसान अपने-अपने खेतों को जोतने के लिए गए। कानून के अनुसार उन्हें गिरफ्तार किया गया। यह खबर पाकर देश के कई भागों से समाजवादी लोग कृष्णप्पा के हुलियूर गाँव आ-आकर गिरफ्तार होने लगे। इस घटना के कारण भारत-भर में हुलियूर गाँव 'कर्नाटक का तेलंगाना' नाम से मशहूर हुआ।

इस आन्दोलन में किसानों की पूरी जीत तो नहीं हुई, लेकिन मठ कुछ नरम पड़ गया। नापने का माप बढ़ाना छोड़कर अपने पाँच बरस पुराने माप पर आ गया। इस घटना के फलस्वरूप सारे किसान संगठित हो गए। रैयतों के अनुरोध

पर कृष्णप्पा चुनाव लड़कर जीत गया। अबकी बार असेम्बली का उसका तीसरा चुनाव था। किसानों की थोड़ी-बहुत जो समस्याएँ सुलझती गई हैं, उनमें कृष्णप्पा का महत्त्वपूर्ण हाथ रहा है—देश में इस बात को हर कोई मानता है। पहले वाली ब्राह्मण-विरोधी सरकार ने इनामदारी रद्द की। लेकिन जमींदार वर्ग-ओक्कलिगा और लिंगायत के हाथों में हुकूमत होने के कारण जमीन के दखल पर सीलिंग लगाने वाले आन्दोलन पर जोर देना पड़ा। कम-से-कम जुबानी ही सही, अब सरकार 'जोतने वाला ही जमीन का हकदार' नारे को कबूल तो कर रही है। लेकिन जोतने वाले सभी जमीन के हकदार नहीं बने हैं। इधर जितने लोग बने हैं, वे औरों को हकदार बनने देना नहीं चाहते।

अण्णाजी ने कहा था कि मनुष्य का स्वाभिमान बढ़ाने के लिए मालियत की यह लड़ाई अनिवार्य है। यह बात अब कृष्णप्पा की समझ में आ रही है। लेकिन फिलहाल वह जिस राजकीय शान में सराबोर डूबा है, वह मनुष्य को धीरे-धीरे क्षुद्रता से मुक्त कर सकेगी, इस बात में उसे अभी शंका है। तीनों जून लोगों के बीच उनके बखेड़े सुनते-सुनते वह थक जाता है। उसे तनहाई की कामना होती है। हमेशा संघर्ष में डूबे रहने के कारण हर पल न जाने कहाँ-कहाँ अँखुआने वाली जीवन की छोटी-छोटी खुशियाँ उसकी नजर से चूक जाती हैं। इसकी बेचैनी उसे रहती है। गांधी बाजार वाले अपने किराये के घर में शाम के समय जब कभी तनहाई नसीब होती है तो बाहर कम्पाउंड में बैठकर निहारने लगता है। निरुद्देश्य संभ्रम में लम्बा लहँगा पहने लड़कियों को घूमते देखकर जलन होती है। आगे की जिन्दगी में होने वाली संदिग्धताएँ, मध्य वर्ग के माँ-बाप की परेशानियाँ उन्हें सालती हुई दिखाई नहीं देतीं। जूड़े में चमेली की वेणी पहनकर टोलियों में फुसफुसाहट करती हुई बिजली की बत्तियों के नीचे, पेड़ों तले, उनकी नखरेबाजी को कृष्णप्पा आधा घंटा प्यार से देखा करता है। लड़कों से शरमाने वाली कुछ लड़कियाँ होती हैं तो कुछ उन्हें छेड़ने वाली। क्या कृष्णप्पा को उसके साथ वाली लड़कियाँ अफ्रीकन-प्रिंस नहीं कहा करती थीं? लेकिन वह तो हमेशा तनाव में रहा करता था।

सोचने लगता है कि गौरी देशपांडे फिलडेल्फिया में क्या कर रही होगी? उसकी चिट्ठी मिले और उसे लिखे काफी दिन हो गए। सुना है कि इन दिनों वह भी राजनीति में रुचि लेने लगी है। उसका साथी मार्क्सवादी सोशलिस्ट है। उसकी दलील है कि भारत के लिए पार्लियामेंटरी राजनीति बेकार है। गौरी पहले ऐसी नहीं थी। उसकी जो मौजूदा धारणा है, वह क्या उधार की है या खुद उसी की—कुछ पता नहीं चलता। फिर भी, उससे शादी की बात न छेड़ने का अब

अफसोस होता है। जब लूसिना से शादी की बात कही थी तो उसने उसे गम्भीरता से दिल पर ही नहीं लिया था। लेकिन अब ये वेदनाएँ उतनी तीव्र नहीं रही हैं। डर लगता है कि वह एक विशिष्ट व्यक्ति बनकर खोखला होता जा रहा है, वरना उसकी भीतरी जिन्दगी का तनिक भी खयाल न रखने वाली सीता से क्या वह शादी करता? इस बात पर उसे कसमसाहट होती है। गोपाल रेड्डी के देहान्त के बाद अकेला रहना दूभर देखकर ही तो शादी की थी। उसके शुभचिन्तक मित्रों ने जब ऐसी औरत से शादी करने की सलाह दी थी जो उसके खान-पान की देखभाल कर सके तो उसी लायक औरत से शादी करने की चाह उसके मन में भी हुई थी; अर्थात् औरत की संगति में जो तीव्रता होती है, उससे डरकर ही तो सीता जैसी औरत से ब्याह किया था। तत्पश्चात् उसके व्यक्तित्व में जिस तीव्रता की तलब थी, उसे लेकर कुछ खामी-सी महसूस होने लगी थी। जैसे अण्णाजी कहा करता था, शायद यह फ्यूडल ही होगा। शादी की जरूरत न देखकर ही शायद लूसिना के साथ तीव्र प्रणय सम्भव हो सका था। शादी में एक बाँदी की ही कामना की थी, न कि एक सहेली की। इसीलिए शायद गौरी को खो लिया। यही सब सोचते हुए वह सिगरेट सुलगाता है। गली के सभी लड़के-लड़कियाँ ओझल हो जाते हैं। पड़ोस वाला बच्चा पहाड़े रटता है। भीतर सीता किसी बात पर कुढ़ती है। पति का एकान्त में मिलना ही दूभर हो गया था, इसलिए इस मौके का लाभ उठाकर अपना सारा उफान पति के कानों तक पहुँचाती है। भीतर जाकर, कृष्णप्पा अपना रोज का पेय–क्वार्टर-व्हिस्की–लिए टेबल के सामने बैठ जाता है।

आज की बात कल याद नहीं रहती। दिन-पर-दिन गुजरते जा रहे हैं। असेम्बली में उग्र भाषण, बाहर उग्र भाषण, उसके-इसके खिलाफ प्रचंड विरोध, दिन निकलते ही तरह-तरह की माँग लिए आ धमकने वाले लोग, किसी के खंडन पर दस्तखत, किसी के समर्थन पर दस्तखत–बस, यों ही सब बीतता जाता है। इसी बीच एक बड़ा मालदार आदमी कृष्णप्पा का मित्र बना था। गोपाल रेड्डी, जो कोलार की ओर से चुनकर आया था, अमीर होने पर भी मार्क्सवादी था। बेहद सफेद काँछेदार धोती और महीन कुर्ता पहनने वाले सुडौल बदन के इस मार्क्सवादी में, जो बेंज कार में घूमता रहता था, अपने ही वर्ग के विनाश की उत्कटता देखकर कृष्णप्पा उस पर फिदा हो गया था। गोपाल रेड्डी जब उसके साथ जेल में था, तब उसकी चुस्ती तथा कष्ट-सहिष्णुता को देखकर चौंक गया था। धन, सम्पत्ति, ओहदा आदि के साथ बेदरकारी से पेश आने वाला गोपाल रेड्डी सिनेमा संगीत, साहित्य–सभी में जो उत्कृष्ट हो, उसका हिमायती था। कलकत्ता में अली अकबर खाँ की संगीत-सभा की खबर पेपर में पढ़ी तो हवाई जहाज से कृष्णप्पा को लेकर

कलकत्ता जा पहुँचता। ऐसा पागलपन था उसका! जितनी बेतकल्लुफी से बम्बई के 'ताज' में रह सकता था, उतनी ही सहजता से झोंपड़ियों में, जेल में वह रहता था। अलगाव के साथ उपभोग कर सकता था। ताड़ी और मिर्ची के पकौड़े उसे उतने ही पसन्द थे, जितने स्कॉच और पनीर। कृष्णप्पा की धारणा थी कि बड़ी भारी सम्पत्ति जीवन में एक अनोखी रौनक ला देती है, वह गोपाल रेड्डी के सम्पर्क में आकर बदल गई। देखा कि जहाँ दौलत होती है, वहाँ जिन्दगी के गुण-लक्षण ही भिन्न होते हैं। कृष्णप्पा के चुनाव के सिलसिले में गोपाल रेड्डी जब हुलियूर आया था, तो वह वहाँ किसी किसान की चौपाल में सोता, सवेरे केले के पत्तल में परोसी गई काँजी कैरियों के अचार के साथ बड़े मजे से खा लेता। घास का बोरिया, पत्तल की टोपी, पत्तल की बरसाती, कटहल के समोसे, बम्बू की छड़ी–वे सभी चीजें जो नित्यजीवन में अदना लगती हैं, उसकी निर्लिप्त चाहत में गा उठती थीं–जिस प्रकार उसके भाग की औरत का तन-बदन गा उठता था।

जब गोपाल रेड्डी के गाँव गया, तभी कृष्णप्पा को अपने मित्र की सीमा का दर्शन हो सका था। वहाँ वह मालिक था। उसके पिता एक तानाशाह। नौकर-चाकर उनकी ओर पीठ कर नहीं चल सकते थे। शाही महल जैसे उनके घर में न कहीं बच्चों का रोना सुनाई पड़ता और न कहीं औरतों का हँसना। रेड्डी के पिता जहाँ कहीं उठते-बैठते, वहाँ सन्नाटा छाया रहता। गोपाल रेड्डी ने बड़े पसोपेश के साथ कृष्णप्पा को सिर्फ एक दिन के लिए अपने यहाँ ठहराया था। अपनी अमीरी के प्रति कृष्णप्पा की वितृष्णा को देखकर उसके प्रति गोपाल रेड्डी का अभिमान और भी बढ़ गया था। क्या गोपाल रेड्डी जानता नहीं कि ऐसी व्यवस्था की रक्षा के लिए ही तो पुलिस-थाने हैं, जैसाकि उसने वारंगल में देखा था?

गोपाल रेड्डी के व्यापक अभिमान से कृष्णप्पा ढीला पड़ गया। निहाल हो गया। पीना सीखा। लड़कियों के साथ सोया। व्यवस्था के प्रति विरोध का कृष्णप्पा का सारा क्रोध, तो शरीर से चू पड़ने वाले पसीने की तरह व्यक्त होता था, अब अपनी तीव्रता और सीमा को खो चुका था। वह समूचा देखने का हामी बन गया था। कृष्णप्पा की विप्लवकारी आर्तता के साथ गोपाल रेड्डी अपने चुस्त विचार जोड़ता जाता। एक से दूसरा विचार प्रोत्साहित होता जाता और कृष्णप्पा को अब औरत, शराब, संगीत, महफिल, हवाई उड़ान आदि नैतिक रूप से खटकते नहीं थे। साधारण मामलों से अबाधित रहना, पैसे के लिए तरसना, कड़वी बातें करना, देह को औरत, भोजन और शराब से तृप्त करना, तरसे बिना चाह की चीज हासिल करना–सभी एक साथ, एकमुश्त मिल जाने के कारण कृष्णप्पा उड़ता गया।

एहसास होने लगा कि वह सबसे ऊँची चोटी पर खड़ा है। कल जिस लड़की के साथ सोया था, उसे आज भुला भी देता था। अमिट याद लिए अगर आज तक कोई बची है तो वह चीते की खूबसूरती वाली सिर्फ लूसिना। कभी-कभार वारंगल के दिन-रात याद हो आते हैं। लेकिन जिन्दगी को मुरझा डालने वाले क्षुल्लक मामलों को मनमाने ऐश्वर्य और उदारता की मदद से जला डालने का कमाल गोपाल रेड्डी को हासिल था। कृष्णप्पा ने सोचा कि धन-दौलत से बेदरकार अपने सपने की नई जिन्दगी दैनिक स्वरूप में इस प्रकार लापरवाह बनी रहेगी।

एक बार महेश्वरय्या आए थे। दोनों को साथ-साथ देखकर मानो उनके हलक में कुछ अटक-सा गया था। औरत के लिए लार टपकाने वाले महेश्वरय्या को शायद अपनी ऐयाशी से कोई गिला नहीं था। जिद करके पूछने पर उन्होंने कहा था, "कृष्णप्पा, यह बहुत दिन टिकने वाला नहीं है, रे! क्या तेरा मन फिर से पीपल के नीचे बैठकर ढोर चराने को करता है?" वाकई उनके कहे अनुसार वह टिका नहीं। गोपाल रेड्डी कैंसर से मर गया। उसके बाद कृष्णप्पा कई दिनों तक खोया-खोया-सा रहा। तब शुभचिन्तकों के अनुरोध पर सीता से शादी की थी।

गोपाल रेड्डी के साथ जो सुख देखा था, वह अब भ्रम-जैसा लगता है। उससे भी अधिक पढ़ा-लिखा बुद्धिमान था वह। अच्छा खिलाड़ी। संगीत में सूक्ष्म रुचि रखने वाला। साथ वाली औरत से यों पेश आता कि खुद औरत ही भूल जाती कि वह कीमत पर आई है। 'अपनी अमीरी के फेर में न पड़ने वाला समझकर ही शायद उसने मुझसे दोस्ती बढ़ाई थी। मेरे जैसे गवाह के सामने दौलत को नाचीज मानकर उसे फूँकने में उसे रिहाई का अतीव सुख मिला होगा। दोस्त बनकर भी वह मेरे साथ एक पूजनीय भावना से पेश आया करता था।' अपने तनाव को ढील देने के लिए ऐसी आँखों की जरूरत थी। महेश्वरय्या, अण्णाजी, गौरी की तरह उसने भी उसमें अलौकिकता को देखा था। भीतर-ही-भीतर रगड़ खाकर जो चीज जल उठी थी, उससे वह सेंक लिया करता था। घुटती हुई यातनाओं को उसने अपनी मैत्री के जरिए गाने लायक बनाया था। इससे कृष्णप्पा के खुद के भीतरी जीवन में जो कसैलापन–असहनीय कसैला स्वाद–था, वह कम होता गया। गोपाल रेड्डी की मौत से लगा था कि वह यतीम हो गया है।

"नागेश!"

नागेश, जो उसे धूप में बिठाकर स्वयं भीतर बैठा था, सामने आ खड़ा हुआ।

"भीतर ले चल। धूप तेज हो गई।"

नागेश उसे ठेलते हुए कमरे में ले गया।

"दराज में बटुआ है, दे!"

नागेश ने जब बटुआ ला दिया तो दो सौ रुपए निकालकर उसके हाथ में थमा दिए। नागेश कुछ न समझकर कृष्णप्पा का मुँह ताकने लगा।

"तेरे पास कपड़ों का दूसरा जोड़ा दिखाई नहीं पड़ता। सिलवा ले।" उसने कहा।

"न, गौड़ा साहब।"

"ले ले रे, मुझसे नखरे मत कर!"

"आपके बटुए में तो इतनी ही रकम है।"

"रे नागेश, सुन। दायाँ हाथ अभी हिलता है। उस पर भी स्ट्रोक होने से पहले...।" मसखरी में कही हुई अपनी बात से नागेश को मायूस होते देखकर कहा, "पागल कहीं का! तू जानता नहीं। मेरी बीवी जो है न, बड़ी कंजूस है। मेरी तनख्वाह से बचा-बचाकर बैंक में दस हजार जोड़कर रखा है। अब चुपचाप ले ले ये पैसे।"

कृष्णप्पा नागेश की हालत जानता था। गरीब ब्राह्मण-परिवार। बाप सदा चिड़चिड़ाने वाला एक मुनीम था। बड़ा भाई इंजीनियर। उसकी पत्नी पहले दर्जे की कंजूस थी। अतः भाई से मिलने वाली मदद नाममात्र थी। घर में ब्याहने वाली छह बहनें। पढ़ाई अधूरी छोड़कर जुलूस-वुलूस के पीछे राजनीति में समय खपाने वाले बेटे के प्रति माँ बेचैन रहती। नागेश का सोना—पार्टी के दफ्तर में। खाना—जहाँ मिल जाए। कॉफी सिगरेट का इन्तजाम हो जाए तो ठीक। वह सपना देखा करता है कि आने वाली समता-व्यवस्था में उसकी हालत सुधर जाएगी। समय गुजारना उसकी आदत-सी बन गई है। एच.एम.टी. में नौकरी दिलवाना चाहें तो वह 'ना' कहता है। नौकरी की बात को इन्सल्ट मानकर उसे गुस्सा आ जाता है। उसकी राय में सभी की भाँति उद्योगी बनकर जिए जाना घटियापन है। वह कोई ऐसा होनहार भी नहीं। लेकिन कृष्णप्पा के व्यक्तित्व से प्रभावित युवकों में यह भी एक था। कृष्णप्पा को इस बात का अफसोस होता रहता है कि उसके राजनीतिक विचार तथा जीवन-क्रम ने जादू डालकर कुछ युवकों को फँसा लिया है। ऐसे लोगों की उम्र बढ़ने की बात याद आती है तो दिल घबराता है।

"नागेश, तुझे एक कहानी सुनाऊँ?" सहसा जोयिस की बात याद आ जाने से वह कहता है।

नागेश नोटबुक में सारी बातें दर्ज करता चलता है।

हुलियूर के किसान जब गोबर में झाड़ू डुबोकर भट्ट के पीछे पड़ गए तो हर रोज उसे जनेऊ बदलने की नौबत आ गई। ब्राह्मण पर इस प्रकार का हमला होते देखकर व्यथित जोयिस से मजाक करने का मन होता, 'आपके बनाए जनेऊओं

की तो अब बिक्री बढ़ गई है, फिर रंज क्यों?' लेकिन कृष्णप्पा कहता नहीं, खुद को रोक लेता है। जब उसकी माँ भी घबरा जाती है तो कृष्णप्पा धीरे-से कहता है, "मुझे आप अपने बेटे की तरह मानते हैं न, जोयिसजी?"

"कैसी बात करते हो? वरना मैं क्यों तुम्हें नसीहत देने आता?"

"मरते हुए बच्चे के लिए रखा दूध बिखराना बड़ी गलती है, या ऐसे ब्राह्मण को झाड़ू से मारना?"

"दोनों गलत हैं। अपने किए पाप के लिए भट्ट नरक को जाएगा। लेकिन उसका ब्राह्मण-जन्म जो है न, उसे झाड़ू से पिटवाकर तुम क्यों पाप मोल लेते हो?"

कृष्णप्पा की माँ ने, जो जोयिस की बातें सुनती बैठी थी, तम्बाकू में चूना मलकर मुँह के हवाले किया। फिर बेचैनी के साथ अपनी सम्मति प्रकट की। उसके साथ कृष्णप्पा को बातें करना बेकार-सा लगा। खेद हुआ कि उपनिषद् पढ़ा हुआ दरिद्र ब्राह्मण भी कितना भोंदू है!

"जाति के बहाने आपको भी भट्टजी के पक्ष में बातें करते देखकर खेद होता है, जोयिसजी!"

वास्तव में कृष्णप्पा को खेद के साथ बातें करते देखकर जोयिसजी चौंक जाते हैं।

"जब तक इस माया-प्रपंच में फँसे हैं, तब तक ये जाति-पाँति सभी सच ही तो हैं न?"

"तब क्या आप मानते हैं कि मैं कोई पाप करके शूद्र पैदा हुआ हूँ? आपको और ताईजी को क्यों मेरे साथ बेटे-सा लगाव है?"

रुक्मिणियम्मा को कृष्णप्पा 'ताई' कहा करता था।

"भट्ट जैसे पाखंडियों के कारण हमारे पूर्वजों का सारा पुण्य मानो पानी में चला गया है। तुम्हें बताने से क्या प्रयोजन भला? ऐतिह्य है कि खुद आदि शंकराचार्य ने कालटी से बदरी जाते समय मार्ग में एक दिव्य प्रभा को देखकर इस नरसिंह भगवान की प्रतिष्ठापना की थी। मठ कैसा था, अब क्या हो गया है? वैदिक धर्म कहता है कि मूक मवेशियों की भी हिंसा नहीं करनी चाहिए...।"

जोयिस की आँखें गीली हो गईं। उभरी हड्डियोंवाले उनके सीने पर रुद्राक्ष की माला लटकती देखकर कृष्णप्पा का दिल पिघल गया।

"दूसरे से देखने पर हिंसा की तरह प्रतिहंसा भी घिनौनी लगती है, जोयिसजी! लेकिन जब झाड़ू लेकर पिटाई के लिए आगे बढ़ते हैं तो आपको दिखाई नहीं पड़ता कि उनमें कितना स्वाभिमान जगा रहता है! कीड़े-मकोड़े की भाँति वे लोग सहते रहे हैं, उसी की वजह से मठ भी सड़ता गया। आपके भट्ट के लिए भी छोटे कीड़े

खानेवाला बड़ा कीड़ा बन जाना सम्भव हो गया।"

हैरान होकर जोयिसजी उठ खड़े हुए। मसखरी के अन्दाज में कृष्णप्पा ने उन्हें मनाने की चेष्टा की, "ब्राह्मणों के प्रति अभी हम लोगों में सम्मान है, जोयिसजी। झाड़ू से मारेंगे सही, लेकिन मन-ही-मन मेमार का दंड भी भरेंगे।"

"मैं जानता हूँ कि तुम बड़े निष्ठावान हो। वह भट्ट कहाँ-तुम कहाँ! लेकिन...।"

आगे कोई बात सूझ न पाई तो जोयिसजी उठकर चले गए। कृष्णप्पा इस घटना को भूलता नहीं। उसके स्वास्थ्य-लाभ के लिए गाँव के लोगों ने मेमार के यहाँ दंड बँधवाने की मनौती की थी। यह खबर सुनकर शायद सारी बातें याद आ रही होंगी।

नागेश बोला, "और भी लात लगानी चाहिए, सर, बामनों को। तभी इस जाति-व्यवस्था का नाश किया जा सकता है।"

कृष्णप्पा हँसने लगा। सकपकाकर नागेश ने वजह पूछी।

"भेड़-सुअर खाने वाले हम-जैसे गौड़ा लोगों से कहता है कि तेरे जैसे 'पुलिचाए' खाने वाले निरीह लोगों को लताड़ें—इसकी कल्पना करके हँसी आई। हमारी जाति के जमींदारों को क्या तू लायक समझता है?"

"अरे नागेश, इस बार की 'इलस्ट्रेटेड वीकली ऑफ इंडिया' पढ़ी है?"

कृष्णप्पा सम्भ्रम से पूछता है। शाम के समय कृष्णप्पा को मिलने आए पार्टी के बीस एम.एल.ए. लोगों की बातें सुनते हुए नागेश बाहर बरांडे में बैठा था। वह 'क्या है, सर?' कहते हुए कमरे में आ जाता है।

"देख!" कहते हुए कृष्णप्पा 'वीकली' देता है। उसका चेहरा खुशी से खिला देखकर नागेश पढ़ने लगता है।

लंगोटीधारी बैरागी की एक बड़ी फोटो के नीचे 'सर्प सिद्धेश्वरानन्द' लिखा था। बैरागी की दाढ़ी और जटाएँ बढ़ी हुई थीं। वह फोटो में हँस रहा था। एक अजीब बात यह थी कि बैरागी फोटो में पेड़ की टहनी पर अंग खुजाते हुए बन्दर की तरह लगता था। पोपला मुँह पूरे आकार में खोलकर वह परम सुखी जैसा दिखाई पड़ता था।

"मैं कहा करता था न! हमारे जिले का बैरागी, मौनी, यही है। जरा जोर से पढ़।"

अनुमान था कि लिखने वाले ने मिर्च-मसाला लगाया होगा, फिर भी लेख कृष्णप्पा को बहुत भाया। लेख में बताया गया था कि सिर्फ गीता-पठन मात्र के

लिए मुँह खोलने वाला बैरागी धीरे-धीरे कैसे मशहूर हुआ। भक्तों के सपने में आकर बोलते रहने की प्रतीति फैलने से जैसे ही लोगों की भीड़ बढ़ने लगी तो एक दिन सहसा बैरागी गुफा में चला गया। बाहर निकला ही नहीं। दो-तीन दिन के पश्चात् पहाड़ी पर जमा भीड़ में से एक आदमी ने गुफा में झाँककर देखा कि महात्मा क्या कर रहे हैं? साँप की भाँति फुफकारने की आवाज गुफा से सुनाई पड़ी। उसने ऐलान किया कि महात्मा भगवान शंकरजी की जटा के सर्प का रूप धारण करके तपस्या में बैठे हैं। हर रोज लोग गुफा के मुख पर भोग चढ़ाकर इन्तजार करते रहते। थोड़ा-सा खाकर बैरागी बाकी भोग बाहर फेंक देता। भक्तगण उस प्रसाद का एक-एक कण आपस में बाँट लेते। कुछ दिन बाद लोगों ने देखा कि बैरागी भोग स्वीकार नहीं कर रहा है। लोगों ने गुफा के मुँह से झाँककर देखा तो अँधेरे में कुछ दिखाई नहीं पड़ा। लेकिन जोर का फूत्कार सुनाई पड़ा मानो चिढ़ में आकर झाँकनेवाले का वह पीछा कर रहा हो। भक्तों ने समझ लिया कि अब महात्माजी सर्प ही बन गए हैं। तब से दूध रखना शुरू किया।

इस प्रकार जब तीन सप्ताह बीत गए तो गुफा से उज्ज्वल प्रकाश लिये एक दिन महात्माजी बाहर आए। अब वे 'गीता' का पठन नहीं करते। बोलते भी नहीं। कभी-कभी खिलखिलाकर हँसते हैं या पेड़ पर चढ़कर बैठ जाते हैं।

इस सर्प-सिद्धेश्वरानन्द के दर्शन के लिए देश-भर से हजारों लोगों की भीड़ हर रोज लगी रहती है। यहाँ कई करिश्मे होते रहने की कहानियाँ चल पड़ी हैं। कभी-कभी सर्प-सिद्धेश्वरानन्दजी गुफा में चले जाते हैं—अपने सर्प-रूप में लौटने के लिए। लोगों की धारणा है कि सर्प-रूप में उन्हें देखना नहीं चाहिए। अगर देख लिया तो मौत निश्चित है। कुछ दिनों के पश्चात् महात्माजी खुद ही बाहर निकलते हैं—हँसते हैं, पेड़ पर चढ़कर बैठ जाते हैं।

"कैसा लगता है रे तुझे?" कृष्णप्पा कुतूहल से पूछता है।

"सब ढकोसला है, बस।"

"यह बैरागी पागल भी हो सकता है, तत्व-ज्ञानी भी हो सकता है। क्या तुझे ऐसा अनुमान नहीं होता, नागेश?"

"ऐसी बातों पर विश्वास करके ही हमारे देश की यह हालत हुई है।"

"ठीक है।"

"हमें चाहिए खाना-अध्यात्म नहीं।"

कृष्णप्पा को चुप देखकर नागेश उसका मजाक करने का साहस करता है।

"पता नहीं क्यों, जब से गौड़ाजी ने बिस्तर पकड़ा है तब से लगता है कि इन पाखंडी-ढोंगी लोगों में विश्वास बढ़ता जा रहा है!"

"अण्णाजी भी यही कहा करता था, भैया।"

सोच में डूबकर कृष्णप्पा धीरे से कहता, "नागेश, मान ले कि कोई अकेला जानता है कि भगवान वास्तव में है। मैं विश्वास की बात नहीं करता–वास्तव में जानता हूँ। यों जानकारी रखना अगर सम्भव हो तो ऐसे आदमी का रिलीजस बनना कोई बड़ी बात नहीं। बैंक में रखे पैसे की भाँति–सूद की गारंटी। लेकिन भगवान है या नहीं, इस उलझन में भी भगवान पर विश्वास करने की जो बात है न, वह वास्तव में दिलेरी है। इसी तरह राजनीति में अपने आन्दोलन से प्रगति होगी, उस प्रगति से सबकुछ सहजता से धीरे-धीरे बनता जाएगा–इस विचार से गरीबों का पक्ष लेकर क्रान्ति के लिए काम करना एक अलग विधान है। बहुत सारे लोगों का विधान है वह। लेकिन वारंगल से लौटने के बाद राजनीति में उतरने से पहले मुझसे यह विश्वास कर पाना सम्भव नहीं हो सका था कि आने वाली अपनी सारी प्रगति भलाई ही करती जाएगी। आज भी यह सम्भव नहीं हो पा रहा है। लेकिन इर्द-गिर्द की क्षुद्रता तथा दुख-दारिद्र्य को देखकर इसके विरोध में जूझने की अनिवार्यता मेरे लिए स्वयंसिद्ध है। दैनिक जीवन में ही चमक लाने की मेरी मंशा रही है, वह सफल नहीं हो पाई। उस दिन लताड़ खानेवाला बीरे गौड़ा आज मेरे प्रयत्न से दूसरों को लताड़ रहा है। लेकिन यह बात कहते समय अगर कोई आवाज निकलती है कि समाज की गतिशीलता में कोई अर्थ नहीं है, तो वह भी बहुत मामूली-सी सहज बात बन जाएगी। कुछ भी न कर सकने वाला निठल्ला और कुछ न करने की ठानकर सारी व्यवस्था को यथावत् बनाए रखने वाला जालिम आदमी भी यही बातें करता है। मेरे कहने का मतलब यह है, नागेश...।"

नागेश कुछ समझ न पाकर कृष्णप्पा को देखता है। लिखने के लिए उसे पेंसिल उठाते देखकर कृष्णप्पा उसे इशारे से रोकते हुए कहता है, "मैं जो भी कहना चाहता हूँ उससे अपार्थ न निकले, इस खयाल से कहते नहीं बना है, नागेश! पैदा हो जाने पर कर्म में लगना ही पड़ता है, जूझना पड़ता ही है, जीवन को क्षुद्र बनाने वाले तामस को ठेलते ही रहना पड़ता है। यों कहने की सुविधा से मुक्त न होने लायक कि अपनी क्रियाओं का परिणाम यों भी हो सकता है, त्यों भी...।"

अपनी बात अधूरी छोड़कर कृष्णप्पा मुँह फेरकर कहता है, "बाहर जो लोग बैठे हैं, उन्हें भीतर लिवा ला।"

हाल ही में जो दल-बदल की गड़बड़ मचनेवाली थी, उनमें उनकी क्या भूमिका हो, इसकी चर्चा करने के लिए उसके पक्ष के एम.एल.ए. आए थे। अपने क्रान्ति के रास्ते पर किसी से गठबन्धन न करके आगे बढ़ने की हिमायत करने वाले वे

उग्रवादी लोग थे। कुछ लोग सत्तारूढ़ पक्ष के छल-छिद्रों का लाभ उठाकर अलग मन्त्रिमंडल की रचना की मदद करने और इस प्रकार मदद करते समय एक टाइम-बाउंड मिनिमम प्रोग्राम के लिए बद्ध रहने की दलील देते। इनमें भी कुछ लोग मौजूदा मुख्यमन्त्री के समर्थन की इच्छा रखते थे और बाकी लोग मुख्यमन्त्री के प्रतिस्पर्धी की मदद करना चाहते थे। 'उस' गुट वालों को मुख्यमन्त्री से पहले ही साठ-गाँठ हो जाने का गुमान इस गुट वालों को था। 'इस' गुट वालों को गुमान था कि प्रतिस्पर्धी पानी की तरह पैसा बहा रहा है, उससे शायद 'उस' गुट वालों का समझौता हुआ है। वीरण्णा, जिसका कृष्णप्पा पर काफी असर था, इसका लाभ उठाकर 'उस' गुट को मदद दिलवाने की चेष्टा कर रहा थ। राजनीति को ही बेढंगा कहने वाले उग्रवादी लोग प्रायः जुबान लड़ाने की तलब रखने वाले तथा अधपके किन्तु आदर्शवादी युवक थे। बाकी लोग लोकमंगल के लिए पसीना बहाए हुए, पसीना बहाकर थके हुए, पाजी थे। एक गुट की दलील थी कि क्रान्ति के विस्फोट मात्र से परिवर्तन सम्भव है, तो दूसरे गुट का कहना था कि सत्ता में भागीदार बनकर ही जनता को क्रान्ति की दिशा में लाया जा सकता है।

कृष्णप्पा में इस वाद-विवाद में पड़ने की हिम्मत नहीं थी, फिर भी उनके साथ चर्चा करने के लिए वह राजी हुआ था।

सहयोगियों का आपस में चाहे कितना ही मतभेद क्यों न हो, किन्तु उसकी बात की वे सभी कदर करते थे। कृष्णप्पा को इसकी तसल्ली थी। जिन्दगी और मौत की दहलीज पर होते हुए भी कृष्णप्पा का असर घटा नहीं था। दिल्ली के डॉक्टर ने मुआइना करके बताया था कि एक्सटेंसिव डैमेज कुछ नहीं हुआ। अब सिर्फ फिजियोथेरपि की जरूरत है। इन बातों पर जब कृष्णप्पा खुश हो उठा था, उसी रात गौरी देशपांडे का तार आया–'इतवार की शाम हवाई जहाज से आ रही हूँ।' उससे अमेरिका से दिल्ली लौटे छह महीने से अधिक समय बीत चुका था। उसे देखे बहुत वर्ष बीत चुके थे। पता नहीं, अब कैसी दिखाई देती होगी! आशा थी कि दिल्ली लौटते ही उससे मिलेगी। जब वह मिलने नहीं आई तो सोचा था कि शायद वह उसके बारे में उदासीन हो गई होगी। अब आ रही है, दो दिन में ही; अर्थात् बीमार पड़ने के बाद उसकी आत्म-रति तीव्र हुई थी। शायद बिना किसी उतावली के वह यों सोचता रहा होगा–कृष्णप्पा को इस बात की घिन हुई।

सीता ने जो पैन ला रखा था, कृष्णप्पा उसमें अपने सवेरे के विसर्जन में लगा था। उसी समय महेश्वरय्या आ धमके। कृष्णप्पा ने हँफराते हुए उनकी बातें सुन लीं। नागेश बीमारी का हाल बता रहा था। महेश्वरय्या बोलते ही नहीं। अपनी

भावना को जाहिर करनेवाले आदमी भी नहीं थे वे। उनके दिल पर जो बीता था, उसकी कल्पना करके कृष्णप्पा अधीर हो उठा। सत्तर की आयु में अपनी वजह से उन्हें ऐसा दुख नहीं होना चाहिए था।

सीता गरम पानी में कपड़ा भिगोकर कृष्णप्पा की देह पोंछ रही थी। कल से यह काम करने के लिए नर्स आएगी। बैंक जाने की उतावली में तुनकते हुए की जानेवाली सीता की सेवा कृष्णप्पा को भाती नहीं थी। आज उसके चेहरे पर जो तमतमाहट है, उसकी वजह कुछ और है। अपना कोई जिगरी व्यक्ति घर आ जाए तो उसे किरकिरी होती है—बेसहारापन महसूस होने लगता है।

"घोड़े की दुम का पीछा करते हुए आया होगा। उस भलेमानुष का मुखड़ा देखे वर्षों बीत गए!" पीठ पोंछते हुए सीता कहती है।

कृष्णप्पा का पारा एकदम चढ़ गया। वह क्या करने जा रहा है, इसका भान होने से पहले ही दाहिने हाथ से, जिसमें अभी चेतना बाकी थी, पत्नी को एक थप्पड़ रसीद कर दिया। वह दर्द से अधिक यातना सहती हुई 'दैया री' कहकर रोने लगी। कृष्णप्पा को अपने बारे में, उसके बारे में इतनी घिन हुई कि उसका मर जाने को मन हुआ। "औरत जात पर हाथ उठाने वाले क्रान्ति करने चले हैं!" सीता की कुड़बुड़ाहट शुरू हुई। पीट चुकने के बाद कृष्णप्पा के मन में भी यह बात उठी। वह सुन्न होकर इन्तजार में बैठा रहा। पत्नी ही उसे कपड़े पहनाती रहती है। माह-भर की बढ़ी काली-सफेद दाढ़ी में दाहिने हाथ की उँगलियाँ फेरते हुए चुपचाप बैठा रहता है। स्ट्रोक के बाद बढ़ी हुई दाढ़ी थी यह। नागेश को ही, जो उसे लेनिन के रूप में देखने की चाह रखता है, यह दाढ़ी भाती है। इस तरह न जाने क्या-क्या सोचते हुए झींकता है। रोती हुई सीता को भूलने की चेष्टा करता है, लेकिन भूलते बनता नहीं। वह कुड़बुड़ाते हुए धोती और कुर्ता पहनाकर दाहिने हाथ में कंघी थमा देती है। उसकी पहियेदार कुर्सी को कमरे में ठेलकर चौके में चली जाती है। गौरी बिटिया चौके में अड़कर बैठी है। अब उसकी धपाधप पिटाई होनी है।

महेश्वरय्या भीतर आकर बैठ गए। बोले कुछ नहीं। साल-भर में ही कितने बूढ़े हो गए हैं, उनका मुँह घूरते हुए सोचा। उनकी चाल और चेहरे पर पहले वाली दृढ़ता नहीं थी। आँखों के नीचे गालों के पास चमड़ा लटक रहा था। पहनावे में पहले जैसी सफाई नहीं थी। माथे पर सिन्दूर नहीं था।

"कहाँ ठहरे हैं?"

"तुम्हारे गांधी बाजार वाले पुराने घर गया था। वहाँ खबर मिली कि तुमने वह घर छोड़ दिया है। रास्ते में होटल में ट्रंक रख तथा वहीं नहाकर आया हूँ।"

उन्होंने कृष्णप्पा को प्यार-भरी नजरों से देखा।

"लेकिन वहाँ जो लोग आते थे, उनमें से कोई यहाँ नहीं आता। किसानों को यहाँ पहुँचने के लिए बसों की विशेष सुविधा नहीं। यह बड़े लोगों की बस्ती है न? आते भी हैं तो दाँतों तले उँगली दबा लेते हैं। पहले की तरह जमीन पर बैठकर बतियाते नहीं...।"

कृष्णप्पा को संजीदगी से बातें करते देखकर महेश्वरय्या उसकी बात काटते हुए बोले, "क्या तुम्हें अब इतनी भी सुविधा नहीं चाहिए?"

फिर दोनों मौन बैठे रहे। गौरी जोर-जोर से रोती हुई कमरे में भाग आई। वहाँ महेश्वरय्या को देखा तो ठिठककर चुप हो गई और अपने पिता की बगल में आकर सिसकने लगी। महेश्वरय्या ने थैली से चॉकलेट की एक बड़ी पुड़िया निकालकर उसके हाथ में थमाते हुए कहा, "माँ के हाथ में देना। अब तुम एक खा लो।" एक चॉकलेट छीलकर उसके मुँह में रखी।

महेश्वरय्या कुछ कहने की चेष्टा में दिखाई पड़े। अगर वे निश्चल होकर बैठ जाते हैं और किसी वस्तु को घूरकर देखने लगते हैं तो समझ लें कि वे कुछ कहने की तैयारी में हैं। यह जताने के लिए कि अब कुछ कहने के लिए उनसे मेरा कोई अनुरोध नहीं–कृष्णप्पा सवेरे का अखबार पढ़ने लगा। हाथ-पाँव की कसरत भी शायद उनकी तन्मयता में खलल डालेगी–इस कदर माहौल में तनाव आ गया।

तन-बदन में चौकन्ना होकर बैठने वाले पक्षी को दिखाकर महेश्वरय्या कहते हैं, "हमें उसी तरह रहना चाहिए। सारी दुनिया आँखों के सामने तो रहती है लेकिन हम कुछ भी देख नहीं रहे होते। देखने के माने हैं प्रवेश करना, पकड़ना–झप के साथ पकड़ना।"

पेपर पढ़ते हुए वह महेश्वरय्या की बातों को पगुरा रहा होता है कि सहसा कोई ऊँची आवाज में 'नमस्ते गौड़ा साहब' कहते हुए आ टपकता है। कृष्णप्पा और महेश्वरय्या ने चौंककर देखा कि सामने पंचलिंगय्या खड़े थे। चिकमगलूर में कॉफी के बगीचों के मालिक!

"यह क्या, गौड़ाजी? छिः, छिः! यह क्या हुआ आपको? कैसे हट्टे-कट्टे थे!"

कृष्णप्पा सकुचाते बैठा रहा।

"यहाँ के एक स्पेशलिस्ट मेरे जाने-पहचाने हैं। कार में अभी लिवा लाऊँगा।"

पंचलिंगय्या का अनुरोध टालते हुए कृष्णप्पा ने पूछा, "न, न! मुआइना करवा लिया है। कैसे आना पड़ा?"

"उडुपि में एक मेडिकल कॉलेज है न, उसके संचालकों के मन में आपके प्रति बड़ा सम्मान है। मुँहमाँगा डोनेशन देने के लिए तैयार हूँ, लेकिन मेरे लड़के की

एडमिशन के लिए आपकी बात चाहिए। सभी कहते हैं कि लाख मिन्नतें करने पर भी गौड़ा साहब की जबान हिलती नहीं। इसीलिए तो आपकी हर बात का इतना वजन होता है...है न? यह खबर सुनकर बेहद खुशी हुई। लेकिन आपने तो बिस्तर पकड़ा हुआ है!"

कृष्णप्पा ने कुछ इस अन्दाज में देखा कि उनकी बात कुछ समझ में नहीं आई। पंचलिंगय्या हँस पड़े। अपने पीछे खड़े बेटे को दिखाकर कहा, "यही है। फर्स्ट अटेम्प्ट में ही पास किया है। परीक्षा के दिनों में तबीयत कुछ ठीक नहीं थी वरना फर्स्ट-क्लास ले लेता। मेरे पास जो पैसा है, उसे लेकर क्या डूब मरना है? इकलौता बेटा है। पैसा लेकर क्या करूँ भला? आप जैसे लोगों द्वारा किए जाने वाले किसी भले काम में या विद्या-दान में सारा पैसा बहा देने की बात ठान ली है...है न? क्या आपको पता ही नहीं? सारे बेंगलूर शहर में फुसफुसाहट हो रही है। कल गोल्फ क्लब में भी यही बात हो रही थी। ताज्जुब होता है कि आपको खबर तक नहीं! सुना है कि आप ही मुख्यमन्त्री बनने वाले हैं। खुशी की बात है। तब तो आपके साथ इस तरह घुलकर बातें करते बनेगा ही नहीं...आप शायद जरूरी बातों में व्यस्त थे। शाम को आकर फिर मिलूँगा। अब आप न 'हाँ' कहिए, न 'ना'। खुद आपका कहना ठीक नहीं रहेगा। चीप हो जाएगा। क्या मैं जानता नहीं? उसके लिए अलग तरीका है। मैं वीरण्णाजी से बात करूँगा। शाम को मिलूँगा...बड़े अच्छे डॉक्टर हैं, भैया! शाम को लिवा लाऊँगा...।" यह हाथ जोड़कर हँसते हुए बेटे के साथ कमरे से बाहर निकल गए।

"देखिए, अब ऐसे ही लोग मेरे पास आते हैं।"

उदासी से कृष्णप्पा को बोलते देख महेश्वरय्या ने मुस्कराकर कहा, "इन दिनों अपना मन एक ओर टिकाना ही असम्भव हो गया है, भैया! लम्पट की तरह भटकता रहता है निगोड़ा।" पल भर के लिए चुप रहकर कहा, "तुम्हारा फिर से उस पेड़ के नीचे बैठने को मन करता होगा, भैया! अमरूद के पेड़ पर आने वाले परिन्दों की प्रतीक्षा करते बैठने की चाह करने लगा होगा। जानते हो, मैं क्या कहना चाहता था? मैं यों ही सोचा करता था। जब तुम्हें स्ट्रोक हुआ, तब मुझे कुछ महसूस होना चाहिए था न! लेकिन अब मेरे मन को घोड़ों का लालच है। लगता है कि हमेशा मन को कुछ-न-कुछ उद्रेक चाहिए। पीने बैठा तो सात-सात दिनों तक पीता रहता हूँ या इस तरह बनने लगता हूँ। देखो, अभी मुझे देखो न! मन कैसे भटक रहा है! अभी-अभी सोचते हुए कुछ कहने जा रहा था तो वे सज्जन चारों उँगलियों में अँगूठियाँ पहने हुए आ गए।...ऐसी कोई बात नहीं। मुझे लगता है कि तुम ठीक हो जाओगे। यही बात कहना चाहता था।"

आखिरी बात फीकी आवाज में कही गई थी।

"मेरा मन रखने के लिए तो आप नहीं कह रहे हैं न?"

कृष्णप्पा को संजीदगी से देखते हुए महेश्वरय्या बोले, "नहीं।" फिर उमंग में आकर कहा, "देखो, घोड़ों के फेर में खुद को ही नजर नहीं आता, बिलकुल नजर नहीं आता। दरअसल बुद्धि क्षीण हो गई है। अब की बात अगले ही क्षण भूल जाती है।"

"आप यहीं आकर रह जाइए।"

"तुम्हारी पत्नी को तकलीफ होगी, भैया!"

"आइए।"

"ठीक है।" महेश्वरय्या खड़े हो गए। "आज अपनी किस्मत आजमा रहा हूँ। रात में आऊँगा।" फिर वह चले गए।

कृष्णप्पा में चुस्ती आ गई। लहर में 'नागेश' कहकर पुकारा। नागेश को उदास देखकर पूछा, "क्यों रे?" उसने कहा, "कुछ नहीं, सर!" फिर अनुरोध किया, "बता रे!"

"वही। मेरी दीदी क्लर्क थी न, उसकी नौकरी गई।"

"उसके लिए क्यों परेशान होता है? वीरण्णा से कहकर उनके थिएटर में नौकरी दिलवा देंगे।"

"आपसे ऐसे काम करवाने को मेरा मन मानता नहीं, सर!"

"शाबास! कम-से-कम तुझ अकेले को तो ऐसा लगता है न! गौरी देशपांडे शायद कल रात आएगी?"

"हाँ!"

"उसे कहाँ ठहराएँ, यही दिक्कत है। घर में भी ठहराया जा सकता है, लेकिन सीता नाहक हो-हल्ला मचाएगी। अकेली को होटल में ठहरने के लिए कैसे कहा जाए? कहाँ ठहराएँ उसे?"

"वीरण्णाजी का गेस्ट-हाउस है न, सर!"

"देखा न! कैसे मैं धीरे-धीरे वीरण्णा के जाल में फँसता जा रहा हूँ।"

"आपको कौन बाँध सकता है, सर?"

"तू जानता नहीं। ये सभी मेरी अवनति के लक्षण हैं।"

नर्स आई। वीरण्णा ने एक संजीदा आँखोंवाली लड़की को ही तैनात किया था। उसने बिना आहट कैनवास शूज में टहलते हुए कृष्णप्पा के बाएँ हाथ-पाँव की तरह-तरह से मालिश की। ऊपर से नीचे और नीचे से ऊपर यों ताड़न किया कि चोट न आए। ह्वील-चेयर को ठेलते हुए मन भरने लायक बातें करके खुश किया।

गोपाल रेड्डी की मैत्री के दिनों में पूरे एक साल तक लूसिना हमसाथी रही थी। उसकी याद कृष्णप्पा को आती है। लूसिना दिल्ली में नर्सिंग की ट्रेनिंग ले रही थी। उसकी कहानी करुणामय थी। मध्य-वर्ग की लड़की थी। एक व्यापारी का बेटा उसे धोखा देकर कलकत्ता से दिल्ली ले आया था। उससे शादी करने का वायदा करके अपने मित्रों में उसे बाँट लेने की कोशिश की थी। कुछ दिनों तक जैसे-तैसे सहती रही। जब वह हद से बाहर हो गया तो उस लड़के के शिकंजे से लूसिना एक रात भाग निकली। अब कहाँ जाए, कुछ समझ न पाकर एक संसद-सदस्य के निवास का दरवाजा खटखटाया। वहाँ गोपाल रेड्डी और कृष्णप्पा ठहरे हुए थे। भयभीत लड़की को रेड्डी ने धीरज देकर बँगले के एक कमरे में सोने के लिए कहा। सारी रात लूसिना डरी रही कि दोनों में से कोई-न-कोई उसके कमरे में आएगा। दिन निकला। वह अहसानमन्द होकर इन्हें ढूँढ़ते हुए डाइनिंग हॉल में आकर रोई। रेड्डी ने उसे नर्सिंग कॉलेज में दाखिल करवाया। धीरे-धीरे उसका मन कृष्णप्पा की ओर आकर्षित हुआ। कृष्णप्पा को भी उसके प्रति मोह हुआ। लेकिन रेड्डी की ऋणी होने के कारण वह उसे पसन्द करेगी या नहीं, इस आशंका से उसे दूर ही रखा। छुट्टियों में एक बार पत्र लिखकर वह बेंगलूर आई। कृष्णप्पा उन दिनों रेड्डी के बँगले में ही रहता था। एक रात धीरे से दरवाजा खोलकर लूसिना कृष्णप्पा की बगल में आकर सो गई।

"तुम ऐसा क्यों करती हो?" कृष्णप्पा ने पूछा।

"तुम पर मेरा मन आ गया है। क्या इतना भी नहीं जानते?"

"तब क्या मुझसे शादी करोगी?"

"पढ़ाई के लिए आगे विलायत जाने की इच्छा है। अगर तुम जिद करोगे तो शादी करूँगी।"

उससे लिपटे हुए कृष्णप्पा को हँसी आई।

"क्या तुम जानती हो कि मैं दूसरी लड़कियों के साथ भी सोया करता हूँ?"

"हाँ, जानती हूँ। लेकिन कल जो आई थी न, वह कौन अच्छी थी, जो तुम उसके साथ सोए थे!" बिगड़कर लूसिना ने उसके गाल पर हलका-सा थप्पड़ मारा।

"तुम तो ज़ीने में सोई थीं न! सोचा कि तुम जानती नहीं हो।" इतनी सहजता से किसी भी लड़की ने उससे बातें नहीं की थीं।

"मैं गोबर-गणेश नहीं हूँ। जब तक मैं यहाँ रहूँगी, तब तक अपने पास किसी को फटकने न देना। नर्सिंग में दाखिला पाने के बाद जब से तुम पर मन फिदा हुआ था, किसी को अपने पास फटकने नहीं दिया। समझे?"

''समझा।''

लूसिना को भी सुख पाते देख कृष्णप्पा को पाप की भावना ने कचोटा नहीं। पहले वह औरत की संगति करने से पहले खूब पी लिया करता था। नशे में अपनी देह की प्यास बुझा लेता और रात का व्यभिचार भुलाने के लिए सवेरे रेड्डी के साथ बेतुकी अमूर्त बातों की चर्चा छेड़ने की चेष्टा किया करता था। लेकिन लूसिना का सिर्फ रहना-भर ही आरामदेह लगा था। अब महसूस होता है कि उन दिनों सम्भोग में भी अपनी संजीदगी बरकरार रखने की चेष्टा करने वाला वह कैसा अंड-संड-सा लगता था। उसकी कोमल गरम योनि, छोटे पर सख्त स्तन, मोटे होंठ, गेहुँआ रंग, उसके नितम्ब का तिल, प्रशान्त आँखें, पीठ के नीचे तक लटकने वाले लम्बे काले बाल–इन सबका उस देवी के नख-शिख वर्णन के साथ तुलना करता जिसका वह वारंगल जेल में ध्यान किया करता था। संस्कृत के वे श्लोक धीरे से गुनगुनाकर लूसिना में गुदगुदी पैदा करता। कृष्णप्पा ने समझा था कि सम्भोग के माने हैं उतावली में विसर्जन। लूसिना ने सिखाया कि देह के सभी अंग-प्रत्यंग कामना, उद्रेक, तृप्ति के फव्वारे होते हैं। सम्भोग मैथुन बन गया। मनचाहे विस्तार वाला संगीत बन गया।

लेकिन धीरे-धीरे ऐसा व्यामोह बढ़ता गया कि लूसिना के बिना वह रह नहीं सकेगा। फलस्वरूप उसकी तृप्ति की तीव्रता भी घटती गई। वह क्यों अपने पिता से द्वेष करती है? जैसे ही यह जानने का कुतूहल बढ़ा, लूसिना को किरकिरी होते हुए उसने देखा। एक दिन लूसिना ने बताया कि उसका बाप ही उसे चाहता था और माँ उससे जलती थी। घर नरक बन गया था। तब क्या उसका बाप उसके साथ सोया था? कैसे पूछे? कृष्णप्पा को मन-ही-मन घुटते देखकर लूसिना ने एक बार उदास होकर कहा था, "तुम्हें किसी अलग ढाँचे का मर्द समझा था।"

"अलग ढाँचे से मतलब...?"

"क्या यह लमहा काफी नहीं? मेरा भूत लेकर तुम क्या करोगे?"

"तुमसे शादी करनी है न, इसलिए।"

"मुझे शादी से चिढ़ है।"

"गौरी भी यही बात कहा करती थी।" परेशान होकर जब यह बात कृष्णप्पा कहता तो लूसिना कुछ और ही समझ लेती।

"क्या तुम्हारे साथ ऐसा सब-कुछ करना वह जानती थी?"

कलियों-जैसी लूसिना की चूची को चूमते हुए तथा उसकी बातों में छिपी शरारत को पहचानकर कहता, "तुम बिलकुल गौरी-जैसी ही हो। लेकिन वह सीरियस भी रहा करती थी, पर तुम बड़ी शरारती हो।" उसे जो निराशा हुई थी, कृष्णप्पा उसे भुलाने की चेष्टा करता।

"यह सब-कुछ करते हुए क्या राजनीति की भी चर्चा करनेवाली लड़की तुम्हें चाहिए?"

"मेरी बात तुम्हारी समझ में नहीं आएगी।"

कृष्णप्पा को ईर्ष्या होती है कि ये सारी बातें लूसिना ने कहाँ सीखी होंगी, किस मर्द ने इसे सिखाया होगा?

"शादी की बात छेड़ते ही तुम्हारी देह का सारा रोमांच लुप्त हो गया और मेरा भी ठंडा पड़ गया।"

लूसिना उठकर शॉवर लेने जाती है। कृष्णप्पा भी उसके पीछे जाता है। उसके साथ शॉवर के ठंडे पानी में खड़ा होकर उसके बदन में साबुन लगाता है। फिर चुस्त बनता है। कहीं उसकी असहाय अवस्था का वह नाजायज फायदा तो नहीं उठा रहा है—इस आशंका को दबाने के लिए उसे चूमते हुए पूछता है। औरत और मर्द के इस सम्बन्ध में तालमेल सम्भव है या नहीं, इसकी आलोचना करते हुए अण्णाजी की दलील याद करता है। अपने भीतर बैठे हुए कृष्णप्पा को कुछ और ही सोचते हुए पाकर लूसिना गुस्सा करती है। इस प्यार से बढ़कर भी उसके पास कोई और चीज है, लूसिना को इस बात का एहसास कराने का रास्ता न पाकर कृष्णप्पा हैरान होता है।

इन दिनों कृष्णप्पा खुश था कि अब वह वास्तव में अण्णाजी का हमसाया बन गया था। लूसिना ने जितने जोश के साथ उसकी देह के तारों को छेड़ा था, उतने ही जोश के साथ वह विलायत चली गई थी। एक साल बाद उसने अपनी शादी की बात लिखी थी। पति डॉक्टर एड्डी ग्रिनो की प्रशंसा में लिखा था कि उसके पुराने सम्बन्धों को जानकर भी वह कितना उदार बना हुआ है। इन सारी बातों को पगुराते हुए कृष्णप्पा कुढ़ता है कि शुद्ध पतिव्रता सीता कितनी ऊपर है! कौन जाने कि लूसिना के साथ शादी होती तो वह भी ऐसी ही हो जाती!

कृष्णप्पा नर्स की ओर देखते हुए पूछता है, "तुम्हारा नाम? भूल ही गया।"

"ज्योति!" मुस्कराते हुए वह कहती है।

"क्या तुम्हारी शादी हो चुकी है? मेरी उत्कंठा माफ हो।"

औरत के साथ इस तरह अदब से बातें करने की कला कृष्णप्पा ने गोपाल रेड्डी से सीखी थी। कृष्णप्पा की धारणा थी कि शिष्टाचार से तीव्रता घटती है, पर गोपाल रेड्डी ने हँसी उड़ा-उड़ाकर उसका निवारण किया था।

"नहीं! करना चाहती हूँ। मेरा बॉय-फ्रेंड इंजीनियरी पास करके दो साल से नौकरी के लिए भटक रहा है। पाँच साल से हम इन्तजार कर रहे हैं। बिना नौकरी के वह शादी नहीं करना चाहता।"

कितने अलग-अलग तरीकों से औरत इस देह में प्राण-संचार कराती है, इस पर आश्चर्य करते हुए कृष्णप्पा ज्योति के चिकित्सक-स्पर्श के लिए अपनी देह सौंपता है।

"क्या मैं उसकी नौकरी के लिए कहीं कोशिश करूँ?"

ज्योति के चेहरे पर, जो उसकी उँगलियों को आहिस्ता-आहिस्ता मोड़कर मालिश कर रही थी, खुशी की लहर दौड़ते देखकर कृष्णप्पा के मन में उसके प्रति वात्सल्य भाव उमड़ पड़ता है।

"वीरण्णा नामक एक बड़े ठेकेदार मेरे मित्र हैं। उन्होंने ही तुम्हें यहाँ तैनात किया है। उन्हीं के यहाँ तुम्हारे बॉय-फ्रेंड को नौकरी दिलवा देंगे। चलेगा न?"

ज्योति की आँखें तर हो जाती हैं।

"नौकरी न पाकर उसका कॉन्फिडेन्स ही जाता रहा है। अगर तीन सौ रुपया महीना भी मिल जाए तो काफी है हमारे लिए। मेहरबानी करके...!"

कृष्णप्पा उसकी अगली बात काटता है।

वह मन-ही-मन कामना करता है कि उसकी संगति में उसके प्रेमी की देह खिल उठे। काम-वासना के सन्दर्भ में दूसरे पुरुष भी सुख पाएँ, अपने मन में ऐसी भावना को उठते देख कृष्णप्पा चौंक उठता है। आज तक उसका खयाल था कि काम-वासना के सन्दर्भ में अन्य पुरुष की सफलता की कामना न करने लायक ईर्ष्या उसमें रही होगी। लेकिन अब जो खूबसूरत औरत उसके सामने खड़ी थी, वह दूसरे आदमी की संगति में सुख पाए, ऐसी वांछा उमड़ आई। कृष्णप्पा को इसकी खुशी हुई।

उस रात महेश्वरय्या घर में खाना वगैरह खाए बिना ही चादर तानकर सो गए थे। नागेश की मदद से ह्वील-चेयर पर कृष्णप्पा महेश्वरय्या के कमरे में गया। नागेश को बाहर भेजकर दरवाजा बन्द कर लिया और महेश्वरय्या को उठाया। महेश्वरय्या ने पी हुई थी, आँखों में सरूर था, लेकिन चेहरा उतरा हुआ था। सवेरे-सवेरे उनके काँपते हाथों को कृष्णप्पा ने देखा था।

"क्या बात है? क्यों ऐसे बन गए हैं?" कृष्णप्पा ने पूछा।

कृष्णप्पा का पूछने का अन्दाज ऐसा था मानो वह अपने-आपसे पूछ रहा हो। सहानुभूति और दया के अन्दाज में उनके साथ बातें कर पाना कृष्णप्पा के लिए सम्भव नहीं था। कृष्णप्पा जानता है कि अगर महेश्वरय्या को कहीं भनक भी लग गई कि वह दया-भावना को पनपने दे रहा है तो उन्हें बड़ा रंज होगा। इसकी वजह

यह नहीं कि वे उसके सामने छोटे हो जाएँगे। उसकी तरह खुद को ठोस, दृढ़ दिखाने की जरूरत महेश्वरय्या को नहीं थी। कृष्णप्पा जानता था कि 'मंकुतिम्मन कग्ग' काव्य की पंक्ति 'पहाड़ की तलहटी की घास बनो' उन्हें बहुत भाती है। उनका व्यक्तित्व ऐसा था कि किसी की भी नजर बचाकर, नीची आवाज में, बिना किसी खास रंग के अपने-आप गा लेने वाले पक्षी की तरह जी सकें। 'यक्षगान' के लंगूर की तरह लचकते, कुलाँचें मारकर हँसते हुए, मुस्टंडे के सामने आँखें फाड़-फाड़कर देखते हुए, अपने आभ्यंतर की रक्षा करके जिए जाने वाली जीवन-कला ही सार-तत्व था उनका। वारंगल थाने में दुहरे बदन वाला अधिकारी जब कृष्णप्पा की रिहाई के लिए बहानेबाजी करने लगा था तो उसके सामने मुँह की खाकर भी अपने प्रति बिलकुल क्षुद्र-जन्तु की भावना उत्पन्न कराके, उसको मस्का मारकर, कृष्णप्पा को रिहा करवा लिया था। थाने के अनुभवों ने जब कृष्णप्पा को हक्का-बक्का कर दिया था, तब नौटंकी की अदा में दुहरे बदन वाले अधिकारी को राक्षस बनाकर तथा खुद विदूषक बनकर किस चाल से बाजी मारी थी, इस बात के लिए महेश्वरय्या ने अभिनय करके उसे हँसाया था। कृष्णप्पा में जड़ जमाए बैठे आत्माभिमान को नष्ट करने वाली जो क्रूरता थी, वह महेश्वरय्या की राय में कालानुक्रम में फूलती जाने वाली और फूलकर फूट निकलने वाले राक्षस की भाँति ही थी। उसके प्राणों की सूक्ष्म जड़ों को जो आघात पहुँचा था, उससे कृष्णप्पा सँभल गया था। उमंग में आकर महेश्वरय्या द्वारा किए जाने वाले इस विदूषकी अभिनय को देखकर गोपाल रेड्डी ने कृष्णप्पा से कहा था, "मखौली को देखो! कैसे जलते दीप को बचाता है। अपने गाँव के किसानों में भी मैंने यह गुण देखा है। मेरे पिताजी की नजर चुराकर रह जाते हैं और जब कभी नजर में पड़ भी गए तो बहुत ही कनीज होने का स्वाँग रचते हैं...।" कृष्णप्पा इस ढंग को मानता नहीं। यह उसके स्वभाव के विरोध में पड़ता है।

कृष्णप्पा ने सोचा था कि महेश्वरय्या हारने वाले व्यक्ति नहीं। बीमारी के कारण जब सभी रास्ते दुर्गम लग रहे हों, तब महेश्वरय्या को भी इस तरह मुँह लटकाए देखकर कृष्णप्पा हैरान हो गया। इसीलिए जब महेश्वरय्या से उसने पूछताछ करके देखा तो पता चला कि उन्हें अपनी हालत पर अभी पूरी-की-पूरी पकड़ है।

महेश्वरय्या उठ बैठे और कुछ सोचकर बोले, "न! तुमसे कहना ठीक नहीं होगा। इससे तुम्हें आफत आ सकती है।"

सहसा कृष्णप्पा जान गया कि महेश्वरय्या बेसहारा हैं। मदद की आवश्यकता होने पर भी मुँह नहीं खोल रहे हैं। इससे कृष्णप्पा को अपनी अवहेलना-जैसी

लगी। गुस्सा भी आया।

"आप मेरी तौहीन कर रहे हैं!"

सिर हिलाकर बड़ी करुणा-भरी निगाह से देखते हुए महेश्वरय्या ने सारी बात कह सुनाई।

इधर उनके लिए जुए के बिना जीना असम्भव हो गया है। कई बार देवी की पूजा के लिए बैठकर देखा। दौड़ता हुआ घोड़ा ही दिखाई पड़ता। उनकी सारी पूँजी इसी में उड़ गई। जिन्दगी तबाह होती गई। कुछ दिन पहले किन्हीं मित्रों से दस हजार रुपए ले आए। अपनी खोई हुई सारी पूँजी वापिस जीतने का विश्वास लेकर इस बार जुआ खेलने आए थे। लेकिन वह दस हजार भी गंगार्पण हो गया था।

कृष्णप्पा को खुशी हुई थी कि कम-से-कम वह इतने काम लायक तो बना। महेश्वरय्या ने उस पर जो धन बहाया था, उसका कोई हिसाब नहीं था। आज तक कृष्णप्पा उनके लिए एक कौड़ी भी खर्च नहीं कर पाया था।

"जानता हूँ कि तुम दोगे। लेकिन कल उसे भी दाँव पर लगा दूँगा।"

"लगाइए! आप जीत भी तो सकते हैं?"

महेश्वरय्या की आँखें विश्वास में चमक उठीं।

"हाँ! हार भी सकता हूँ।"

"हारिए।" हँसते हुए कृष्णप्पा ने कहा।

"न! धारवाड़ के पास वाली बस्ती में मेरा छोटा-सा बाग है। एक झोंपड़ी है। सोच रहा हूँ कि अपनी जिन्दगी के बाकी दिन वहीं बिताऊँ। इस जुएबाजी से पिंड छुड़ाऊँ।"

"कल अगर हार गए तो ऐसा ही कीजिए।"

महेश्वरय्या को निहाल होते देखकर कृष्णप्पा का समाधान हुआ। दोनों पहले की तरह एक-दूसरे को परस्पर देखकर हँसे। किन्तु पल-भर बाद ही चिन्ताक्रान्त होकर महेश्वरय्या ने 'भोऽ' के साथ कहा, "तुम्हें इससे आफत आएगी।" वह सामने वाला किवाड़ घूरने लगे।

"आने दीजिए!" कृष्णप्पा ने नागेश को हाँक लगाई। अपनी ह्वील-चेयर कमरे में ठेलवाकर पत्नी को बुलवाया। कमरे के दरवाजे बन्द करवा लिए।

"सीता, बैंक के खाते में दस हजार हैं न! वह मुझे कल सवेरे चाहिए।"

पत्नी को नाम से कृष्णप्पा कभी नहीं पुकारता था। उसे आश्चर्य हुआ।

"किसलिए?"

"महेश्वरय्या को देने हैं।"

"खुद समाजवादी होकर घोड़े की पूँछ में पैसा बाँधना...!"

"वह सब रखो ताक पर। पहले दे दो।" कृष्णप्पा गरज उठा।

"नहीं। किसी को देने के लिए यह पैसा नहीं है।"

कृष्णप्पा को हाथ उठाए देखकर वह पीछे हट गई।

कृष्णप्पा के मन में आया कि छलाँग लगाकर उसका हाथ खींच ले, लेकिन देह ने साथ नहीं दिया। तब उसकी आँखों में आँसू उमड़ आए और होंठ काँपने लगे।

सीता नरम पड़ गई और बोली, "जयमहल उपनगर में ट्रस्ट-बोर्ड ने मेरे नाम एक प्लाट सैंक्शन किया है। उसे खरीदने के लिए वह पैसा निकाल रखा है...।"

कृष्णप्पा की आँखों से आँसू बह निकले। दाहिने हाथ से पोंछते हुए सिसकी भरकर कहा, "कैसा प्लाट?"

"वीरण्णा ने दस्तखत करवाए थे। मंजूर हुआ है।"

यह बात दबी आवाज में कहकर सीता ने सिर झुका लिया। इस जयमहल उपनगर में प्लाटों के मुद्दे पर कृष्णप्पा ने असेम्बली में हो-हल्ला मचाया था। खुले नीलाम में चालीस-पचास हजार पर जाने वाले प्लाटों की कीमत सात-आठ हजार तय करके जब अखबार में समाचार छपा था तो कृष्णप्पा को पता चला था कि वे प्लाट मन्त्रियों और उनके सम्बन्धियों में बँट जाएँगे। अब मन्त्रिमंडल ने उसकी पत्नी के नाम भी एक प्लाट देकर उसका मुँह बन्द करने की चेष्टा की है। अपनी कसमसाहट को दबाकर कृष्णप्पा ने कहा, "सीता, तुम्हें यह प्लाट नहीं लेना चाहिए।"

"क्यों, खुद तो मेरे लिए कुछ करते-धरते नहीं। फिर प्लाट खरीदना हमारा हक है। आप बीच में टाँग मत अड़ाइए।"

"सीता, यह प्लाट हमें नहीं चाहिए। मैं तुम्हें अलग प्लाट दिलवा दूँगा।" कृष्णप्पा ने तसल्ली देते हुए कहा।

"हाँ-हाँ, दिलवा देंगे! कल कुछ उलट-फेर हो गया तो मैं और आपकी बेटी खाक छानते फिरेंगे?"

कृष्णप्पा ने आँखें मूँद लीं।

"जाओ, चली जाओ। मेरे पास फटकना नहीं। जाओ!" वह दबी आवाज में तीखेपन में चिल्लाया।

सीता के चले जाने के बाद नागेश को हाँक लगाई। मुँदी आँखों से ही कहा, "अभी वीरण्णा के यहाँ जाकर दस हजार रुपए ले आ। ऑटो-रिक्शा में चला जा। बटुए में पैसे होंगे। ले ले।"

नागेश चला गया और करीब पौने घंटे में लौटकर एक बड़ा-सा लिफाफा

कृष्णप्पा के हाथ में थमा दिया। रुपयों के साथ वीरण्णा की एक चिट्ठी भी थी :

'इसमें पन्द्रह हजार हैं। और जरूरत हो तो कल कहलवा भेजना।

आपका विधेय, वीरण्णा।'

'ठेल' कहकर वह महेश्वरय्या के कमरे में गया। वे उठ बैठे थे। लगता था कि कृष्णप्पा के आने से पहले वे ध्यानमग्न थे।

"पन्द्रह हजार हैं इसमें। जरूरत हो तो कल और भी दे सकूँगा।" उनके जवाब की प्रतीक्षा किए बिना नागेश से चेयर ठेलवाकर अपने कमरे में जाकर सो गया।

जब कृष्णप्पा सीता से लड़ रहा होता है तो इसकी भनक बच्ची को लग जाती है। बिना चूँ-चाँ किए उसे जो कुछ खाने को दिया जाता है, वह खा लेती है। सिर के उलझे बालों में माँ कुढ़ती हुई कंघी चला रही होती है तो उसे चुपचाप सह लेते देख कृष्णप्पा को बड़ा रंज होता है। सज-धजकर दो चाटियाँ बाँधकर वर्दी पहने वह स्कूल के लिए निकली तो 'गौरी' कहकर पास बुला लिया। पास आने के लिए वह हिचक रही थी। एक बार फिर बुलाया। वह पास आकर खड़ी हो गई। उसकी पीठ पर हाथ रखकर सहलाया। अपनी ओर उसका मुँह घुमाकर देखा। उसी की तरह आँखें, किन्तु माँ जैसी छोटी-सी नाक। गुस्से में माँ द्वारा मरोड़े जाने के कारण होंठ सूज गए थे। अब ठीक हैं। नाक बह रही है। भावशून्य होकर खड़ी मासूम बच्ची के चेहरे पर उसकी उम्र से बढ़कर प्रगल्भता उमड़ी हुई देखकर कसमसाहट हुई। लगा कि बच्ची को एक टाँग पर नाचते हुए या अलमारी में रखा सामान बिखराकर माँ से डाँट सुनकर लापरवाही से भाग जाते हुए देखकर न जाने कितने दिन हो गए।

गौरी के स्कूल चले जाने के बाद सफेद रेशमी अचकन पहने, माथे पर भभूत लगाए वीरण्णा आए। बहुत मामूली ढंग से पूछा, "क्या और भी जरूरत थी?"

कृष्णप्पा ने 'ना' कहा। रात को गौरी देशपांडे आने वाली है। उसे स्टेशन से लिवाकर गेस्ट-हाउस में हठराने की व्यवस्था करने, ज्योति के बॉय-फ्रेंड और नागेश की बहन के लिए कोई नौकरी का इन्तजाम करने के लिए कहा। वीरण्णा ने ऐसे हामी भरी मानो वे कोई उतनी महत्त्व की बातें नहीं। वीरण्णा ने बताया कि पंचलिंगय्या उनके पास आए थे। गौड़ाजी के हाथों ऐसा काम करवाना अनुचित मानकर वे खुद ही सीट दिलवाने का आश्वासन दे चुके हैं।

"आपको जल्द तन्दुरुस्त होना होगा।"

बात तो मामूली थी, लेकिन कहने का अन्दाज अर्थगर्भित था। कृष्णप्पा ने कहा, "आपके दिल में कोई खास बात घूम रही है। बताइए।"

"नाहक आपका सिर खाना अनुचित मानकर कहा नहीं था। भारी जिम्मेदारी ढोने के दिन अब दूर नहीं हैं।"

"हाँ, मैंने भी सुना है। लेकिन दलबदलुओं के साथ मेरा मिलाप नहीं हो सकेगा।"

"कोई जरूरत नहीं। खुद अपना ही मन्त्रिमंडल रचाइए। आप नया भू-शासन लाना चाहते हैं न? लाइए। उसके पक्ष में मत देने वाले देंगे। समझ लीजिए कि बहुमत मिला नहीं कि त्यागपत्र हाजिर। आपको समझाने के लिए जरा जबान लम्बी कर रहा हूँ। गुस्ताखी माफ हो।"

"वीरण्णा! एक और बात। प्लाट के लिए सीता से आपने क्यों दस्तखत करवाया?"

"आप भी मजाक करते हैं। क्या वे देश की प्रजा नहीं हैं?"

ठिठोली करते हुए वीरण्णा ने यह बात कही थी, लेकिन कृष्णप्पा का गम्भीर चेहरा देखकर खुद भी संजीदा होकर बोले, "गौड़ा साहब, आप चाहे कितना भी महान क्यों न बनें, लेकिन औरतों को इसका एहसास तभी होता है जब ऐसा कुछ मिलता रहे। नाहक उन पर कुढ़ने का प्रयोजन? क्या खुद के लिए वे यह सब चाहती हैं? औरत की जिम्मेदारी होती है नीड़ का निर्माण करना और आपका काम है विशाल आकाश में उड़ान भरते जाना। यही तो धर्म है न?"

"आप चाहे जो कहिए। यह भी घूसखोरी ही है।"

"हे भगवान, कैसी बातें करते हैं! आपकी पत्नी ने अपने पसीने की कमाई से एक प्लाट खरीद लिया तो आप उसे घूसखोरी कहने लगे! स्पीडमनी आदि के नाम पर हम जैसे लोगों को जो बिजनेस करना पड़ा है, उसे आप क्या कहेंगे? हर किसी को अपना-अपना धर्म भला होता है न?"

"नहीं! मेरा कहने का मतलब यही है कि आप जो कह रहे हैं, वह गलत है।"

"गलत है तो गलत ही सही। उसे सुधारें कैसे? मेरे सुधरने पर? या देश के सुधरने पर? अब पी.डब्ल्यू.डी. को ही लीजिए। उसके सुधरे बिना क्या मेरा सुधर जाना सम्भव है? आप ही बताइए। कौन इस चप्पे-चप्पे को सुधार सकेगा? आप जैसे लोग! इसीलिए तो मैं कहता हूँ कि आप नेता बनें, मन्त्रिमंडल की रचना करें...अच्छा, तो थिएटर के पास काम है, मैं चलूँ।"

वीरण्णा चले गए। हाथ बाँधकर खड़े वीरण्णा उसकी प्रशंसा करते समय भी ऐसे दिखाई पड़ते थे मानो उसकी सारी जिम्मेदारी वे खुद ढो रहे हैं। उसकी अस्वीकृति, कुढ़न तथा गुस्से की प्रशंसा करके बाजी मारने की चालबाजी थी। लेकिन कृष्णप्पा को यह वहम हर्गिज नहीं था कि वीरण्णा ये सब-कुछ खुद के

लिए कर रहे हैं। मौजूदा मुख्यमन्त्री द्वारा ही उन्होंने किसी जलाशय के तामीरात का ठेका हासिल किया था। वीरण्णा के अतिरिक्त कोई भी ठेकेदार वह ठेका ले सकता था।

वीरण्णा की थाह न पाकर जब कृष्णप्पा हक्का-बक्का-सा ह्वील-चेयर पर बैठा था, तभी ज्योति आई। बिना आहट के इर्द-गिर्द टहलते हुए उसने बिस्तर पर नया शीट बिछाया। गुलदस्ते में गुलाब के फूल सँवारकर रखे, जो वह खुद ले आई थी। कृष्णप्पा को बड़ी सतर्कता से उठाकर लिटाया। बदन की मालिश करती हुई बड़ी उमंग के साथ कल रात देखे सिनेमा की कहानी कहने लगी। सिनेमा के नायक-नायिकाओं की विरह-कथा के क्रम में ही अपने सुख की आकांक्षा को भी, जो उसके दिल में कुम्हला रही थी, पिरोती रही। अपने नायक को नौकरी मिलने की प्रतीक्षा में वह कैसे अनखिली कली बनी रही–इसका कृष्णप्पा को आश्चर्य हुआ। आज वह खुश थी कि उसके बॉय-फ्रेंड को नौकरी मिलने जा रही है। शायद आज की रात, वह उसके लिए खिल उठेगी। उसके लकवाग्रस्त भुजा, बाहु, बगल, कमर, पाँव, उँगलियों पर कोमल हथेली के द्वारा उसके दिल की उमंग लयबद्ध होकर उतर रही थी। कृष्णप्पा को एहसास हुआ कि वह आसपास की सारी तन्दुरुस्ती को अपनी साँसों में भर रहा है।

गुलदस्ते में सजाए गए फूलों में से ऊपर की ओर उठा हुआ खिलता गुलाब कृष्णप्पा को बहुत भाया। नमी के कारण चिकनी पंखुड़ियों में सुर्खी छाई थी मानो दृष्टि को भीतर की ओर आकर्षित करने के लिए पंखुड़ियों के छोरों को मरोड़ तथा उन्हें घुमावदार बनाकर संकुचित होते हुए केन्द्र-बिन्दु को छिपाए रखने वाला पंखुड़ियों का नाज़ुक कसाव हो। आह्वान और रहस्य, उसके रंग-रूप जैसे रूखे पत्ते, नुकीली काँटेदार टेढ़ी-मेढ़ी डंठल–तन्मयता से गुलाब को निहारते हुए वह ज्योति की मधुर बातें सुनता रहा। शीतल ज्वाला की तरह दमक रहा था गुलाब। वह कुछ कहने और कुछ छिपाने की चेष्टा में दिखाई पड़ता था। इसलिए कृष्णप्पा के लिए उसे निहारना दूभर हो गया। ज्योति का चेहरा देखा। सहज भाव से पाँवों को दबाते-सहलाते हुए अपनी बात पर आप ही मुस्कराती हुई दिखाई पड़ी। 'अनायासेन मरण' वाली बात, जो वह कभी-कभी चाहता था, अब याद कर ली। न–अब जड़ीभूत देह में जोश भरने को मन करता है। पेड़ पर चढ़ने की, कुएँ में उतरकर कीचड़ निकालने की, तैरने की, बाग में पौधे लगाने की, फूलों जैसे चूज़ों को हथेली पर धरने की–न जाने कैसी-कैसी कामनाएँ होती हैं! वीरण्णा की बात अनसुनी करना क्या उसका ढोंग नहीं था? आशा तो है कि अधिकार के नशे में जड़ीभूत यह देह शायद फिर से चेतना का फव्वारा बन जाए। माँ द्वारा आँचल

में छिपाकर कटहल की कचौड़ियाँ लाने की बात भी याद आती है।

ज्योति अपना काम कर जा चुकी थी। शाम को फिर आने वाली थी। नागेश को मुँह लटकाए सामने से गुजरते हुए देखकर पूछा, "क्या है, नागेश?" नागेश ने कोई जवाब नहीं दिया। उसे आँख चुराते देखकर फिर बुलाया। नागेश ने बड़ी उधेड़बुन में अपनी जेब में तहाकर रखी दस पैसे की 'चिंगारी' नामक पत्रिका निकाली और उसे कृष्णप्पा के हाथ में देते हुए कहा, "कुत्ते हरामजादे! अंटसंट कुछ लिख दिया है। दिल पर मत लीजिए।"

कृष्णप्पा ने पत्रिका पढ़ी। आज तक किसी ने उस पर ऐसा अभियोग नहीं लगाया था। 'मुख्यमन्त्री-पद के लिए कृष्णप्पा गौड़ा का षड्यन्त्र' शीर्षक के अन्तर्गत आरोपों की तालिका थी : 'पत्नी के नाम पर जयमहल उपनगर में प्लाट खरीदना, वीरण्णा नामक ठेकेदार को जब मौजूदा सरकार ने करोड़ों का लाभ देने वाले जलाशय की तामीरात का ठेका टेंडर में फेर-बदल करके दे दिया तो उस सम्बन्ध में गौड़ाजी की आवाज क्यों नहीं उठी? बड़े जमींदार स्वर्गीय गोपाल रेड्डी और सोने के अंडे देने वाले वीरण्णा जैसे व्यक्ति ही क्यों गौड़ाजी के आत्मीय हैं? अपने नाम पर फिएट कार खरीदकर उसे वीरण्णा के व्यभिचारी पुत्र की निशाचर-वृत्ति के लिए दे देने की बात क्या सच है? गौड़ाजी की पत्नी, जो एक बैंक में मुंशीगिरी करती हैं, उनकी मैनेजर के ओहदे पर तरक्की होने की खबर क्या सिर्फ अफवाह है? सत्ताधारी पक्ष में तोड़फोड़ होने लगी है तो मौजूदा मुख्यमन्त्री, क्रान्तिकारी के नाम से विख्यात गौड़ा को अपना नेता चुनकर सरकार बचाने की कोशिश में लगे हैं और उस नाटक के नेपथ्य में एम.एल.ए. लोगों को वीरण्णा किस दाम पर खरीद रहा है? मुख्यमन्त्री के विरोधी वामपंथी दल के साथ मिलने की रुझान जो गौड़ा के दल ने दिखाई थी, उसे भी ऊँचे दाम पर वीरण्णा द्वारा खरीदे जाने की बात क्या सच है? विचारवादी के नाम से ख्यात गौड़ाजी महेश्वरय्या नामक शक्ति-सम्प्रदाय के एक व्यक्ति द्वारा वामाचार की पूजा-पाठ करवाकर मुख्यमन्त्री-पद को हथियाने की कोशिश कर रहे हैं, यह कहाँ तक सच है? पत्नी की पिटाई करना, मजबूर औरतों का भोग करना, नशेबाजी करना, कोपावेश के लहजे में लोकप्रियता हासिल करके उसे भ्रष्ट-व्यवस्था की हिमायत में उपयोग करना—क्या ये सभी क्रान्तिकारी के लक्षण हैं? किसी जमाने में जो सच्ची लगन के साथ कृषकों के हित में दिन-रात एक किया करता था और जिसने एक कृषक परिवार में जन्म लिया, ऐसा आदमी भ्रष्टाचारियों के हाथ की कठपुतली कैसे बन गया?' लेख का अन्त बड़े विषादपूर्ण उद्‌गार से हुआ था। आखिरी वाक्य बड़ा ही मार्मिक और बड़े-बड़े अक्षरों में छपा था। उसका आशय

था कि गौड़ाजी की भावनाएँ, उनके बारे में फैली अफवाहें किस प्रकार उनकी बीमारी को हरण करने का साधन बनी हैं।

यह सब पढ़ते समय कृष्णप्पा के चेहरे का रंग उड़ते देखकर नागेश ने उनमें उमंग भरने की चेष्टा की, "नागराज ने ही यह सारा लिखवाया है, सर!"

"नागराज मेरा विरोध जरूर करता है, लेकिन गुमनाम होकर लिखने वाला आदमी वह नहीं।" कृष्णप्पा ने संजीदगी से कहा।

"उसी ने लिखा है। आप तो जहाँ सफेदी देखी, वहाँ दूध मान बैठते हैं...।"

"उन्हें बुला ले। जाते-जाते जरा पेन और पैड देते जाना।"

नागराज-कृष्णप्पा की जवानी के दिन याद दिलाने लायक था–अपने उग्र और निष्ठुर व्यक्तित्व में, अपनी कुढ़न आदि में। फर्क इतना ही था कि कृष्णप्पा राजनीति में अनिच्छा से आया था–जीवन की सफलता का कोई अन्य मार्ग न पाकर। नागराज को राजनीति के सिवा कुछ दिखाई ही नहीं देता था। उसकी धारणा थी कि क्रान्ति के बिना जीवन की सफलता का कोई मार्ग ही नहीं। एक के बाद एक चारमीनार के कश खींचते हुए यों बातें करता कि सुनकर लोग फड़क उठें। वही बात उसी अन्दाज में उसी आवेश के साथ आकर कृष्णप्पा कहता है तो सहयोगी मित्र सह लेते हैं, लेकिन नागराज का मुँह खुलते ही उस पर भड़क उठते हैं। वह एक धनी फौजदारी के वकील का बेटा था। दिल्ली स्कूल ऑफ इकोनॉमिक्स में पढ़ते समय मार्क्सिस्ट बना था। कम्युनिस्टों की रूस-सम्बन्धी नीति का विरोधी होने के कारण उसे सोशलिस्ट दल में पनाह लेनी पड़ी थी। सोशलिस्टों से भी उसे एलर्जी थी। बिना किसी हिचक के कहा करता था कि वह अस्थायी तौर पर ही उस दल में है। तुमकूर कृषक-क्षेत्र से भारी बहुमत से चुनकर आया था। इसीलिए सभी लोग सह लेते थे। कृष्णप्पा के नायकत्व का उसे प्रतिस्पर्धी मानकर प्रायः सभी लोग कृष्णप्पा से उसकी चुगलखोरी करते। कृष्णप्पा का सुलूक–वह किसी को भी अपनी बराबरी का नहीं मानता था–नागराज को अखरता था। पार्टी-मीटिंग में कृष्णप्पा को फ्यूडल कहकर उसकी निन्दा भी की है। सत्ता के साथ किसी भी बात के लिए राजी न होने वाले नागराज से कृष्णप्पा कहा करता, "तुम्हारी दलील ऐसी लगती है जैसे आकाश का बँटवारा हुए बिना धरती के बँटवारे से कोई प्रयोजन नहीं।" नागराज बड़े तीखेपन के साथ छेड़ता है, "माओ का कहना ठीक ही है, एनिमी से बढ़कर रिविजनिस्ट खतरनाक होता है।" मन-ही-मन कृष्णप्पा ने चाहा भी है कि यह नागराज धीरे-धीरे नरम पड़ जाए और समझौते की राह पकड़कर गलतियाँ करे। किन्तु सुख-सुविधा, मुरव्वत आदि से बिलकुल मुँह फेरकर नागराज आज तक एकले पिशाच की तरह जिए जा रहा

था। अपने तत्वों से चिपका हुआ, अपने व्यक्तित्व को भरसक एक ही लक्ष्य तक सीमित रखकर, लाल तपे लोहे की सलाखों जैसे नागराज को देखकर कृष्णप्पा को ईर्ष्या होती थी। उसका कसैलापन देखकर हैरानी होती थी।

कृष्णप्पा ने जो लिखा था, उसे दुबारा पढ़ लिया। फिर उस पर पैड रखकर नागराज की प्रतीक्षा करने लगा। बिना इस्तरी की अचकन और पैंट पहने, तनिक सिर झुकाए, लाल आँखों से घूरते हुए, बिखरे बालों वाला नागराज कुर्सी खींचकर बैठ गया। कृष्णप्पा ने नागेश को किवाड़ बन्द करके चले जाने का इशारा किया।

"आपकी तबीयत कैसी है?" यह पूछकर नागराज ने उसकी खबर तक नहीं ली। वास्तव में यह कृष्णप्पा की जवानी का ही रेखांकन है। कृष्णप्पा ने अपने बारे में छपा लेख नागराज को दिया।

"देखा है।" नागराज ने कहा।

"लोग मुझसे कहते हैं कि यह तुम्हीं ने लिखा है।"

"आपका उन पर विश्वास न करना-भर काफी है।"

नागराज ने बड़ी सहजता से सीधी बात कही थी। उस रात की मीटिंग में भी आखिर तक चुप्पी साधे रहकर अन्त में कहा था, "पार्लियामेंटरी राजनीति का यही तो हाल होता है। हम चाहे किसी भी दल से मिलकर सरकार बनाएँ, लेकिन कर कुछ नहीं पाएँगे। यह व्यवस्था सत्ताधारी वर्ग का साधन होती है। दूसरे किसी ढंग से उसका उपयोग कर पाना पार्लियामेंटरी राजनीति में सम्भव ही नहीं।" इस बात पर सभी लोग चिढ़कर उस पर भड़क उठे थे, "तब आप कौन तीर चला रहे हैं?"

"मैं? जब हमारा दल सरकार रचाने लगेगा, तब मैं उससे बाहर रहूँगा। असेम्बली की सदस्यता से भी इस्तीफा दे दूँगा। इस बारे में अभी मेरी धारणा अस्पष्ट है।" उसने कहा था।

"पार्लियामेंटरी राजनीति के सम्बन्ध में अगर आपकी यह धारणा है तो उसके लिए यों टकटकी बाँधकर बैठना नैतिकता की दृष्टि से उचित नहीं। यह अपने-आपको धोखा देना है।" इस सन्दर्भ में कृष्णप्पा ने उसे छेड़ा था।

"आपके कहने में सच्चाई है। मैं अपने वर्ग की भ्रान्तियों से अभी तक छुटकारा नहीं पा सका हूँ।" नागराज ने सरलता से कहा तो सभी लोग हँस पड़े थे। लेकिन यह बात कृष्णप्पा के दिल में उतर गई थी। अब रह-रहकर याद आती है।

आज भी उस बात को याद करके बिना किसी आवेग के कृष्णप्पा बोला, "नागराज, यह लेख पढ़ने के बाद तुमसे पूछने का मन हुआ। मेरे बारे में क्या

तुम्हें भी ऐसा लगता है? मैं पसोपेश में पड़ गया हूँ, इसलिए पूछ रहा हूँ।"

"यहाँ व्यक्ति का प्रश्न अहम नहीं। इस व्यवस्था में कौन कितना प्रामाणिक है, सिर्फ यही रिलेटिव है। मुझे भी लग रहा है कि यह व्यवस्था आपको अपने शिकंजे में फँसाने लगी है। आपका एक इमेज है। इस व्यवस्था को अब इमेज की जरूरत है—खुद को बचाने के लिए।"

"अच्छा, तो तुम्हारी राय में मुझे क्या करना चाहिए? मैं तुम्हारे विचारों को मानता नहीं, लेकिन वास्तव में मुझे तुम्हारी एड्वाइज की जरूरत है।"

"हमारे दल का राजनीतिक मार्ग अगर ठीक बना रहता तो वीरण्णा जैसे लोगों का आपको 'सीक' करने का मन हो ही नहीं सकता था। है न?"

कृष्णप्पा को सहसा गुस्सा चढ़ आया, "नागराज, वीरण्णा ने मेरी जो मदद की है, वह सच है। लेकिन मैंने उसके लिए याचना नहीं की थी। तुम धनी खानदान में पैदा हुए हो। मेरी तरह जन्म लेकर पले होते तो देखता कि तुम मेरे जितना भी प्रामाणिक बने रहते या नहीं!"

नागराज को गुस्सा नहीं आया।

"आप व्यक्तिवादी बनकर बोल रहे हैं। आपमें सैद्धान्तिक क्लैरिटी नहीं है। मैंने वह सवाल उठाया ही नहीं। अगर मैं प्रामाणिक होता तो क्या यहाँ रहता, बताइए?"

"देश के प्रधानमन्त्री तानाशाह बनने की ताक में हैं। उनके दल वाले सत्तारूढ़ होंगे तो जनता के जो सिविल राइट्स हैं, वे नष्ट हो जाएँगे। इस समय जो मुख्यमन्त्री हैं, वे रिएक्शनरी हैं। अगर उनकी मदद से हम मिनिमम टाइम-बाउंड कार्यक्रम निर्धारित कर सरकार की रचना करें तो कुछ-न-कुछ कर दिखाने की जो उम्मीद है, क्या वह थोथी है?"

"नहीं, देश की हालत जब और बिगड़ जाएगी तभी पार्लियामेंटरी व्यवस्था के प्रति जो भ्रम है, वह दूर हो सकेगा। यह पैबन्द लगाने वाला काम मुझे पसन्द नहीं।"

पल-भर के लिए खामोश रहकर कृष्णप्पा बोला, "तुम्हारे विचार मैं नहीं मानता। बसे-बसाए घर में आग लगाकर हाथ सेंकने वाली अपरिपक्व धारणा है तुम्हारी। लेकिन व्यक्तिगत रूप से मेरी कुछ समस्याएँ हैं—वे मेरी प्रामाणिकता से ताल्लुक रखती हैं। इसीलिए तुम्हें बुलवा लिया। अगर तुम्हें भी लगता हो कि मैं किसी के फन्दे में फँसता जा रहा हूँ तो यह लो, असेम्बली की सदस्यता से यह मेरा त्याग-पत्र है। इसे लेते जाओ। एकाध घंटा ठंडे दिमाग से सोचो, अगर तुम्हें उचित लगे तो यह चिट्ठी स्पीकर के नाम पोस्ट कर देना।"

फिर वह कागज उसके हाथ में थमा दिया। नागराज ने खड़े होकर बिना किसी भावुकता के कहा, "आप व्यक्तिवादी हैं, इसलिए प्रामाणिकता के नाम पर बेहद परेशान होते हैं। यह एक प्रकार का सिक्ली इंडल्जेन्स है...अगर प्रामाणिकता का प्रश्न है तो आप मुझसे महान हैं...मेरी तुलना में आप ही लोगों के करीब हैं। इसीलिए आपका व्यक्तित्व मेरे लिए महत्त्व का है। आप नेक और पाक हैं या नहीं, इस बात के लिए त्यागपत्र देना मेरी निगाह में इर्रेलेवेन्ट है। बुर्जुआ समाज में पाक बने रहना कहाँ सम्भव? अब भी इस मुद्दे पर स्पष्टीकरण की जरूरत है कि पार्लियामेंटरी मार्ग उचित है या नहीं?"

कृष्णप्पा को कागज लौटाते हुए नागराज ने फीकी आवाज में अपनी बात जारी रखी, "इसीलिए आपका अनुभव महत्त्व का है। मैं ठहरा अभी कच्चा आदमी। इस मुद्दे पर जब आप किसी नतीजे पर आ जाएँ तो मुझे कहला भेजना। फासिस्टों को रोकने के लिए क्या आपको पार्लियामेंटरी मार्ग वास्तव में अनिवार्य लगता है? मेरी यह कुढ़न भी हो सकती है या यह भी कि मेरा एड्वेंचरिस्ट इंडल्जेंस हो। इसलिए आपका मार्गदर्शन चाहिए, क्योंकि आप जनता के साथ कन्धे-से-कन्धे मिलाकर चलते रहे हैं।"

बात करते हुए लगा कि नागराज उलझन में पड़ गया है। वह खड़े-खड़े विदा लिए बिना ही चला गया।

नागराज की बातें कृष्णप्पा को गहरे तक सालने लगीं। जिन्दगी और मौत की दहलीज पर बैठे हुए तय करना है कि उसका मुख्यमन्त्री बनना क्या फासिस्टों के षड्यन्त्र को भंग करने के लिए अनिवार्य है? यह कामना जो उसके मन में पैदा हुई है, क्या मरते समय अधिकार के जरिए चेतना पाने की कोशिश तो नहीं है? अथवा वारंगल थाने में अधिकार का जो क्रूर स्वरूप देखा था, यह उसे नष्ट करने की इच्छा से तो नहीं? वीरण्णा के वर्ग-हित के द्वारा क्या फासिस्टों का विरोध कर पाना सम्भव है? यों अपने-आपसे प्रश्न करते समय वह कहीं खुद के व्यक्तिगत हित को बढ़ावा तो नहीं दे रहा है?

'नागराज, तुम घुग्घू हो, एकदम घुग्घू! जीवन के संकीर्ण रूप को तुम नहीं जानते। आज रात ज्योति और उसका प्रेमी देह के रहस्यमय सुख को लूटें, इसीलिए मैंने वीरण्णा के वर्ग-हित को नजरअन्दाज किया।' यह बात चिल्लाकर कहने को मन हुआ। 'खाकर, पीकर, सोकर, सम्भोग में देह से देह सटाकर, प्रेत या परमात्मा के बहाने अव्यक्त पर धावा बोलकर, घोड़ी की दुम पकड़कर भटकते हुए उद्रेकित होते रहना—इनके बिना और रखा ही क्या है रे मूर्ख?' ज्योति द्वारा सहलाए गए पाँव को उठाने की कोशिश में कृष्णप्पा ने साँस रोक ली।

इस समय साढ़े पाँच बजे हैं। छह बजे गौरी हवाई जहाज से उतरेगी। नागेश ने उसकी सफेद साड़ी में ली गई तस्वीर देखी है। पहचान लेगा। वह अपनी भावनाओं को दबाकर संजीदगी से पूछेगी, 'कृष्णप्पा गौड़ाजी की तबीयत कैसी है?' नागेश जानता है कि वीरण्णा की कार में उसे सीधे यहाँ लिवा लाना है। यहाँ से गेस्ट-हाउस को ले जाना है। रास्ते में उसके बारे में नागेश सारी बातें बता देगा–स्ट्रोक की बात, मुख्यमन्त्री बनने की सम्भावना की बात, लालच में न आने की बात, सिद्धान्त की खातिर मान जाने की सम्भावना। हवाई अड्डे से यहाँ आने में लगभग आधा घंटा तो लगेगा। अगर हवाई जहाज के आने में देर हो गई तो? कपड़े बदलने के लिए कहीं गौरी पहले गेस्ट-हाउस जाना चाहेगी तो?

बाहर कार के रुकने की आवाज आई। क्या फ्लाइट जल्दी आ गई? भीतर कोई आ रहा है। यह औरत के कदमों की आहट नहीं।

"नमस्ते!"

जो सज्जन सामने आकर खड़े हुए, उन्हें देखकर कृष्णप्पा का सारा मजा किरकिरा हो गया। वीरण्णा के साथ नरसिंह भट्ट और रामे गौड़ा आए थे। नरसिंह भट्ट ने बच्चे के लिए चूल्हे पर रखा दूध घूरे में उँडेल दिया था और रामे गौड़ा? उसने पहले चुनाव में कृष्णप्पा को हराने के लिए जमींदारों की ओर से चुनाव लड़ा था।

तीनों बैठकर बक-झक करते रहे–आप महान नेता हैं, देश-सेवा की खातिर भगवान आपको जल्द स्वस्थ करे, आदि-आदि। नरसिंह भट्ट ने कहा कि भू-शासन के बारे में उसका ज्ञान नहीं के बराबर है? 'बलाच पृथिवी' वाली बात अब उचित नहीं; कृष्णप्पा गौड़ा के आन्दोलन के फलस्वरूप आज उसके लिए भी मठ की थोड़ी-सी जमीन का पट्टेदार बनना सम्भव हो सका; अब स्वामीजी और उसके बीच बनती नहीं, आदि। पूजा-पाठ से बच्चों का गुजारा हो पाना क्या सम्भव है? उन्हें पढ़ाना भी होगा, इसलिए भट्ट ने शिवमोगे में घर लिया है। उसे शक्कर की बीमारी है, हर रोज सुई लगवानी पड़ती है। मठ की सारी जिम्मेदारी अपने बहनोई को सौंपकर शहर में आ बसा है। गुरु महाराज की सेवा की थी। उसके एवज में काश्त के लिए दस एकड़ उर्वर जमीन रख ली थी। उससे भी क्या गुरु महाराज बेदखल कर दें? भट्ट के बेटे को ही दीक्षा दी जा सकती थी। बड़ा ही शुभ लक्षणों वाला लड़का है। खैर, जाने दें। अपने भांजे को ही दे दें। लेकिन क्या उनकी सेवा के एवज में थोड़े-से बाग भी न दे? कृष्णप्पा गौड़ा के आन्दोलन के फलस्वरूप जो भू-शासन बना था, उसके बिना नरसिंह भट्ट को वह उर्वर जमीन भी नसीब न हो पाती। रामे गौड़ा का भी यही हाल था। उस शासन के

कारण मठ की जमीन का पट्टेदार बना था। न जाने किस-किसने उसके कान भरे थे कि कृष्णप्पा गौड़ा चुनकर आएँगे तो उनके हाथ में ठीकरा थमा देंगे! अब तो हर कोई हकीकत जानता ही है।

"कैसे आना हुआ?"

कृष्णप्पा थक गया था। पर वीरण्णा ने अपनी बात रखी, क्षेत्र के सभी काश्तकारों ने मिलकर कृष्णप्पा के सम्मान में एक बड़ी सभा का आयोजन किया है। सात दिनों तक हर रात यक्षगान चलेगा। दिन में भाषण होंगे—कृषकों की समस्याओं पर। पहले दिन कृष्णप्पा गौड़ा को एक लाख की निधि समर्पित की जाएगी। हर कृषक से दो-एक रुपया इकट्ठा करके इतनी पूँजी जमा की गई है। पहले दिन की सभा के लिए मुख्यमन्त्री ही प्रमुख भाषणकर्त्ता होंगे। कृष्णप्पा गौड़ा की लोकप्रियता इतनी अधिक है कि मुख्यमन्त्री का शत्रु कहलाने वाले चन्द्रय्या ने भी सभा में शरीक होने की इच्छा व्यक्त की है—सारांशतः देश के दीन-दलित कृषकों के लिए यह एक भारी मेला भी बनने वाला है। दिल्ली से कृष्णप्पा गौड़ा के दल के नेताओं ने भी इसमें शरीक होने की स्वीकृति दी है। गौड़ाजी को चौंकाने के लिए ही इतने दिनों तक उनके स्वाभिमानी अनुयायियों ने परदे के पीछे ये सारी तैयारियाँ की हैं।

वीरण्णा की शालीन बातों के साथ हीरे की बुँदकी पहने हुए भट्ट और नए दाँत लगवाए हुए रामे गौड़ा सिर हिलाते हुए यथोचित अपनी भावनाओं का पुट दे रहे थे। बातों के बीच कृष्णप्पा ने कहा, "वीरण्णा, गौरी देशपांडे का जहाज पहुँचा या नहीं, जरा पूछताछ करेंगे?"

वीरण्णा उठ खड़े हुए। बाहर कार की आवाज सुनकर कहा, "शायद वे आ गई हैं। उन्हें गेस्ट-हाउस को भेज दें?" फिर वह वहीं बैठ गए।

"मुझे उनसे अभी मिलना है। अच्छा, हम लोग फिर बैठेंगे।" कृष्णप्पा ने दाहिना हाथ उठाकर नमस्कार किया। भट्ट, गौड़ा और वीरण्णा प्रणाम कर चले गए।

कृष्णप्पा को अपनी आँखों पर ही विश्वास नहीं आया। गौरी सामने खड़ी थी—नीली जीन्स पर महीन लखनवी टॉप पहनकर। पीठ पर बिखरे लम्बे बालों को रूमाल से बाँध रखा था। बालों में कहीं-कहीं सफेद रेखाएँ दिखाई पड़ीं। वैसे वह पहले वाली गौरी ही थी। वही सुडौल गठन, वही चमकनेवाली आँखें। भावावेग को दबाने की चेष्टा करते हुए गौरी हँसकर बोली, "अब आप वाकई अफ्रीकन-प्रिंस की तरह लगते हैं। बल्कि दाढ़ी के कारण अफ्रीकन गॉड की तरह लगते हो।

बन्द कमरे में रहकर कुछ गोरे भी हो गए हो...।"

कृष्णप्पा मूक बना ह्वील-चेयर पर बैठा था। उसकी आँखों से आँसू उमड़ रहे थे। कृष्णप्पा ने इस बात की तनिक भी परवाह नहीं की कि इस उद्वेग को देखकर गौरी जान लेगी कि पहले जैसा तनाव और मगरूरपन अब उसमें नहीं रहा। जब वह अमेरिका के लिए निकल रही थी, तब कृष्णप्पा उससे कह सकता था कि 'मुझे तुम्हारी जरूरत है। मत जाओ।' पर उसने कहा नहीं था। उन दिनों उसमें इतनी चुस्ती नहीं थी और उसे अपनी जरूरत का ठीक-ठीक पता तक नहीं चल पाता था। अब कृष्णप्पा सिर्फ दाहिना हाथ मात्र उठा सकता है। उठाया भी। दाहिने तरफ़ खड़े होकर उसका मस्तक अपने पेट से टिकाए गौरी सिर के बालों में उँगलियाँ चलाने लगी। उसका पेट भी भीग गया। कृष्णप्पा के दाहिने हाथ ने उसे कसकर लपेट लिया। "दिल्ली लौटते ही क्यों नहीं आईं?" उसने पूछा। "जानती नहीं थी कि मेरा आना तुम्हें भाएगा या नहीं!" संजीदगी से यह बात कहकर उद्वेग कम करने के लिए मजाक किया, "इन्तजार कर रही थी कि जरा साहब का गरूर उतर जाए।"

दोनों हँस पड़े। कुर्सी पर बैठकर गौरी ने कमरे का मुआयना किया। गुलाब के फूलों पर उसकी नजर टिकी देखकर कृष्णप्पा को उसके घर के गुलाबों का चमन याद आया। गौरी भी उस दिन की सोच में डूबी थी, जब दालान में बैठे-बैठे कृष्णप्पा गुलाबों का चमन निहारने लगा था। मानो कृष्णप्पा के मुँह की बात छीनकर गौरी बोली, "नंजप्पाजी का देहान्त हो गया। अब माँ दिल्ली में मेरे साथ ही रहती हैं।"

"काम में मन लगता है?"

"हाँ! रिंबो पर लिखी मेरी एक पुस्तक छप रही है।"

लज्जा और संजीदगी-मिश्रित उसी पुराने लहजे में गौरी बोल रही थी। अपने चेहरे को कृष्णप्पा की आँखों द्वारा समूचा निगलते देख गौरी कमसिन लड़की की तरह जर्द पड़ गई। कृष्णप्पा का ध्यान दूसरी ओर खींचने के लिए बोली, "अमेरिका में मैंने एक सोशियोलॉजिस्ट से शादी की थी। शादी से मतलब उसके साथ थी। बड़ा सज्जन था। मार्क्सवादी। कैम्पस में मार्टिन लूथर किंग के आन्दोलन में हिस्सा लिया था। मैंने भी। जानते हो, मुझे भी अब राजनीति से रुचि होने लगी है! अपना ही एक कुनबा है दिल्ली में। प्रधानमन्त्री के डिक्टेटर बनने का डर है हमें। आपको यहाँ खबरदारी बरतनी होगी कि कहीं प्रधानमन्त्री का दल सत्तारूढ़ न हो जाए। नागेश ने सब कुछ बताया है। परिस्थिति बहुत ही उत्तेजक

है...यह बात न कहकर जाने क्या-क्या बक गई! क्या मैं सिगरेट पी सकती हूँ?"

पहले वाली गौरी ही है। जो बात गहराई से घर कर जाती है, उसे छिपाने के लिए कुछ-का-कुछ बोल देती है। महज छेड़ने के इरादे से ही कभी-कभी उलटी बात कह देती है। पैक से सिगरेट निकालकर गौरी ने सुलगाई और पूछा, "क्या आप अब भी पीते हैं?"

"छोड़ दिया है। अब दोगी तो एक कश खींचूँगा।" कृष्णप्पा ने कभी सोचा भी नहीं था कि गौरी सिगरेट पिएगी। 'इफ यू डोंट माइंड' कहते हुए अपने लिए सुलगाई सिगरेट कृष्णप्पा के होंठों में खोंस दी। वह इस बदली हुई गौरी को अपनाने की चेष्टा कर ही रहा था कि गौरी बोली, "क्या आप अभी तक फ्यूडल ही बने हैं? आई होप, नाट। मुझे सिगरेट पीते देखकर शॉक लगा?"

उसने गर्दन को पीछे की ओर झटका दिया और बालों को हाथ से पीठ पर बिखराकर हँस पड़ी। गौरी की यह अदा भी अनोखी थी। क्या यह उसे अस्वाभाविक लगा? अगर हाँ, तो क्या इसके लिए उसका स्वभाव ही कारणभूत है? कृष्णप्पा सोच में पड़ गया। गौरी उसे शरारती निगाह से देख रही थी। सहसा गम्भीर होकर बोली, "अमेरिकन मेल के बारे में जो मेरा भ्रम था, वह जल्दी ही टूट गया। आपको मैंने फ्यूडल कहा। औरतों के बारे में वे लोग भी फ्यूडल ही होते हैं। एड्डी मार्क्सिस्ट है न? फिर भी अनजाने में वह फ्यूडल बनकर ही रहा। अब भी हममें फ्रेंड्स का नाता समझिए।"

कृष्णप्पा के चेहरे का रंग उड़ते हुए गौरी ने गौर किया। वह पूछना चाहती थी कि उसके दिल को दुखाया तो नहीं। किन्तु पूछा नहीं। अमेरिका में उसने शादी की थी, इस बात पर कृष्णप्पा के दिल को चोट पहुँचते देखकर उसे खुशी हुई। लेकिन उसे जाहिर न करके पूछा, "आपकी पत्नी और बेटी कहाँ हैं?"

पल-भर के लिए कृष्णप्पा कुछ बोल नहीं पाया। मुँह लटकाए धीरे से बोला, "मैं किसी भी क्षण मर सकता हूँ, गौरी! नाहक झूठ-मूठ का स्वाँग क्यों रचाऊँ? पत्नी कहलाने वाली एक है जरूर, लेकिन मैं उसे पीटता रहता हूँ।"

शायद गौरी को उसकी वेदना का एहसास हो गया। वह चुप्पी साधे रही।

"नागेश!" कृष्णप्पा ने हाँक लगाई। नागेश बड़े उतावलेपन से अन्दर आकर बड़बड़ाने लगा, 'सम्मान-समारोह के सन्दर्भ में वे लोग। आपकी एक जीवनी का भी प्रकाशन करने वाले हैं। मैंने अभी से लिखनी शुरू कर दी है। बिहार के अखिल भारतीय किसान सम्मेलन के आप सभापति बने थे न, उस समय...।"

उसकी बात काटकर कृष्णप्पा मुस्कराते हुए बोला, "लिख यार, लिख। सीता को बुला, गौरी को भी लिवा ला।" गौरी को चौंकते देख कहा, "अपनी बेटी का

नाम तुम पर ही रखा है।"

कुछ देर बाद नागेश गौरी को लिवा लाया और बताया, "सीता माँजी को सिरदर्द है–सोई हैं। सर, आप मलेनाड के एक कस्बे में जन्म लेकर अखिल भारतीय किसानों के नेता बने–आपकी जीवनी में इस मुद्दे पर जोर देना होगा।"

नागेश के उत्साह से कृष्णप्पा को हिचक हुई है। यह बात बड़ी सूक्ष्मता से गौर करके गौरी ने बच्ची को सहलाते हुए कहा, "आपकी ही जैसी आँखें हैं।"

कृष्णप्पा ने बच्ची को माँ के डर से फिर गूँगी होते हुए देखा। सामान्यतया किसी का भी स्पर्श पसन्द न करने वाली बच्ची आज एक अजनबी–और वह भी पैंट पहने औरत–की गोद में आकर भी चुप थी।

"स्वीट चाइल्ड!" गौरी ने दूसरा सिगरेट सुलगाया। जाहिर न होने पर भी कृष्णप्पा ने गौरी को उद्विग्न होते देखा।

"अब तुम गेस्ट-हाउस जाओ। कल आना। तुम्हें आराम की जरूरत है।" कृष्णप्पा ने कहा। उसका अनुमान था कि पत्नी भीतर सिसक-सिसककर रो रही होगी। उसे जो रोना सुनाई दे रहा है, क्या वह गौरी को भी सुनाई दे रहा होगा? और नागेश को भी? लेकिन बिहार में किसान लोग, जो उसे जुलूस के साथ ले गए थे, शायद उसी की कल्पना में डूबकर नागेश उत्साह से खिल रहा था। उसका चेहरा देखकर कृष्णप्पा को सब कुछ बेतुका-सा लगा।

"आपको भी।" गौरी उठ खड़ी हुई और 'बाय' कहकर नागेश के साथ चली गई। बच्ची को सहलाते कृष्णप्पा चुपचाप बैठा रहा। अनजाने में ही उसके जड़ीभूत बाएँ हाथ की उँगलियाँ और बाईं टाँग कसरत करने लगी थीं। पत्नी का रोना भी ऊँची आवाज में सुनाई दे रहा था। कृष्णप्पा के मन में मरने की चाह फिर अंकुरित हुई।

दूसरे दिन सवेरे जलती मशाल की तरह दिखाई देने वाले लाल गुलाबों का गुच्छा लिए, सफेद साड़ी और सफेद ब्लाउज पहनकर खुश होती हुई ज्योति कमरे में दाखिल हुई। कल से उसका बॉय-फ्रेंड काम पर जा रहा है। कृष्णप्पा के कुछ भी कहने से पहले वह बोली, "वे बाहर हैं। धन्यवाद के लिए ऑटो-रिक्शा में बैठे हैं।"

कृष्णप्पा की अनुमति पाकर वह बाहर भागी। फिर सुन्दर मूँछों और खिलाड़ी जैसे गठन वाले अपने प्रेमी को भीतर ले आई। 'एडविन' कहकर उसका परिचय कराया। कृष्णप्पा ने जलन और खुशी से उसकी ओर दाहिना हाथ बढ़ाकर 'कांग्रेचुलेशंस' कहा। उत्साहपूर्ण हस्त-लाघव के साथ धन्यवाद देकर एडविन काम पर चला गया। तन्मय होकर फूलों को गुलदस्ते में सजाती हुई ज्योति की चाल

में तृप्ति की थकावट को पहचानकर मुस्कराते हुए कृष्णप्पा ने पूछा, "काम मिलने की खुशी को कल सेलेब्रेट भी कर लिया!"

अपने ही अन्दाज में उसने हामी भरी। फिर कृष्णप्पा की नीरव हँसी को भाँपकर फूल सजाती हुई ज्योति लाल-सुर्ख हो गई। बनावटी गुस्से से कृष्णप्पा को देखा। बिस्तर के पास छोटे कदमों से जाकर उसके गालों पर चिकोटी भरते हुए बोली, "डोंट बी नॉटी।" फिर सहसा अपनी हरकत से घबराकर आँखें छिपाती हुई जबान काट ली।

"पैन के लिए तैयार हैं?" अपने पेशे के रूखे लहजे में उसने पूछा। धोते-नहलाते समय ज्योति के कुशल हाथों की दृढ़ता, मार्दवता और व्यावसायिक तजुर्बे पर फिदा होकर कृष्णप्पा अपने-आपको नन्हे बच्चों की तरह सौंप देता। शौच-क्रिया से वह खुद ही घिन्नाता था, पर ज्योति उसे बिलकुल मामूली तौर पर निभा लेती थी। गरम तौलिए से उसका बदन पोंछकर सारी देह पर पाउडर लगाती। इस्तरी किए हुए कपड़े पहनाती। बालों में कंघी करके कुर्सी पर बिठाती। बिस्तर पर सफेद चादर बिछाकर कृष्णप्पा को बाहर ठेलकर ले जाती। इस सारी गन्दगी, बदबू, क्षुल्लक विवरों से बँधे रहने पर भी वह सदा शुभ्र-श्वेत दिखाई पड़ती। आज वह कृष्णप्पा को भेंट में देने के लिए चम्पा की खुशबू वाला कोलोन लाई थी। उसने वह उसकी काँखों, गर्दन और सीने पर लगाया। उसकी भीनी खुशबू कृष्णप्पा को मस्त करने लगी। उस खुशबू का मजा लेते हुए वह आँखें मूँदे बैठ गया।

"इसकी गन्ध से शायद आपके सिर में दर्द होने लगे।" उसने आशंका व्यक्त की। कृष्णप्पा बोला, "नहीं।" जोयिस नामक मेरे एक अध्यापक थे गाँव में। उनके घर के पिछवाड़े में चम्पा का एक पेड़ था। बड़े सवेरे बन्दर की तरह मैं उस पर चढ़ जाता। जोयिस के भगवान की पूजा के लिए चंगेरी भरकर फूल तोड़ दिया करता था।"

आँखें मूँदकर जो बातें याद आती रहीं, उन्हें ज्योति से इसलिए नहीं कहा कि वह उसकी समझ में नहीं आएँगी। एकादशी के दिन जोयिस और उनकी पत्नी रुक्मिणियम्मा खाना नहीं खाते थे। उस दिन उनके उतरे हुए चेहरे देखने में कृष्णप्पा को मजा आता। रुक्मिणियम्मा उस दिन कृष्णप्पा से बात भी नहीं करती थी। लेकिन दूसरे दिन सूर्योदय से पहले ही जोयिसजी के घर से जैसे ही झांझ-शंख की आवाज कानों में पड़ती, कृष्णप्पा चौकड़ी भरते हुए उनके पिछवाड़े खड़ा हो जाता–सिंकते डोसों की गन्ध को सूँघते हुए। तपे तवे पर डोसे के आटे की घोल 'चुंञ' की आवाज करती। जब आवाज थम जाती तो इसका मतलब होता कि

भगवान को डोसों का भोग चढ़ाया जा रहा है। कुछ देर बाद पिछवाड़े के चबूतरे पर पत्तल बिछाकर तीर की तरह आने वाले कृष्णप्पा की प्रतीक्षा रुक्मिणियम्मा मुस्कराते हुए करने लगती। गरम-गरम डोसे परोसकर नारियल की चटनी डालती। कृष्णप्पा के ही घर से हर माह मिलने वाले नारियल से बनी खूब करारी चटनी कृष्णप्पा भर-पेट डोसे खा लेता और पत्तल उठाकर उस जगह को गोबर से लीप देता। ताई चबूतरे पर खड़ी होकर पानी डालती। नीचे खड़ा कृष्णप्पा हाथ धो लेता और झट वहाँ से खिसकने की ताक में रहता। तभी चोटी में तुलसी-दल पहने जोयिसजी गीला अँगोछा ओढ़कर जाड़े में काँपते हुए बाहर निकलते। पूरब की ओर मुँह कर आँखें मूँद कहते, "अठारह का पहाड़ा बोल रे, किट्टी।" पहाड़ा बोलते-बोलते कृष्णप्पा आहिस्ता से वहाँ से नौ-दो-ग्यारह हो जाता–उन्नीस का पहाड़ा बोलने के डर से।

ज्योति ने जब धूप में ह्वील-चेयर को रोक दिया तो महकती देह में सूर्य की किरणों ने प्रवेश करके गुदगुदाया। इसी बीच नागराज की कही बात याद आई। यह केवल व्यक्तिगत नैतिकता का प्रश्न नहीं है। लेकिन उसका मन खोखला बनकर भूतकाल में भटकते हुए सुख पाने की चेष्टा करने लगा। महसूस हुआ कि जिस फन्दे में वह उलझता जा रहा है, उससे बाहर नहीं निकल पाएगा। अभिनन्दन की तैयारी चल रही है–गौड़ा, भट्ट और वीरण्णा की मसलहत में। इस मसलहत को भी क्या ऐतिहासिक अनिवार्यता कहा जा सकता है? समूह की भलाई के नाम पर जब कृष्णप्पा खुद की भलाई कर देगा, तब नागराज क्या कहेगा भला? इसे बेमतलब की बात कहेगा। अथवा कहेगा कि आप लोग जिस वर्ग का प्रतिनिधित्व कर रहे हैं, वह इस समाज को अमुक दूरी तक प्रगति के पथ पर ले जाएगा–अधिक नहीं। और कहेगा कि अपनी भलाई की खातिर उसके व्यवहार में चौंकानेवाली कोई बात नहीं। सफाई और गन्दगीवाली बात को बेतुकी कहेगा। भू-शासन द्वारा भट्ट और गौड़ा ने लाभ उठाया है। भूमिहीन मजदूरों के पक्ष में व्यवस्था ला पाना पार्लियामेंटरी मार्ग से सम्भव नहीं। जब वह उसके लिए कटिबद्ध होगा तो यही गौड़ा और भट्ट उसके विरोधी बन जाएँगे। जैसे इन लोगों ने पहले हरवाहों का पक्ष लेने पर विरोध किया था। बड़े-बड़े फ्यूडल जमींदारों का खात्मा हो जाने पर अब कैपिटलिस्ट जमींदार उसकी राजनीति के फलस्वरूप ही सिर उठाकर हिमायती बने हैं। चक्र को अभी घुमाना हो तो वास्तव में खुद को खेतों में पसीना बहाने वाले लोगों के पक्ष में खड़ा होना पड़ेगा...मौजूदा क्राइसिस में नव-उपनिवेशवादी शक्तियाँ देश में जो फासिज्म का निर्माण कर रही हैं, उसका विरोध करना इन पूँजीवादी जमींदारों के वर्ग-हित के लिए शायद अनिवार्य होगा।

अगर ऐसी बात है तो उन लोगों का भी उपयोग कर लेना होगा...इस दिशा में नागराज के सोचते रहने की भी सम्भावना है। कृष्णप्पा का सिर चकराने लगता है। ज्योति अपनी शादी के बारे में बता रही है। शादी में कैसे-कैसे कपड़े खरीदेगी, मंगल-सूत्र कैसा होगा, आदि के बारे में। कृष्णप्पा उसकी बातों का रस लेते हुए हाथ और पाँव की मालिश करवाते बैठा रहता है।

अच्छा हुआ कि सीता के बैंक चले जाने पर गौरी देशपांडे आई। वह साड़ी पहनकर, बालों का साधारण जूड़ा बाँधकर, काँख में एक बैग लटकाकर आई थी। नागेश द्वारा लाकर रखी कुर्सी पर बैठ गई। ज्योति से 'हलो' कहकर परिचय कर लिया। कृष्णप्पा अवाक् बनकर फटी आँखों से गौरी को ही देखता रहा। कल रात कुछ ही सफेद बाल दिखाई पड़े थे, लेकिन आज चेहरे पर ढलती उम्र के लक्षण भी दिखाई दे रहे थे। पहले जिन आँखों में चमक रहा करती थी, उसके गिर्द अब महीन झुर्रियाँ, छरहरी तन्दुरुस्ती थी। लेकिन ज्योति की तुलना में यह प्रौढ़ा है। उसकी उम्र पचास है, अतः गौरी की उम्र चालीस के आसपास की होगी। उमंग के साथ उसकी चुस्त निगाह भले ही इर्द-गिर्द दौड़ रही हो, लेकिन निद्राहीन रातों ने, एकाकीपन के डर ने उसकी आँखों को किरकिराया है। वैवाहिक बन्धन को तोड़ते समय उसके मुँह से अनाप-शनाप बातें निकली होंगी, उसके दिल ने कड़ी आलोचना की होगी। अपने पेशे में निपुणता पाने के लिए उसने परिश्रम के साथ जो दिन-रात बिताए थे, उनमें शायद उसकी पिछले दिनों की शरारत रिस गई है।

गौरी ने एक सिगरेट सुलगाकर कृष्णप्पा के होंठों पर लगा दिया और दूसरा जलाकर ज्योति से क्षमा-याचना करते हुए पूछा, "इनके सिगरेट पीने में आपको कोई एतराज तो नहीं है न?"

"है! लेकिन एक बार चल सकता है।" ज्योति कृष्णप्पा के तलुए को दोनों हाथों में लेकर मालिश करने लगी। एक दूसरी औरत के प्रवेश के कारण वह सिकुड़ी हुई लग रही थी।

"इन्हें बाथ में बिठाने से ठीक रहेगा न?" गौरी ने पूछा।

"जल-चिकित्सा ठीक ही होती है। लेकिन यहाँ बाथ कहाँ है?" ज्योति ने कहा।

"वेट ए मिनट। मैं जहाँ ठहरी हूँ, उस गेस्ट-हाउस में बाथ है। मैंने भी इस थेरपि की ट्रेनिंग ली है–फिलडेल्फिया में। हम दोनों यह काम आपस में बाँट सकती हैं न?"

ज्योति चुप रही, क्योंकि गौरी के इस प्रश्न का जवाब देना उसके हक में नहीं

था। अपनी योजना को कार्यरूप देने के लिए गौरी ने बाहर दालान में बैठे वीरण्णा से बात की। गेस्ट-हाउस में कृष्णप्पा को आराम भी मिल सकेगा। सवेरे ज्योति को कार में वहाँ लाने से काम बन जाएगा। सवेरे का काम वह कर लेगी तो बाकी काम गौरी खुद देख लेगी। वीरण्णा, जिन्हें कृष्णप्पा के स्वास्थ्य-लाभ की बड़ी चिन्ता थी, इस बात को मान गए। सभी जानते थे कि कृष्णप्पा का सीता से दूर रहना जरूरी है। दूसरे ही दिन कृष्णप्पा के जाने की बात तय हो गई।

कृष्णप्पा की माँ शारदम्मा को दोपहर के समय कोई लड़का गाँव से लिवा लाया। सिगरेट पीने वाली गौरी को देखकर शारदम्मा हक्की-बक्की होकर बेटे के सामने जा बैठी। चौधराइन की तरह साड़ी पहनकर बैठी सत्तर साल की बूढ़ी माँ से कृष्णप्पा ने तुनककर कहा, "यहाँ आने में इतने दिन क्यों लगाए? अकेली वहाँ क्या करती रहीं? यहाँ आकर रहते नहीं बनता था?"

हँसते हुए बुढ़िया बोली, "मैं क्यों तेरे लिए रोटी सेंकते बैठूँ भला? भाँवर पड़ी हुई बहू क्या नहीं है?" उसके बात करने के लहजे में शरारत थी। फिर उस रात की बियारी के लिए बेटे की पसन्द का कुन्दरू का साग-साँबर बनाने के लिए रसोई में चली गई।

"माँ, माँ!" कृष्णप्पा ने माँ को हाँक लगाई। वह रसोईघर का मुआइना करके गाँव से जो नीबू, कुन्दरू, चकोतरा, कचनार आदि ले आई थी, उन्हें सूप में सजाकर रख रही थी। "आई, गला मत फाड़!" कहकर कैरियों का अचार लिए, जो वह गाँव से लेती आई थी, कमरे में दाखिल हुई।

"कबूतर के खून से मालिश करने से चंगा हो जाएगा, बेटा! जोयिसजी बता रहे थे कि साँझ के समय सिर पर किसी परिन्दे के उड़ने से ऐसा होता है। उन्होंने भी कबूतर के खून से मालिश करवाने को कहा है। हाँ, तुम्हारी भाग्यवान ताई इस दुनिया से उठ गई, बेटा! एक दिन के लिए भी बिस्तर नहीं पकड़ा और न ही कुछ हुआ था। खाना खाकर कपास की डलिया लिए एक दिन चौतरे पर बैठी थी। भगवान के लिए बत्तियाँ बट रही थी तो सहसा वहीं पाँव तानकर आँखें बन्द कर लीं। अब बेचारे जोयिसजी अकेले रह गए हैं। मरने से पहले उनकी घरवाली ने जो अचार डाला था, उसमें से तेरे लिए कटोरा भरकर भेजा है। तुझे भाता जो है न!"

शारदम्मा ने आँसू पोंछ लिए। कृष्णप्पा का सिसक-सिसककर रोने को मन हुआ। इधर जब से देह कमजोर हो गई है, भावनाओं पर नियन्त्रण ढीला पड़ गया है। बड़ी कठिनाई से अपने को रोक लिया। कहीं माँ भी अकेलेपन में आँख न मूँद ले, इस भय से बोला, "अब तुम यहाँ से नहीं जाओगी। यहीं रहना होगा।"

बनावटी गुस्से से शारदम्मा बोली, "यहाँ क्या धरा है जो मैं रहूँ? इस घर के इर्द-गिर्द कहीं मुट्ठी-भर मिट्टी भी नहीं मिलती। दो दिन से ज्यादा मैं यहाँ नहीं रहूँगी, बेटा। तुम्हारी जो खेती है, उसे बचाए रखना होगा कि नहीं? किसी हरवाहे को काश्त के लिए देंगे तो कल उस पर वह अपना ही हक जताने लगेगा। न जाने कैसा कानून तुम्हीं ने बनवाया है! इसे भी भोगना पड़ेगा।"

'मुट्ठी-भर मिट्टी कहीं नहीं मिलती।' माँ की यह बात कृष्णप्पा को चुभ गई। गांधी बाजार वाले घर में यहाँ से अधिक चहल-पहल थी। माँ उसे बहुत पसन्द करती थी।

माँ-बेटे को आराम के साथ बैठकर अपने गाँव के बारे में गपशप करते देख गौरी को खुशी हुई। सहसा माँ को चौके की याद आई। अनधुले बर्तन पड़े थे। माँ के भाव को ताड़कर गौरी खुद उठी। चौके में गई। रसोईघर सँवार दिया।

"यह कैसी औरत है, बेटा! तम्बाकू पीती है!" शारदम्मा बोली।

"क्या तुम तम्बाकू खातीं नहीं?" हँसते हुए कृष्णप्पा ने कहा।

"हाँ, भली भी तो लगती है।" वह फिर गाँव की बातें करने लगी—कौन लड़की रजोवती हो गई, ढोरों को कैसी बीमारी हुई, इस बार फसलों की बीमारी कैसी रही, किसके घर बच्चा हुआ, किसकी शादी में समधियों के बीच हाथापाई हुई, वगैरह-वगैरह। बातों के बीच गरम साँस छोड़कर बोली, "बेचारे जोयिसजी तो कभी-कभी चूल्हा ही नहीं जलाते, बेटा! मैं ही जाकर दूध दुहकर दे आती हूँ। वही गरम करके पी लेते हैं, बस।"

"ससुराल में सब लोग कैसे हैं?"

"हाय! वह भी एक लम्बी रामकहानी है।" माँ ने लम्बी पोथी खोल दी।

शाम को जब सीता काम से लौटी तो बच्ची को अपनी दादी की गोद में सोए देखकर उसे खुशी हुई, लेकिन कमरे में गौरी को देखा तो कुढ़ते हुए सीधे रसोईघर में चली गई।

कृष्णप्पा से गौरी बोली, "बेचारी! उनकी भी गलती नहीं। सभी ने मिलकर उन्हें इनसिक्यूर बना दिया है।"

कृष्णप्पा मान गया। अपनी हिचक का इस प्रकार विवरण देने के कारण वह गौरी के प्रति कृतज्ञ हुआ। गौरी खुद उठकर सीता से बातें करने के लिए रसोईघर में चली गई।

"सलाम आलेकुम, गौड़ा साहब! अब हमारे नेता की सेहत कैसी है?"

उनके दल का रहमान टोपी उतारकर नाटकीय अन्दाज में सलाम करके कुर्सी

खींचकर बगल में बैठ गया। मैसूर के अमीर खानदान का रहमान बड़े सलीके का आदमी था। लम्बा कोट पहनकर खुशमिजाजी से बड़े अदब के साथ किन्तु बिना दीनता से बातें करने वाला रहमान कृष्णप्पा का बड़ा चहेता था। सारी मिल्कियत ठाट-बाट की ज़िन्दगी में फूँककर अब वह बीड़ी कार्मिक संघ का प्रेसिडेंट बना है। घर आए मेहमानों को जलपान करवाकर उदारता का रिवाज आज भी निभाता आ रहा है। उसका रंग गोरा-चिट्टा था। कुछ मजाक में और कुछ मगरूरपन से जब वह पुरखों को फारस का बताकर अपनी तूती बजाने लगता है तो उसे सुनते हुए कृष्णप्पा को बड़ा मजा आता।

कृष्णप्पा और रहमान की गहरी दोस्ती की एक पृष्ठभूमि है। तीन साल पहले चिकमगलूर में एक दंगा हुआ था। नमाज के वक्त मसजिद के सामने से बैंड-बाजे के साथ गणेश का जुलूस गुजर रहा था। उसे मुसलमानों ने पथराव के जरिए रोका। इसके प्रतिशोध में मुसलमानों की झोंपड़ियों में आग लगाई गई। दूसरे क्षेत्रों में भी दंगा-फसाद शुरू हो गया और अफवाह फैली कि मसजिद में हथियार और बारूद छिपाकर रखे गए हैं। फलस्वरूप कई लोग मारे गए। एक मुस्लिम दम्पती को, जो अपने चार बच्चों के साथ कार में बाजार से गुजर रहे थे, पेट्रोल छिड़ककर भरे-बाजार जिन्दा जला दिया गया। 'कुरान-शरीफ' की प्रतियाँ चौक में आग में झोंकी गईं।

इस सन्दर्भ में जब सभी लीडर शान्ति, संयम और बन्धुत्व की घिसी-पिटी बातों से हमदर्दी जता रहे थे, तब कृष्णप्पा चिकमगलूर मौके पर गया था। वहाँ से लौटकर मुसलमानों पर हिन्दुओं ने जो जुल्म किया था, उसकी अपने वक्तव्य के जरिए खुलेआम निन्दा की थी। उसके वक्तव्य से सभी भौचक्क रह गए थे। कृष्णप्पा को धमकी देनेवाले पत्र हर कहीं से आने लगे। उसके दल वाले ही कृष्णप्पा की निन्दा करने लगे कि मुसलमानों का समर्थन करना तो सत्ताधारी दल के पक्ष में जाता है। ऐसी हालत में इस तरह का वक्तव्य देकर हिन्दुओं के पक्ष को भी खो देना बेवकूफी नहीं तो और क्या है? कई समझौतों के फलस्वरूप कृष्णप्पा नरम पड़ने लगा था। पर इस घटना से फिर भड़क उठा। वह पहले जैसा ही अक्खड़ बना रहा। देश में कृष्णप्पा ने ऐसी मिसाल स्थापित कर दी है कि जो जनता में अप्रिय बनने का हौसला नहीं रखता, वह राजनीतिक नेता भी नहीं बन सकता।

इस घटना से धर्मान्ध मुसलमानों द्वारा कृष्णप्पा हिन्दुओं का चमचा, पियक्कड़ वगैरह कहा जाकर लांछित हुआ। उधर हिन्दुओं की नजर में सन्देहास्पद आदमी रहमान था। वह कृष्णप्पा को अपना सगा भाई मानने लगा।

आज कृष्णप्पा से मिलने आनेवाले रहमान ने अपनी टोपी को जाँघों पर रखकर बिना किसी उतार-चढ़ाव के बड़ी नरमी के साथ राजनीतिक स्थिति का ब्यौरा प्रस्तुत किया था। उसके अनुसार देश के सारे मुसलमान, जो प्रधानमन्त्री के पक्ष में हैं, दरअसल मुख्यमन्त्री के विरोधी दल के साथ हैं। कुछ ही दिनों के भीतर देश-भर में सत्तारूढ़ दल में फूट पड़ने वाली है। तब असेम्बली में प्रधानमन्त्री के पक्षधर लोगों की संख्या अधिक होगी। मौजूदा मुख्यमन्त्री हमारी मदद के बिना कुर्सी पर टिके नहीं रह पाएँगे। अगर हमारा दल मदद भी करेगा तो प्रधानमन्त्री के गुट से भी इनके सदस्यों की संख्या सिर्फ पाँच ज्यादा होगी। इसलिए सत्ता को पकड़े रखने के लिए काफी पैसा बहाना पड़ेगा।

"तब हमारे लिए कैसी कार्रवाई करना उचित रहेगा? साहब को चीफ बनाने के लिए वीरण्णा काफी पैसा बहा रहा है। लूट का पैसा है, बहाने दीजिए। आप उधर से आँखें मींचे रहिए।" आगे अंग्रेजी में बोला, "मुल्क का सवाल अहम है। प्रधानमन्त्री तानाशाही के रास्ते पर हैं। उस दल वाले भी हमारी मदद की तलब कर रहे हैं। भले ही हमारा दल छोटा हो, लेकिन लोग जानते हैं कि गौड़ाजी की ऑल इंडिया इमेज है। वे सोशलिज्म की बात करते हैं, इसलिए हमारे दल के कुछ लोगों की रुझान उनकी ओर है। लेकिन मौजूदा मुख्यमन्त्री बहुत कमजोर हो चुके हैं। उनकी मदद करने से गौड़ाजी के नायकत्व में मन्त्रिमंडल के लिए सपोर्ट पाना मुमकिन हो सकेगा। अगले चुनाव तक के लिए वे भी राजी हो जाएँगे। वैसे वे पाजी हैं। प्रधानमन्त्री के दल में शामिल होने के लिए वे भी छिपे-छिपे कोशिश कर रहे हैं। लेकिन उनके प्रतिद्वन्द्वी ऐसा चाहते नहीं। अब हमारे सामने अहम सवाल यह है कि पाँच लोगों को अपनी ओर कैसे पकड़े रखें? इस पृष्ठभूमि में गौड़ाजी का अभिनन्दन-समारोह महत्त्व का है। मुख्यमन्त्री उस दिन बोलेंगे, उसके बाद असेम्बली बैठेगी, उस दिन सारा फैसला हो जाना चाहिए। किसी उलझन में न पड़कर गौड़ा साहब आराम करें। आपके नायकत्व में मन्त्रिमंडल बनाने की बात सुनकर युवा लोगों में लगभग दस लोगों की, जो प्रधानमन्त्री के दल में शामिल हुए हैं, इधर आने की सम्भावना है। इसीलिए लगता है कि यह पाजी मुख्यमन्त्री राज्यपाल के पास जाकर यह कहने के लिए तैयार था कि अगर हमारा दल सरकार रचाएगा तो वह मदद करने के लिए तैयार है। हस्ताक्षर-संग्रह का काम तो कभी का शुरू है। हर कोई सत्ताधारी पक्ष के फूट जाने की ही ताक में है... ।"

"दरअसल मुझे यह सब बड़ा घिनौना लगता है, रहमान!"

"घिन करने से कैसे चलेगा, साहब!" अंग्रेजी से रहमान कन्नड़ पर उतर आया। जब भी अपनी बात में वह मसखरापन लाना चाहता तो रहमान अंग्रेजी

से कन्नड़ पर उतर आया करता था।

"फिर ऐसी हालत में किस बात की सिद्धि कर लेना सम्भव है?"

"अगले चुनाव तक प्रधानमन्त्री के गुट के हाथ में सत्ता न जाने पाए, हमारा यही उद्देश्य होगा। अगर सत्ता चली गई तो समझ लीजिए कि सौ साल तक सत्ता उनके हाथों में अटल रहेगी। इसके बदले आप नायक बनेंगे तो प्रधानमन्त्री का गुट प्रबल नहीं बन पाएगा। गौड़ा साहब, मेरा कहा मानिए। आप सत्ता में आते ही सबसे पहले लैंड-सीलिंग कीजिए। दूसरी बात, भूमिहीन मजदूरों के लिए मिनिमम मजदूरी निर्धारित कर दीजिए। यह बात हमारा पाजी भी जानता है। हमारी मदद पाकर खुद की कुर्सी टिकाए रखने की कोशिश में दिखाई देता है। हमारे वीरण्णा इन सबका बन्दोबस्त कर देंगे। फिलहाल आप निश्चिन्त होकर सेहत सुधार लीजिए। बाकी का सारा काम हम पर छोड़ दीजिए। अब सत्ता को हथियाने में ही होशियारी है। मैंने नागराज को मनाया है। हम सबकी ख्वाहिश है कि आप बड़े बनकर ही रहें।"

"ठीक है, रहमान! लेकिन मन्त्रिमंडल में तीस-पैंतीस घूसों को शामिल करना पड़ेगा।"

"इन्तजार कीजिए, साहब। दल बदलने दें। पाजी के गुटवालों को नाक रगड़वाने लायक बना देंगे। वे यही चाहते हैं कि उनका प्रतिस्पर्धी मुख्यमन्त्री न बनने पाए। अच्छा, तो अब मैं चलूँ, साहब!"

प्यार से कृष्णप्पा का हाथ दबाकर रहमान चला गया।

महेश्वरय्या का चेहरा शान्त था, लेकिन नागेश में उत्तेजना भरी हुई थी। क्या उसको ही बताना होगा, या खुद महेश्वरय्या सही बताएँगे? इस पसोपेश में वह खड़ा रहा। महेश्वरय्या ने रसोईघर से सीतम्मा को बुलाया। "क्या बात है?" कहते हुए वह बाहर आई। उसके हाथ में दस हजार का ड्राफ्ट थमाते हुए महेश्वरय्या बोले, "घर बनवाने के लिए।"

खड़ी हुई सीता कुर्सी में धँस गई। वह उधेड़बुन में पड़ गई।

"घोड़े से पचास हजार मिला। इतनी बड़ी रकम इस ढलती उम्र में कैसे खर्च कर पाऊँगा? जब कभी मैं बैंगलूर आऊँ तो ठहरने के लिए कोई घर तो चाहिए न! नागेश ने बताया था कि तुम्हारा एक प्लाट है।" फिर वह कृष्णप्पा की ओर मुड़ा, "नागेश ने बताया कि वीरण्णा पैसे वापिस नहीं लेंगे। इसलिए उनके होस्टल के नाम यह पन्द्रह हजार लिखा है।" उसने दूसरा ड्राफ्ट टेबल पर रखा।

"नागेश, सिगरेट पीने का मन कर रहा है। एक दे दो भैया!"

नागेश ने अपना विल्स सिगरेट निकालकर दिया। सिगरेट जलाकर महेश्वरय्या ने पूछा, "सुना है कि गौरी आई है। कहाँ है वह?" फिर पीछे मुड़कर गौरी को देखा। प्रणाम किया। गौरी को देखकर उनकी आँखें चमक उठीं।

नागेश अपने को रोक नहीं सका, "देखिए सर, कितना ही मना करने पर भी माने नहीं। मुझे ढाई हजार दिया है। आपकी नर्स की शादी के तोहफे के रूप में ढाई हजार का ड्राफ्ट दिया है। दस हजार का जो कर्जा था, वह चेक के जरिए भेज दिया। अपने लिए सिर्फ दस हजार ही रखे हैं।"

रसोईघर से आती हुई कृष्णप्पा की माँ को देखकर महेश्वरय्या उठ खड़े हुए।

"कैसे हैं?" शारदम्मा फर्श पर बैठ गई। रुक्मिणियम्मा की मौत का ब्यौरा बताया।

"अब घोड़े की संगति छोड़ दी। धारवाड़ के निकट एक झोंपड़ी और कुछ बाग हैं। वहीं जाकर रहूँगा।"

ज्योति का ड्राफ्ट कृष्णप्पा के सामने वाली मेज पर रखा। वे बहुत थके हुए-से लगते थे। कृष्णप्पा जानता था कि अपनी उदारता की प्रशंसा सुनना उन्हें भाता नहीं।

"कृष्णप्पा, सुना है कि गाँव में तुम्हारा अभिनन्दन होने वाला है। उसके पहले दिन वहाँ मेरी हाजिरी रहेगी। चलेगा न?"

महेश्वरय्या उठ खड़े हुए। "चलो नागेश, चलेंगे।" किसी और के बोलने से पहले ही वह वहाँ से निकल पड़े।

सहसा सीता उठी। जल्दी से दरवाजे तक जाकर महेश्वरय्या को हाँक लगाई। आँसू पोंछते हुए बोली, "मेरे लिए पैसे का महत्त्व नहीं। मेरा सुहाग बना रहे, बस। मुझे यह पैसा नहीं चाहिए। वापस ले लीजिए।"

उसकी आवाज की प्रामाणिकता को ताड़कर महेश्वरय्या बोले, "तुम्हारा पति बहुत बड़ा आदमी है, माँ! उन्हें आगे बढ़ने दो। मेरा पैसा और उसका पैसा अलग नहीं। रख लो।"

"बड़े आदमी की पत्नी बनने का कष्ट आप क्या जानें! क्या जानती नहीं कि सभी लोग मुझे कितना ओछा समझते हैं?"

सीता ने सुबक-सुबककर रोना शुरू किया तो दरवाजे के पास आकर महेश्वरय्या ने कहा, "तुम्हारे कष्ट का एहसास मुझे है। जानने के लिए कुछ समय दो, बस।"

नागेश ऑटो-रिक्शा ले आया तो धारवाड़ की बस पकड़ने के लिए वह उसमें चले गए।

सीता दरवाजे पर खड़ी-खड़ी महेश्वरय्या की दिशा को ही ताक रही थी तो गौरी ने कृष्णप्पा से अंग्रेजी में कहा, "महेश्वरय्या ने जो किया, वह अनफेअर है। अपनी जेनरासिटी के जरिए उन्होंने आपकी पत्नी को क्रश किया है।"

उधेड़बुन में जवाब देते न बना तो कृष्णप्पा कुछ पल के लिए चुप बैठा रहा। फिर बोला, "इसे पचा न पाकर वह तड़प उठेगी। पर कभी-कभी मुझे आशंका भी होती है कि वह तड़प सकती है! प्रसूति करवाने जब माँ आई थी, तब मैंने उसे एक साड़ी दिलवाने के लिए कहा था। उतना भी नहीं कर पाई। बहुत कंजूस औरत है—पैसों के मामले में भी और स्पिरिट में भी।"

इतनी सहजता से अपनी पत्नी की निन्दा एक पराई औरत के सामने करने का खुद कृष्णप्पा को आश्चर्य हुआ था, पर उससे बढ़कर गौरी को हुआ। कुछ तुनककर वह बोली, "आप जिस औरत को इतना घटिया समझते हैं, फिर क्यों उसके साथ हैं? अपने दम्भ को बढ़ाने के लिए ही शायद आपने अपने से कुछ घटिया औरत ढूँढ़कर शादी की है!"

कृष्णप्पा को गौरी की बात पर शॉक लगा। मुँह की खाकर कृष्णप्पा बैठा रहा। सीता भी बिना आँख उठाए सीधे रसोईघर में चली गई। थाली लगाने में अपनी सास की मदद करने लगी। बच्ची को जागते देख उसे सुलाने के लिए गौरी उठ खड़ी हुई।

शहर से लगभग दस मील की दूरी पर वीरण्णा के फार्म में यह गेस्ट हाउस था। गेस्ट हाउस के पीछे जो शिला-खंड था, उन्हीं से सँवरा लैंडस्केपिक बाग था। जरा आगे बढ़ें तो नीबू, सन्तरा, सपोटा, अनार, अमरूद, जामुन, शहतूत, कटहल, आम आदि हर जाति के फलों के पेड़ थे। गेस्ट हाउस के सामने अंगूर की बगिया थी। खपरैल की छत वाले अत्याधुनिक ढंग से सजे घर की दोनों बगल में रंग-बिरंगी लम्बी नीची बम्बू की झाड़ियाँ थीं। फलों की बगिया की बगल में स्विमिंग-पूल था। घुड़सवारी के शौकीन लोगों के लिए वीरण्णा ने एक खूबसूरत सुडौल सफेद घोड़ा पाल रखा था। घर के सामने ही कँटीले घेरे के अन्दर दो हिरन घास चर रहे थे। इस घेरे के पार दो बड़े नीड़ों में मोरों का एक झुंड रहता था। इस प्रकार देहाती और शहरी सौन्दर्य-सुख देने वाले गेस्टहाउस को पहली ही बार नहीं देखा था। लेकिन अबकी बार इस गेस्ट हाउस के निर्मल वातावरण से वह खिल उठा।

कृष्णप्पा के साथ उसकी माँ, गौरी देशपांडे और नागेश ही आए थे। छुट्टियों में ही सीता का वहाँ आ पाना सम्भव था। इसलिए तुमकूर से उसकी विधवा माँ को बुलाकर उसके साथ रहने की व्यवस्था की गई थी। सभी जानते थे कि

कृष्णप्पा की मानसिक शान्ति के लिए यह आवश्यक है। वीरण्णा ने कहा था कि स्कूल के बाद हर दूसरे दिन बच्ची को वह लिवा लाएगा।

बेशक कृष्णप्पा तनहाई के लिए यहाँ आया था। पुराने वाले घर में आए दिन मिलने आनेवाले लोगों का ताँता लगा रहता था। यहाँ उसके अभाव में उकताहट होने लगी। इस मरणासन्न हालत में भी मिलने के लिए आने वाले लोगों के झुंड को देखकर शायद उसके दिल को तसल्ली मिला करती थी। उसके लिए यहाँ अवकाश बहुत कम था। कृष्णप्पा को अपनी ढलती उम्र में भी, जबकि स्वास्थ्य और शक्ति दोनों जवाब देने लगे थे, वीरण्णा के जरिए इज्जत, मेहरबानी, सुविधा-सुश्रूषा–सब कुछ उपलब्ध होने लगे थे। फलस्वरूप उसमें जिजीविषा की कामना अभी प्रबल थी। इस बात को याद कर कृष्णप्पा को बड़ा खेद हुआ। ऐसी सुख-सुविधा, जन-बल, अपनी परवरिश करने वाली भ्रष्टाचारी व्यवस्था और अपनी जिजीविषा–इनके बीच परस्पर गहरा सम्बन्ध है। इसे देखकर कृष्णप्पा चौंक गया। मुख्यमन्त्री-पद के लिए इन्कार करते हुए वह शायद इस कामना को पक्का करने लगा था। उस पद पर खुद को लाने के लिए बाकी सब लोग दाँवपेंच लगा रहे थे। इसमें अपनी प्रमुख भूमिका होने का मजा लेते हुए प्राणशक्ति और भी चुस्त होने की उतावली करने लगी थी। नागराज को उसने असेम्बली की सदस्यता से जो त्यागपत्र लिखकर दिया था, वह उसकी जेब में ही था। महेश्वरय्या की भविष्यवाणी भी हमेशा याद आती। इसी व्यवस्था के सहारे मुख्यमन्त्री बनने की लालसा क्या वास्तविक है? अथवा इन सबका त्याग करके भ्रष्टाचार के स्रोतों से दूर रहकर मौत की दहलीज पर भी जनहित तथा अपने आभ्यंतर हित की सिद्धि का आकर्षण वास्तविक है? बैरागी से जवाब पाने लायक प्रश्न न पूछे जाने से जो हार हुई थी, वह घटना याद आती है। आज फिर उसी पसोपेश में वह फँसा है।

शायद कोई प्रश्न होता ही नहीं। सारी सुविधा मिथ्या है। जब हम अपने-आप से पूछने लगते हैं कि ऐसे करूँ कि वैसे करूँ, तब लगता है कि हमारी गहरी वांछा दोनों दिशाओं में समान शक्ति के साथ हिलोरें लेने लगी है। दोनों में से जब कोई एक दिशा हमारी शक्ति को आकर्षित करने लगती है तो पसोपेश सच्चा नहीं होता। वह एक लालच होता है, चुलबुलाहट होती है। अपने-आपको सुन्दर दिखाई देने का व्यामोह होता है।

वीरण्णा जिस माहौल को हासिल करा रहे हैं, वह अगर वास्तव में अप्रिय होता तो कृष्णप्पा हरगिज उसकी पकड़ में नहीं आता। इस बात को याद कर गरम साँस निकलती है, फिर टीस भी होने लगती है। नागराज उसका त्यागपत्र डाक

में डालेगा नहीं, इस भरोसे पर उसने वह त्यागपत्र नहीं लिखा था। उसी के फैसले पर छोड़ दिया था। वह ढोंग नहीं था। इस विचार-क्रम के साथ कृष्णप्पा के मन में फिर से खलबली मच गई।

इस फार्म में शिफ्ट करने के बाद कृष्णप्पा की माँ की धूमधाम का क्या कहना! बड़े सम्भ्रम के साथ साड़ी का आँचल खोंचकर वह टहलने लगती है। कृष्णप्पा को लगता है कि अगर वह ऐसी किसी जगह का मालिक होता तो माँ निहाल हो उठती। इस बात पर उसे हँसी आई। खुद माँ ही बड़ी हाँडी में दूध दुहती। कहीं परिन्दों का साया न पड़े या किसी की नजर न लगे, इसलिए हाँडी को आँचल में छिपाकर कृष्णप्पा के सामने आकर भेदिए के अन्दाज में बोली, "यह क्या बला है, बेटा!"

कृष्णप्पा ने प्रश्नार्थक दृष्टि से देखा।

"अभी तो दो-तीन हाँडी दूध थन में ही रह गया है, बेटा! हाथ सुन्न पड़ने लगे। इसलिए नौकर दुहने लगा है।"

फेनिल दूध कृष्णप्पा को एक बार दिखाकर फिर ढाँक लिया।

"गरम करके दूँगी। पी लेना। हमारे घर में कावेरी थी न। याद है–तू उसके थन में ही मुँह लगाकर पिया करता था? बहुत सीधी थी बेचारी। कभी लात तक नहीं मारी। उसी की नस्ल की गऊ मैं आज भी दुहती हूँ। एक सेर से ज्यादा दूध नहीं दुहती। उसमें से आधा जोयिसजी को देती हूँ। भगवान के मस्तक पर ब्राह्मण देवता उँडेले, इस विचार से...।"

नहाने के बाद पैंट और अचकन पहनकर गौरी बाहर बाल सुखाने के लिए बैठी रहती है। माँ का ध्यान उस ओर जाता है। गौरी को सिगरेट पीते देखकर माँ मुँह टेढ़ा करती है। कृष्णप्पा मुस्कराते हुए मजाक करता है, "तम्बाकू?"

"खत्म हो गया है। नागेश के हाथ मँगवाना।" खुश होकर वह गौरी को बुलाती है, "बड़े बनाए हैं। नाश्ते के लिए आओ।"

पिछली रात सदाशिव नगर वाले घर में दाल पीसकर घोल तैयार किया था। उसमें से कुछ बहू के लिए छोड़ आई थी। बाकी का आज बड़े सवेरे ही याद से कार में साथ लाई थी। उसे केले के पत्तल में पकाया था। नारियल की चटनी के साथ अपने बेटे, गौरी और नागेश को परोसती है। बेटे की पसन्द का–रुक्मिणियम्मा ने मरने से पहले जो डालकर रखा था–कैरियों का अचार और उसका रस पत्तल पर परोसती हुई बेटे से पूछती है, "किस पेड़ की कैरी है, भला? है कुछ याद?"

कृष्णप्पा अपने परिचित सभी पेड़ों को याद कर लेता है। हुलियूर की नदी के पास एक पेड़ है; जोयिसजी के घर के सिरे वाली पहाड़ी पर एक है; ढलान के कगार पर, जहाँ घेरे में काफी ढलान थी और ढोर चराने वाले दिनों में उसे काफी दहला देती थी, वहाँ पर भी एक पेड़ है। इन तीनों पेड़ों की कैरियाँ अचार के लिए मशहूर थीं। सालों बीतने पर भी अचार खराब नहीं होता था। दबाने पर पिचकता नहीं। चबाने से 'कट्क्' करता है। तीनों का जायका अलग। दो-दो बार चबाकर याद करने की चेष्टा करने लगा। माँ उकड़ूँ बैठकर, उतावले मन से शरारत के साथ–अचार की कैरियों की तरह ही झुर्रियों से भरे चेहरे से–कृष्णप्पा का मुँह ताकने लगी। कृष्णप्पा ने अन्दाज से बताया, "नदी के पास वाला है न?"

खुशी से माँ का चेहरा खिल उठा।

दोपहर के समय आकर वीरण्णा ने पूछा, "क्या बात है, बुला भेजा था?"

वीरण्णा को कृष्णप्पा ने बैठने के लिए कहा। होंठों में सिगरेट अटकाकर उसे सुलगाने के लिए कहा। उसके मन को उद्वेग से भरा देखकर वीरण्णा धीरज के साथ इन्तजार करने लगा।

"वीरण्णा, तुमसे एक बात पूछनी है। कृपया बुरा मत मानना।"

"पूछिए, गौड़ाजी।"

"मुझे मुख्यमन्त्री बनाने के लिए तुम्हें क्या दाम मिल रहा है?"

"गौड़ाजी, जानता हूँ कि आप बड़े वफादार हैं। चालाक भी हैं। राजनीति में यह सब चलता ही है।"

"हाँ, जानता हूँ। लेकिन यह मेरी राजनीति नहीं।"

"उसे भी जानता हूँ, गौड़ाजी, लेकिन देश की हालत बड़ी संजीदा है। तानाशाह को रोकने का कोई दूसरा मार्ग ही नहीं। इस खतरे के टल जाने के बाद चाहे अपनी राजनीति चला लीजिए।"

"क्या मैं समझूँ कि इसमें तुम्हारा कोई स्वार्थ नहीं?"

वीरण्णा आहत हुआ।

"गौड़ाजी, मैंने आपमें एक बात देखी है। आपका स्वभाव बड़ा शक्की है। आपके बारे में शिकायत सुनने में भी आई है कि आप पास-पड़ोसवालों को बढ़ने न देने वाले वट-वृक्ष की तरह हैं। मैं जानता हूँ कि हमसाया लोगों में आप जैसी योग्यता नहीं।"

"यह मेरे सवाल का जवाब नहीं हुआ।"

"मैं एक व्यापारी हूँ गौड़ाजी! क्या आप मुझे अपना वृत्ति-धर्म छोड़ने के लिए कहते हैं?"

"लेकिन तुम्हारा मददगार बनने के लिए लोगों ने मुझे नहीं चुना।"

"हे भगवान्! आपकी बातें मेरी समझ में नहीं आ रही हैं। क्या मैं एक इनसान नहीं हूँ? क्या मुझे भी अभिमान नहीं? आपको उस कुर्सी पर, साल-भर के लिए ही सही, देखने की इच्छा है मुझे। मेरे लिए आप कुछ मत कीजिए। कसम खाकर कहता हूँ, किसी काम के लिए भी मैं आपके पास नहीं आऊँगा। अब जो पाजी बैठा है, क्या वह मेरा मनचाहा काम करके नहीं दे रहा है?"

सोचा था कि उसकी बात से वीरण्णा बेहद दुखी होकर चला जाएगा; लेकिन अन्दाजा गलत निकला। रस-भरे लहजे में वीरण्णा ने बातें की थीं। कृष्णप्पा भी मँजा हुआ राजनीतिज्ञ था। इसलिए वीरण्णा के ठोसपन की थाह लेने की चाह से कहा, "जब तक मैं चीफ बना रहूँगा, तुम्हें ठेका नहीं मिलेगा।"

"नहीं चाहिए।" निरायास वीरण्णा ने कहा। "क्या मैं जानता नहीं हूँ कि आप देंगे नहीं? मैंने काफी पैसा कमाया है, गौड़ा साहब! अब आप जैसे एक महान व्यक्ति को उस कुर्सी पर बिठाने में ही मेरी तृप्ति है। इसे समझने की कोशिश किए बिना अगर आप ओछापन देखेंगे तो मुझे दुख होगा।"

"देखिए, मेरी सेहत अच्छी नहीं। कभी-कभी आशंका होने लगती है कि कहीं मैं औरों की सहानुभूति पाने के लिए इस बीमारी का उपयोग तो नहीं कर रहा हूँ?"

"छोड़िए साहब! मेरा कहना सिर्फ इतना ही है कि आपको उस पाजी के साथ सत्ता को बाँट लेना पड़ेगा। इसलिए आपके लिए मन की सारी योजनाएँ अभी कारगर करना सम्भव नहीं हो सकेगा। लेकिन दो-एक अमल में ला भी सकते हैं। आप तो मँजे हुए राजनीतिज्ञ हैं। बैठे-बैठे जो भी बन सके, करते जाइए। अगले चुनाव तक और भी अच्छी तरह जड़ जमा लीजिए।"

"मुझे अगुआ बनाने से उधर से दस-एक लोग इधर आएँगे—यह बात क्या सच है?"

"वरना वह पाजी क्यों आपका नाम सुझाने जाता? अब भी वह भीतर-ही-भीतर प्रधानमन्त्री के पक्ष में मिलने की कोशिश कर रहा है।"

कृष्णप्पा ने सिगरेट बुझाई। वीरण्णा उठकर बोले, "विश्वास आ गया न? अब मैं चलता हूँ। किसी चीज की जरूरत हो तो कहला भेजिए।"

इस वार्तालाप का कृष्णप्पा ने किसी से जिक्र नहीं किया। वह सामान्यतया चुस्त रहने लगा। दूसरे दिन ज्योति आई। गौरी की मदद से कृष्णप्पा को गरम पानी से भरे हौज में उतारा। पानी में बाईं भुजा और बाईं टाँग निरायास हिलते देखकर कृष्णप्पा को खुशी हुई। जल-चिकित्सा में गौरी प्रवीण थी। ज्योति को भेज

दिया। इसके बाद ज्योति केवल सवेरे की शौच में मदद करने मात्र के लिए ही आती रही।

अपने सामने कच्छा और बनियान उतारते हुए कृष्णप्पा को हिचकते देख गौरी हँस पड़ी। कृष्णप्पा शरमा गया। दूसरे दिन बनियान उतारने के लिए राजी हुआ।

गौरी के हाथ जब उसकी टाँगों पर खेलने लगे तो वह सिर्फ चिकित्सक के स्पर्श-जैसा नहीं लगा। गौरी में भी उस स्पर्श की चाह को पहचानकर कृष्णप्पा रोमांचित हो उठा। बदन में गरमी दौड़ी। बीमारी के बाद पहली बार ऐसा अनुभव पाकर वह उलझन में पड़ गया।

कृष्णप्पा को पानी के हौज से निकालकर गौरी ह्वील-चेयर पर बिठाती और बाहर सहन में ले जाती। कृष्णप्पा उसे पैंट में देखकर अधिक निहाल होता था, इसलिए अब गौरी पैंट और टॉप पहनकर रूमाल से बाल बाँधे रखती। कृष्णप्पा को सहन में बिठाकर उसे व्यायाम करने में मदद करती। उसकी पसन्द के उपन्यास पढ़कर सुनाती। अपने चरवाहे जीवन की घटनाएँ कृष्णप्पा मनोरंजक शैली में सुनाता। जब वह पीपल के पेड़ के नीचे बैठा रहता था, तब सामने वाले अमरूद के पेड़ पर मेहमान बनकर जो परिन्दे आते, उनका वर्णन करता। सवेरे के काम से अगर छुट्टी मिलती तो माँ भी वहाँ आकर बैठती। एक बार जब गौरी किसी काम से उठकर चली गई, तब माँ ने पूछा, "तूने इसी से शादी क्यों नहीं की?"

इस प्रश्न पर कृष्णप्पा चौंक गया। माँ भूली नहीं थी। फिर मायूस होकर कहा, "हमारे घराने में कितने ही लोगों ने दो-दो बीवियाँ रखी हैं। इसमें क्या गलती है?"

"माँ, गौरी के सामने कहीं ऐसी बातें न कर बैठना। समझीं!" कृष्णप्पा ने डाँटते हुए कहा।

"मैं क्यों कहूँगी, बेटा? क्या तू बड़ा नहीं है? भीतर-ही-भीतर नाहक घुटने के बदले, चाहती हूँ, इससे शादी कर ले।"

माँ की सीधी-सी बात उसके दिल को लग गई। लेकिन उसके बिना गौरी की अलग जिन्दगी है–इसका एहसास होने के कारण कृष्णप्पा ने उस दिशा में अपने विचारों को बढ़ने नहीं दिया।

उँगलियाँ अब रबर की गेंद दबा सकती हैं। धीरे-धीरे पाँव उठाना भी सम्भव होने लगा है। गौरी कह रही थी, एक माह के अन्दर क्रचों पर चल पाना भी सम्भव हो सकेगा। उसकी छुट्टी सिर्फ एक माह के लिए ही थी। कृष्णप्पा को इस बात का खौफ था कि छुट्टी खत्म होते ही वह चली जाएगी। इसलिए गौरी भी अपने

जाने की बात नहीं छेड़ती थी।

सवेरा सुन्दर और आरामदेह होता है। रात में नक्षत्र टिमटिमाकर साफ नीले आकाश की शोभा बढ़ाते हैं। कभी-कभी जब गौरी और कृष्णप्पा गहरी बातों में डूबे रहते हैं तो मोर अपने पंख फैलाकर 'तकथैई' नाच उठते हैं मानो उनमें आवेश भरा हो। माँ तो सिर्फ गाय, दूध, फल की बातें करती है। दिन में एक बार तो जरूर कुढ़ती है कि कचौरी के लिए कटहल नहीं। वह अपनी कुढ़न से कृष्णप्पा के मुँह में लार टपकाती है। बड़ी संजीदगी के साथ नागेश टेबल के सामने बैठकर चुस्त भाषा में कृष्णप्पा की जीवनी लिखता है। वह जो लिखता है, उसे कृष्णप्पा को पढ़कर सुनाता है। उसे सुनकर कृष्णप्पा लजा जाता है।

कृष्णप्पा अपने दिल की बात गौरी को दो-एक वाक्यों में कहना चाहता है। वह उसकी रिहर्सल करता है, 'गौरी, मैं तुमसे प्यार करता था। लेकिन वारंगल थाने में जो नरक-यातना सहनी पड़ी, उससे कहने का साहस नहीं हो पाया था।"

इतना कहने से मानो कुछ भी नहीं कहा—इस सोच से वह चुप रह जाता है। गौरी अधेड़ उम्र की प्रौढ़ महिला है। फिर भी कृष्णप्पा को लगता है मानो अपनी सारी पंखुड़ियों को बन्द किए कली हो। धीरे-धीरे दोनों ने अपने पिछले दिनों की बातें करनी छोड़ दीं।

एक दिन बम्बू की झाड़ी के नीचे कृष्णप्पा चुप्पी साधे बैठा था। गौरी भी कुछ पढ़ रही थी। माँ रसोईघर में 'पत्रडे' बना रही थी। सहसा कृष्णप्पा ने गाना शुरू किया। गौरी विस्मय से कृष्णप्पा का गाना सुनती रही। कृष्णप्पा के चेहरे पर, जहाँ कहीं-कहीं पके हुए क्राप और दाढ़ी थी, शान्ति पाकर गौरी को खुशी हुई। उसने पास ही की लम्बी हरी घास और नन्हे फूलों को तोड़ा। कृष्णप्पा का गाना रुकने के बाद वह खुद हल्की आवाज में गाने लगी। कृष्णप्पा की पसन्द का कबीर का भजन।

एक दिन कृष्णप्पा की ह्वील-चेयर को उसने स्विमिंग-पूल के पास रोका और अपने सारे कपड़े उतारकर बिकनी में खड़ी हो गई। इस प्रकार सहजता से उसे कपड़े उतारते देखकर कृष्णप्पा भौचक्क रह गया। ऊँचाई पर खड़ी होकर, दोनों बाँहें फैलाकर, अपने सुडौल शरीर को तीर चढ़े कमान की तरह पल-भर टिकाकर उसने पानी में छलाँग मारी। पानी में गायब होकर, फिर काले बाल, पीठ, पतली कमर, भारी नितम्ब, छोटे कदमों के रूप में धीरे-धीरे हरकत करती नजर आई। कृष्णप्पा का सारा बदन कल्पना में ही उसकी देह का संचालन करने लगा। कृष्णप्पा बचपन में बड़ा अच्छा तैराक था। अब गौरी की खुली बाहुओं के साथ बाँह अनकर, उसके हरकत करते पाँवों में पाँव बनकर सुधि खोए रहा। पल-भर

के लिए भूल ही गया कि उसके बदन का आधा हिस्सा जड़ीभूत है। पानी से निकलकर गौरी उसके पास आई। उसकी चिकनी कसी हुई त्वचा पर पानी की बूँदें चमक रही थीं। बालों से पानी टपक रहा था। गौरी के बदन की ठंडक को अपनी ही समझकर कृष्णप्पा सिहर उठा। वह दहल गया कि कहीं गौरी की चेतनापूर्ण देह उसकी जड़ीभूत देह से न छू जाए। डाह से उसने आँखें बन्द कर लीं। गौरी के गीले हाथ जब उसके गालों और गर्दन को सहलाने लगे तो चौंककर कृष्णप्पा ने आँखें खेलीं। "तुम्हारा क्या फिर बाथ में बैठने को जी चाहता है?" गौरी ने पूछा। 'आप' से 'तुम' पर उतर आई गौरी के लिए कृष्णप्पा को रोमांच हुआ। बिकनी में ह्वील-चेयर ठेलते हुए उसके कमरे में ले गई। कमरे के किवाड़ बन्द कर लिए। हौज में गरम पानी भरकर कृष्णप्पा के कपड़े उतारे। आज तक तो कृष्णप्पा से अपरिचित थी, पर अब वह गहरी आवाज में बोली, "सभी उतारूँगी।" उसका कच्छा उतारने को हाथ बढ़ाया। घबराकर कृष्णप्पा ने रोकने की चेष्टा की, लेकिन मजबूर होकर चुप रहना पड़ा। जब गौरी को अपनी रोग-ग्रस्त देह से घिन होते नहीं पाया तो उसके प्रति कृतज्ञ हुआ। गौरी की आँखें आवेग से भरी हुई लगती थीं। मानो उन्हें कुछ दिखाई नहीं दे रहा था। बड़ी कुशलता से गौरी की देह ने उसकी देह को आगोश में लेकर पानी में उतार दिया। पानी में उसकी देह हलकी बन गई थी, उसे भी गौरी की हलकी देह ने लपेट लिया। कृष्णप्पा की दृष्टि धुँधली हो गई।

बड़ी देर तक गौरी कृष्णप्पा से लिपटी रही। फिर उठकर एक मुलायम सफेद तौलिया हौज के पास बिछाया। कृष्णप्पा को उठाकर उस पर सुलाया और खुद भी उसके साथ लिपटकर सो गई। अपने होंठ, स्तन, जाँघों को कृष्णप्पा की देह से सटाते हुए दबाने लगी।

"मुझसे अब बनता नहीं, गौरी!" गहरी, पर पराई आवाज में कृष्णप्पा हैरानी से बोला।

गौरी मूकता का अथाह सागर बनी थी। वह अँखुआने वाले बीज को अपने गरम सह्य अँधेरे में छिपाए रखने वाली माटी की तरह थी। उसकी उँगलियाँ कृष्णप्पा की सारी देह पर खेलती रहीं। सोतों को सहलाकर जगाने की तरह हर जोड़ को टटोलती रही। उसकी पलकें ऐसे मुँदी थीं मानो तन्मय समाधि में हों। कृष्णप्पा के पेट, जाँघ, बगल, भुजा, गालों पर मुलायम दबाव डालते हुए अपनी गरम चूती हुई योनि को रगड़ती रही। उसके होंठ कृष्णप्पा के सारे बदन को काटते हुए ऊपर से नीचे उतरे। उसकी साँसें कृष्णप्पा की देह के जोड़ों में यों गुदगुदाते हुए मँडराती रहीं मानो उसको एहसास कराना चाहतीं थी कि उसकी भी आँखें

हैं, कान हैं, नाक है, पीठ है, पेट है, शिश्न है। सारी देह जैसे-जैसे गरमाती गई, अँखुआती गई, टप्पा खाने लगी तो वह उद्रेकित होकर बाँह पसारे चित सो गया। गौरी ऊपर चढ़ आई। उसकी धीमी लय आलाप जैसी थी। कृष्णप्पा की आँखों में आँसू उमड़कर बहने लगे। 'माँ' की कराह निकली। धीरे से उस पर अपनी देह टिकाकर गौरी सो गई। कृष्णप्पा गहरी नींद सोया। जब आँखें खुलीं तो वह हैरत में पड़ गया कि कहीं यह सपना तो नहीं था। फिर अपने को तौलिए पर सोए हुए और गौरी को बगल में नंगे सिगरेट पीते हुए देखा। गौरी का चेहरा देखा–यह कहीं उसकी दया की चिकित्सा तो नहीं?

माँ बगल वाले कमरे में सोती थी। शाम को जब गौरी और कृष्णप्पा अपने हाथों से हिरनों को चारा खिला रहे थे, तब वह आई। बताया कि वह गौरी के कमरे में सोएगी और गौरी उसके कमरे में चली जाए। जवाब की प्रतीक्षा किए बिना वह चली गई। मुस्कराते हुए कृष्णप्पा ने गौरी की ओर देखा।

रात में गौरी कृष्णप्पा की बगल में सोई। उसकी देह की गरमी में कृष्णप्पा गहरी नींद सोया। सवेरे जब ज्योति आई तो लगा कि कृष्णप्पा में हुए परिवर्तन को वह ताड़ गई थी।

सभी की अपेक्षा के अनुरूप देश-भर में सत्ताधारी दल में फूट पड़ गई। रहमान और नागराज कृष्णप्पा से मिलने आए। नागराज परेशान नजर आता था। उसने कहा कि प्रधानमन्त्री की तानाशाही के विरुद्ध राज्य में मुख्यमन्त्री को सीमित समर्थन देना उचित होगा। विभाजित दल ने उसके नायकत्व में ही मन्त्रिमंडल की पुनर्रचना की राज्यपाल से अपील की थी। रहमान ने पूरे एक घंटे तक मिलान करके दिखाया कि इस ओर पाँच सदस्य ज्यादा हैं। प्रधानमन्त्री के गुटवाले चन्द्रय्या ने वक्तव्य दिया था कि मुख्यमन्त्री के गुट वाले कई लोग उनकी ओर आ गए हैं। एक पन्ने पर वक्तव्य और दूसरे पन्ने पर खंडन छापकर अखबारों ने खलबली मचाई थी।

बेरुखी से नागराज एक वक्तव्य तैयार करके कृष्णप्पा के हस्ताक्षर के लिए ले आया था। उसे पढ़ा। उसमें कहा गया था कि उसका दल मौजूदा मन्त्रिमंडल का समर्थन करता है। कृष्णप्पा ने हस्ताक्षर किए।

रहमान बोला, "मुख्यमन्त्री के दल से पाँच लोग उधर शामिल हो जाएँगे। तब उनके गुट को हमारे लोगों का समर्थन पाने के लिए आपको सी.एम. बनाना पड़ेगा। इन्तजार करेंगे।"

"डिस्गस्टिंग!"

नागराज ने चारमीनार का सिगरेट सुलगाया, "देश में पहले ही अराजकता है। खबर है कि रायचूर में लोग हैजे के शिकार हो रहे हैं। आए दिन डकैतियाँ, औरतों पर अत्याचार की खबरें आ रही हैं। और हम लोग सरकार बनाने के ख्वाब देख रहे हैं।"

रहमान की इस राजनीतिक चर्चा में रुचि नहीं थी। कृष्णप्पा के मन्त्रिमंडल में ट्रांसपोर्ट-मन्त्री बनने के मंसूबे शायद उसने पहले ही बाँध रखे थे।

जिस दिन कृष्णप्पा का वक्तव्य छपा, उसके दूसरे दिन 'चिंगारी' में एक और कहानी छपी थी कि कृष्णप्पा पूरी तरह भ्रष्टाचार का गुलाम बन गया है। लिखा था कि वीरण्णा के फार्म में वह विलासी जीवन में डूबा है। इधर देश में आग भड़क रही है, उधर उसकी काम-वासना की तृप्ति के लिए वीरण्णा ने दिल्ली से एक तवायफ को बुलवाया है। खबर में उसे फटकारा गया था कि जो पहले कभी क्रान्तिकारी था, उसने आज अपनी देह की सुश्रूषा के लिए सारे मूल्यों का तर्पण कर दिया है। इस पत्रिका को, जो रजिस्ट्री डाक द्वारा आई थी, गौरी की नजर बचाकर कृष्णप्पा ने नागेश को जला डालने के लिए कहा।

गौरी की नंगी देह से लिपटकर कृष्णप्पा ने अपने मन की खलबली भूलने की चेष्टा की। लाख चेष्टा करने पर लगा कि अब वह वापस लौट नहीं सकेगा। साथ-ही-साथ मौजूदा राजनीति में भी डूब न सकेगा। आए दिन छपने वाले दल-बदल के वक्तव्य और उसके दूसरे दिन खंडन की बात पढ़कर चिढ़ होती थी।

इसी में व्यस्त रहने के कारण वीरण्णा फार्म की ओर आते नहीं थे। कृष्णप्पा के दल के लोग मात्र बार-बार आते रहते। नागराज को छोड़कर बाकी सभी लोगों ने अब पहले से भी ज्यादा कृष्णप्पा की तारीफ करना शुरू कर दिया था। कृष्णप्पा को यकीन हो गया कि भविष्य में एक भी सच्चा मित्र नहीं रहेगा मानो अब उसकी निजी जिन्दगी का अन्त हो गया। इस सोच में गहरी साँस छोड़कर तथा अपनी देह को गौरी की उँगलियों के हवाले करके वह सो जाता।

पर गौरी इन दिनों अत्यधिक खुश नजर आती थी। वह फार्म में चुपचाप कहीं भी टहलती रहे, कृष्णप्पा का मन उसी में अटका रहता। उसका विश्वास बढ़ता जा रहा था कि गौरी अपनी गहरी परतों के केन्द्र में कहीं उसे पाक-साफ बनाए रखकर परवरिश कर रही है। उसके प्राणों की चिन्तामणि की जो रक्षा करने वाली है, उसे दिल्ली जाना ही पड़ेगा। उसे रोजी कमानी पड़ेगी। अपने को उसकी जितनी जरूरत है, शायद उतनी उसे अपनी नहीं होगी। कृष्णप्पा इन भावनाओं से तड़प उठता है कि उसकी देह की हालत दरके मटके की भाँति हो गई है। सोचता है कि इस गन्दी राजनीति से निवृत्त होकर उसने जो त्यागपत्र लिख रखा है, उसे

पोस्ट कर अपने गाँव चला जाए। मन में इच्छा होती है कि काल की निरन्तरता जताने वाली दोपहरी में पीपल के नीचे बैठकर, नदी के कलकल निनाद के साथ, मवेशियों के गले की घंटियों की आवाज सुनते हुए, सामने वाले अमरूद के पेड़ पर आ बसने वाले परिन्दों को देखता रहे। इच्छा होती है कि लम्बी पूँछ वाला, सुनहरे रंग के पंखों वाला एक अजनबी परिन्दा–जो कभी इसी भाँति इन्तजार करते समय दिखाई पड़ा था–फिर से दिखाई पड़े। बीती बातें लौटेंगी नहीं–इस एहसास से मन डाँवाडोल होने लगता है।

सहसा एक दिन हाई स्कूल का सहपाठी और जिगरी दोस्त हनुमन्नायक आ धमका। बच्ची की गप्पें सुनते बैठा था कृष्णप्पा। भीतर आए हुए हनुमन्नायक को तपाक से बनावटी गुस्से में आड़े हाथों लिया, "इतने दिनों से क्यों नहीं आया रे, सुअर?"

हनुमन्नायक ने बेंत को, जो वह गाँव से लेता आया था, दोनों हथेलियों पर धरकर कृष्णप्पा के सामने बढ़ाते हुए नाटकीय अन्दाज में पीठ झुकाकर कहा, "इस बेंत को कबूल करें। आपके इस बन्दे ने खुद काट-छाँटकर तैयार किया है।" वह तिरछा खड़ा हो गया।

"अब आगे अपना नेता यों नहीं चल सकेगा। बेचारा!" बड़ी शान से चलकर दिखाया।

"यों चलना पड़ रहा है।" वह लाठी टेककर चलने लगा।

पैंट पहनकर गौरी को कमरे में आया देख जबान काट ली और गम्भीर हो गया। इसे देखकर कृष्णप्पा हँसा। गौरी ने पहले कभी कृष्णप्पा को इस तरह हँसते हुए नहीं देखा था। हनुमन्नायक की आवाज सुनकर कृष्णप्पा की माँ आई।

"कहाँ की खाक छानते फिर रहा था रे, हनुम? तेरा आना मालूम होता तो कुछ फली लाने को कहती। गाँव में सभी कैसे हैं? किस वर के गले में कौन-सी लड़की बाँधने की कोशिश में हनुमन्नायक की सवारी भटक रही है?" उसने पूछा। बटुए से पान, तम्बाकू निकाला। उसे देकर खुद भी पान पर चूना लगाने लगी।

हनुमन्नायक को देखकर कृष्णप्पा को खुशी हुई थी। कृष्णप्पा जब तैरते हुए डूबने लगा था तो हनुमन्नायक ने जान की बाजी लगाकर उसे बचाया था। यह हनुमन्नायक, जो कभी-कभी आया करता था, कृष्णप्पा को फिर से लड़कपन की याद दिलाता। भटकैया प्राणी। माँ-बाप, भाई-बहन कोई नहीं। पढ़ाई छोड़कर रामलीला मंडली में भर्ती हुआ था। हँसोड़ का पार्ट करते हुए भड़वा भटकता रहता था। उसके लिए न भूत है, न भविष्य। जहाँ डेरा पड़ा, वहीं हाट-शहर। अमुक-तमुक के घर की परवाह नहीं। सीधा जाकर कह देता, "गौड़ा साहब, लो मैं आ

गया।" और वहाँ से बेरोक-टोक रसोईघर में चला जाता है। औरतों के साथ ठिठोली करते हुए उन्हें हँसाता है। गाँव-भर का चक्कर काटते रहने के कारण औरतों की साजिश में हाथ बँटाता कि किस जवान लड़की का किस जवान लड़के के साथ गठबन्धन किया जा सकता है। वर-वधू की खोजबीन में खुद घर वालों से पहले ही उनकी नब्ज देखकर इधर से उधर और उधर से इधर भागदौड़ करने लगता है। रसोईघर से गुसलखाना या सुपारी पकाने वाले चूल्हे के पास जाता है। वहाँ कुत्ते-बिल्ली की बोलियाँ बोलकर या चढ़ाई चढ़ने वाली लारी की आवाज करके बच्चों को हँसाता है। एक बार उसे अपने जैसा ही कोई हँसोड़ मिला था। उससे एक पाद के लिए एक नारियल की शर्त लगी थी और लगातार उठते-बैठते हुए पाद-पाद कर पूरे सौ नारियल ऐंठ लिए थे। जो हँसोड़ नारियल हार चुका था, उसे बाद में पता चला कि पादने की आवाज पीछे से नहीं बल्कि मुँह से आती रही।

शाम के समय उसे थोड़ी-सी ताड़ी या शराब मिल जाए तो क्या बात है? अघा जाएगा। जब भोजन करके सभी लोग बैठते हैं तो उनके सामने नकल उतारता है कि गाँव में कौन कैसा बोलता है। उसके आने से औरत-बच्चों में मानो बहार आ जाती है। जन्म-मरण, शादी-ब्याह जैसे अवसरों पर हर कहीं हनुमन्नायक की हाजिरी रहती है।

"यही हनुमन्नायक है। इसका नाम वही है, जो यह पार्ट करता है।" कृष्णप्पा ने गौरी देशपांडे से उसका परिचय कराया। हनुमन्नायक को जब पता चला कि वहाँ सभी आत्मीय लोग ही हैं तो उसने फिर अपनी दुम खोली। कृष्णप्पा के अभिनन्दन के लिए सर्ज का कोट पहनकर तोंद मटकाते हुए भागदौड़ करने वाले नरसिंह भट्ट की नकल उतारी। जब उस पर गोबर का पानी उँडेला गया था, तब उसका चेहरा कैसा बना होगा—अभिनय करके दिखाया। उभरे दाँतों वाला चेहरा बनाकर हू-ब-हू भट्ट की तरह कृष्णप्पा की तारीफ करने लगा। उसके चेहरे को देखकर कृष्णप्पा यों हँसने लगा कि पेट में बल पड़ गए।

हनुमन्नायक ने पार्ट बदला। गौरी की ओर मुड़कर कृष्णप्पा की तरह संजीदा चेहरा बनाकर मुँह खुजाते हुए सोचता हुआ खड़ा हो गया। नागेश और गौरी दोनों हँसने लगे। कृष्णप्पा की तरह यों बाँहें उठाईं जैसे उसने डूबते समय उठाई थीं। फिर गम्भीर होकर कहा, "हनु, मैं डूब रहा हूँ। तू चला जा।"

फिर डूबते हुए पानी पीने की आवाज की। बिल्लियों की लड़ाई और उसे टकटकी लगाए देखते बच्चों की नकल उतारी।

माँ खाने पर बुलाने आई तो कहा, "धत् तेरी! मूँछें पक गईं, फिर भी अपनी

बँदरिया चाल नहीं छोड़ी।"

डाँट दिखाकर सभी को खाने पर बिठाया। कृष्णप्पा को व्हील-चेयर पर बिठाकर जब गौरी ठेलते हुए चली तो 'पालकी जुलूस' कहकर गँवार की तरह कुर्सी जैसा स्वाँग रचाया।

"हद हो गई!" मुस्कराते हुए माँ ने उसे खाना परोसते हुए गाँव का हालचाल पूछा। हनुमन्नायक ने बताया कि अपने मित्र के अभिनन्दन की खबर सुनकर दीन-दलितों को बहुत खुशी हुई है; अब 'कृष्ण-दौत्य' के नाटक में उसका क्या पार्ट होगा, आदि।

बड़ी नाजुकी के साथ उँगलियों के पोरों को मिलाकर गौरी को भात के कौर उठाते देखकर हनुमन्नायक उसका अनुकरण करने लगा था। इस ओर पहला ध्यान नागेश का गया। फिर गौरी ने भी देखा तो वह हँसने लगी।

हनुमन्नायक के आगमन से जो खुशी हुई थी, वह बहुत समय तक टिकी नहीं। दूसरे ही दिन अखबारों में ऐसी सनसनीखेज खबर आई कि सहसा देश की राजनीति में कई परिवर्तन हुए और कृष्णप्पा दुविधा में फँस गया।

यह खबर पढ़ने से पहले कृष्णप्पा सवेरे की गुनगुनी धूप सेंकते हुए बम्बू की झाड़ी के पास बैठा था। ज्योति उस दिन छुट्टी पर थी। वह आराम के साथ गौरी से अपनी शादी की चर्चा करते बैठी थी। बच्ची के लिए हनुमन्नायक एक लट्टू छीलते हुए बयालीस के आन्दोलन की एक घटना याद दिला रहा था। सारे बच्चे स्कूल के दरवाजे पर सोए थे कि तभी हिटलरी मूँछों वाले हेडमास्टर साहब अपनी ही बेटी का–जो वहाँ की छात्रा थी–पौंहचा पकड़कर सभी को कुचलते हुए अन्दर ले गए थे। उसकी नकल उतारी। उस समय उस लड़की का लहँगा उठाकर उसने देखा था। उसे आँख फाड़कर बताते देख कृष्णप्पा हँसने लगा था, तभी नागेश अखबार ले आया।

चन्द्रय्या के वक्तव्य के अनुसार एक बहुत ही हसीन लड़की शाम के समय बैंक का काम करके सिनेमा देखकर लौट रही थी। पुलिस की एक गाड़ी उसके पास आकर रुक गई। थानेदार ने गाड़ी से उतरकर अकेली जाती हुई लड़की से शक के तहत पूछताछ की और वैन में बिठाकर ले गया। थाने में उन्होंने जब उसे बन्द कर रखा था, तब दो नौजवान उसकी रक्षा का बहाना बनाकर आए और मुचलका लिखकर दिया। अहसानमन्द लड़की को वे कार में बिठाकर ले गए। रोती हुई लड़की को धीरज बँधाते हुए एक होटल में ले गए। इससे लड़की भयभीत होकर घर पहुँचा देने की प्रार्थना करने लगी। उन लड़कों ने अपना

परिचय देकर अपना इरादा सुनाया और उसके साथ जबर्दस्ती की। उस लड़की का बाप रिटायर्ड अफसर था। गरीब होने पर भी जब लड़की उनके प्रलोभन से तनिक भी नहीं ललचाई तो उन जवान लड़कों ने कमरे का दरवाजा बन्द करके बलात्कार किया। फिर उसे कार में बिठाकर उसकी गली के नुक्कड़ के पास उतारकर चले गए।

माँ-बाप ने इतनी देर से घर लौटी लड़की को डाँटकर पूछा, लेकिन उसने मुँह नहीं खोला। दिन निकलने पर देखा तो 'फालिडाल' (कीटनाशक दवा) पीकर वह मर गई थी। मरने से पहले उसने एक चिट्ठी लिख रखी थी। उसके साथ जो कुछ गुजरा था, संक्षेप में वह सभी चिट्ठी में लिखा हुआ था। साथ ही यह भी कि उसकी वजह से उसकी बहनों की शादी न रुके, इसलिए वह मर रही है।

रपट का सारांश इतना ही था। लेकिन इस चिट्ठी ने कई सवालों को खड़ा किया। लड़की के पिता का बयान था कि पुलिस वालों ने इस चिट्ठी को हथिया लिया है। पुलिस ने स्पष्टीकरण दिया कि ऐसी कोई चिट्ठी थी ही नहीं। पुलिस का कहना था कि उस लड़की का थाने पर आना, दो नौजवानों द्वारा मुचलका लिखकर छुड़वा ले जाना वगैरा की कोई सूचना नहीं है। चन्द्रय्या ने, जोकि प्रधानमन्त्री के दल का नेता था, अपने वक्तव्य में कहा था कि लड़की के पिता से जो कुछ समाचार मिला है उसके अनुसार उन दो नौजवानों में एक मुख्यमन्त्री का बेटा था और दूसरा वीरण्णा का बेटा। यह बात आत्महत्या करने वाली लड़की ललिता ने चिट्ठी में लिखी थी। लेकिन मुख्यमन्त्री ने उस चिट्ठी को ही उड़वा दिया है। चन्द्रय्या ने यह भी कहा था कि उन जवानों द्वारा जो भूरे रंग की फिएट कार का इस्तेमाल किया गया था, वह कृष्णप्पा गौड़ा के नाम से रजिस्टर हुई है।

"नागेश! रहमान और नागराज को बुला ला।"

कृष्णप्पा का हलक सूख रहा था। गौरी ने आकर बेचैनी का कारण पूछा। कृष्णप्पा ने उसके हाथ में अखबार थमा दिया। गौरी के पढ़ने के बाद उसे कहा, "इसे पढ़ने से पहले मुझे मुख्यमन्त्री बनने की चाह थी। मेरी ढलती जिजीविषा को उससे उत्तेजना मिल रही थी। अब लग रहा है कि मुझे कुछ नहीं चाहिए।"

"चन्द्रय्या का बयान झूठ भी तो हो सकता है!"

गौरी ने कृष्णप्पा की तसल्ली के लिए ऐसा कहा था, वरना उसके मुख्यमन्त्री बनने के सम्बन्ध में कभी कोई रुचि नहीं दिखाई थी।

कृष्णप्पा ने ऐसे सिर हिलाया मानो अब उसे किसी प्रकार की तसल्ली की जरूरत नहीं।

असहाय अवस्था में वारंगल थाने के दरवाजे पर आर्त्तता से लात मार-मारकर वह थक गया था। वह बात अब याद आई।

गौरी घास के तिनके को चबाते खड़ी रही। बदलते हुए माहौल में हनुमन्नायक हक्का-बक्का-सा खड़ा था। जो लट्टू छील रहा था, उसे ज्यों-का-त्यों पकड़े हुए–घुग्घू की तरह।

रहमान और नागराज आ गए थे। सिर्फ रहमान बोल रहा था। नागराज सिगरेट के कश खींचता हुआ सिर पर हाथ रखे बैठा था। रहमान मुख्यमन्त्री और वीरण्णा से मिलकर आया था। दोनों ने कहा था कि उनके बेटे मासूम हैं। फिर भी रहमान को शक था। उन लड़कों ने यह हरकत की है या नहीं, यह बात मौजूदा हालात में इर्रिलेवेंट है। अहम बात यह है कि चन्द्रय्या किस दाँवपेंच के लिए उसका इस्तेमाल कर रहा है! राज्य-भर में वह लोगों का आह्वान कर रहा है कि मौजूदा सरकार को बरखास्त करने के लिए वे राज्यपाल पर दबाव डालें। प्रधानमन्त्री के कठपुतले राज्यपाल के लिए, मौजूदा सरकार को बरखास्त कर, असेम्बली सस्पेंड करके, उस दल के शासकों को इस दल में शामिल होने के लिए जरूरी हालात का निर्माण करने का अच्छा चांस था। खबर है कि इसी बहाने पाँच हरामजादे चन्द्रय्या के पक्ष में शामिल होने का वक्तव्य देने जा रहे हैं। मुख्यमन्त्री हर हालत में कुर्सी से चिपके रहने की ताक में था। पाजी को अब पता चल रहा है कि काम कितना कठिन है! रहमान ने व्यवस्था की है कि कृष्णप्पा गौड़ा को मुख्यमन्त्री बनाने की माँग पर राज्यभर में युवकों के जुलूस निकलें। वीरण्णा भी भागदौड़ कर रहे हैं। अब वे बेंगलूर में नहीं हैं। चन्द्रय्या के पक्ष में छह मुसलिम सदस्य हैं जिनके मुखिया के लिए ट्रांसपोर्ट-मन्त्री की माँग है। उसके यहाँ जाकर रहमान ने कहा है, 'हमारे मन्त्रिमंडल में तुम ही वह महकमा ले लो। मुझे नहीं चाहिए।' गौड़ाजी के प्रति उनकी भी श्रद्धा है। अपने पाँच सदस्यों के साथ अगर वह आएगा तो इधर मेजारिटी होगी। हम अपने पाजी पर दबाव डाल रहे हैं कि कल तक अपना इस्तीफा देकर आपका नाम सुझा दे, वगैरह-वगैरह।

नागराज ने कहा, "कॉलेज के लड़के हड़ताल कर रहे हैं–इस मुख्यमन्त्री को बरखास्त करने की माँग पर। लॉ एंड ऑर्डर की स्थिति और भी बिगड़ने की उम्मीद है। पुलिस-थानों पर लड़के पथराव करने लगे हैं। फायरिंग की भी सम्भावना है।"

कृष्णप्पा ने नागराज से पूछा, "वीरण्णा और मुख्यमन्त्री के बेटों ने पुलिस की मदद से अगर वाकई ऐसा किया हो तो...।"

"वह इर्रिलेवेंट है, गौड़ा साहब! मान लो कि किया है। चन्द्रय्या का बेटा भी कर सकता है। सत्तारूढ़ लोगों की रक्षा के लिए ही तो यह पुलिस होती है। इसमें क्या आश्चर्य है?"

कृष्णप्पा की त्यौरियाँ चढ़ गईं, "तुम सिनिक की तरह बोलने लगे हो, नागराज! हम जिस चीज में हाथ डालें, क्या वह सभी पॉलिटिक्स ही हो? डिसगस्टिंग!"

"नो! मैं आब्जेक्टिव रियलिटी की बात कर रहा हूँ। पुलिस होती ही है व्यवस्था की रक्षा के लिए। रेप, डकैती, काला-बाजारी–सभी इस व्यवस्था के नैसर्गिक अंग हैं।"

"तब हम क्यों सत्ता में आएँ?"

"मैंने पहले ही बताया है कि मुझे उसमें सन्देह है। व्यवस्था को पूरी तरह फासिस्ट होने से रोक पाना सम्भव है इस बात का मुझे भी भ्रम है। इसीलिए आपका समर्थन कर रहा हूँ।"

"तुम क्या मानते हो कि अब जो पुलिस-एट्रोसिटीज हैं, उन्हें कम किया जा सकता है?"

"थोड़ा-बहुत हो सकता है। लेकिन उसका क्लास-कैरेक्टर बदल पाना आपके लिए सम्भव नहीं हो सकेगा।"

कृष्णप्पा को किरकिरी हुई।

ऊबकर रहमान अखबार पढ़ने लगा। लहर में आकर नागराज ने दूसरी सिगरेट जलाई। फिर कहा, "जब तक वर्ग का सम्पूर्ण नाश नहीं होता, तब तक स्टेट रहेगा ही। स्टेट को पुलिस की जरूरत होती है...।"

"मतलब हुआ कि जिस लड़की ने आत्महत्या की है–उससे दुखी होना, उसका विरोध...।"

कृष्णप्पा इतना भावाविष्ट हुआ कि वह वाक्य भी पूरा नहीं कर पाया। इसे देखकर नागराज ने नरमी से कहा, "येस! करना होगा। लेकिन पार्लियामेंटरी राजनीति की रियलिटी यह है कि ऐसा करना चन्द्रय्या के हाथ मजबूत करना होगा। बस! व्यवस्था खून भी करती है और उसके विरोध में आन्दोलन भी करती है।" भावावेश में नागराज बोलता जा रहा था, "इन सारी बातों के सच होने पर भी आप दलितों के बारे में जो फील करते हैं और आपकी धारणा है कि अभी कुछ किया जा सकता है–इसीलिए मैं आपके साथ हूँ।"

"मेरे लिए प्यार अहम है। उसे खोकर क्रान्ति कैसे की जा सकेगी? और करने से लाभ भी क्या?"

सहसा अपनी इन बातों से खुद कृष्णप्पा ही चौंक गया। उसकी देह इस आशंका से काँपने लगी कि कहीं उसकी बात शिष्टाचार जैसी तो नहीं! शायद उसके उद्वेग का असर नागराज पर भी हुआ था। वह संजीदा होकर मूक बना रहा।

उस दिन कृष्णप्पा यों निश्चल बैठा था मानो उसकी सारी देह में लकवे का अटैक हुआ हो। उसे देखकर गौरी परेशान हो गई। उसे कुर्सी से उतारकर नीचे जमीन पर बिठाया। इन दिनों वह रेंगने लगा था। गौरी ने उसे रेंगने के लिए कहा। वह जानती थी कि इस कसरत से उसकी देह चुस्त बनेगी। बच्चे की तरह कृष्णप्पा दालान में रेंगता रहा। बाएँ हाथ में हनुमन्नायक की दी हुई छड़ी लेकर गेंद को ठेलते हुए उसने खुद ही एक नया खेल ईजाद कर लिया। गौरी भी कुछ गम्भीर सोच में डूबी हुई-सी लगी। अनुरोध करने पर उसने बताया :

"आपकी पत्नी से बातें करने का मन हो रहा है।"

"क्या बातें करोगी?"

"क्या तुम्हें लगता नहीं कि हम उससे फरेब कर रहे हैं?"

गौरी सोचती हुई खड़ी रही।

"मुझे तुम चाहिए। लेकिन मैं काम करती हूँ दिल्ली में। बहुत कन्फ्यूजन हो रहा है।"

"गौरी, तुम जितना दोगी उतना ही पा लूँगा। उससे अधिक माँगूँगा नहीं। मैं किसी भी क्षण मर सकता हूँ।"

"सीता को तुम्हारी जरूरत है न?"

"है! उसने मेरी सुश्रूषा भी की है। उसकी नजर में बहुत अच्छी ही की है।"

"लेकिन लगता है कि तुम एक-दूसरे को बरबाद कर रहे हो।"

गौरी ने उसके ही मुँह की बात छीन ली थी।

"हाँ, लगता तो है कि मैं ही उसे अधिक बरबाद कर रहा हूँ।"

कृष्णप्पा को महसूस हुआ कि गौरी के पास होने की वजह से वह यह बात कह सका। नरम पड़ते हुए गौरी का चेहरा देखने लगा। वह कृष्णप्पा के बारे में सोचती हुई नजर नहीं आई। कठोर सत्य को जानने के अन्दाज में पूछा, "तब क्या करना ठीक रहेगा?"

"देखो गौरी, अब मैं बच्चों की तरह रेंगना सीख रहा हूँ। फिर लाठी के सहारे, लँगड़ाते हुए चलना सीखूँगा। सब कुछ पहले की तरह शुरू करना है। महेश्वरय्या मुझे जहाँ से उठाकर ले गए थे न--उस पेड़ के नीचे फिर जा बैठूँगा।"

दुखी होने के बावजूद गौरी हँस पड़ी।

"क्या तुम अपने-आपको आजाद समझते हो? आज के राजनीतिक खेल में तुम सिर्फ एक मोहरा बन गए हो।" गौरी उसकी बाईं टाँग दबाती हुई बोली।

लेकिन कृष्णप्पा का अन्दाजा था कि गौरी शायद सीता से मिलने की बात सोच रही होगी। वह बोला, "बिना हिंसा के हम कुछ भी नहीं कर सकते, गौरी!"

"हाँ!" गौरी ने विषाद के साथ बात जारी रखी, "छुट्टियाँ खत्म होते ही क्या मैं चली जाऊँ, जब-जब तुम चाहोगे, आती रहूँगी..." वह ऐसे बोली मानो कृष्णप्पा की जरूरतें जानती हो। खुलासा करने की याचना उसकी बात से झलक रही थी। इसे कृष्णप्पा ताड़ गया।

"गौरी, लगता है कि हम साबुत बचेंगे ही नहीं।" बड़ी यातना के साथ कृष्णप्पा ने अपनी मौजूदा हालत बयान करने की चेष्टा की। सीने पर हाथ रखकर दिल की ओर इशारा करके बोला, "यहाँ भी मुझसे इन्टिग्रिटी सम्भव नहीं हो पा रही है।"

फिर आगे की ओर बाँह फैलाकर राजनीतिक दुनिया की ओर इशारा करके बोला, "और वहाँ भी इंटिग्रिटी सम्भव नहीं हो पा रही।"

यह कहकर लम्बी साँस छोड़ी मानो दिल का भार कम हुआ। फिर बोला, "फिलहाल मेरी कोशिश सिर्फ इतनी ही रहेगी कि मैं इस लाठी के सहारे खड़ा हो सकूँ।"

कृष्णप्पा की हर बात को हकीकत बनाने के लहजे में गौरी घुटनों पर ठुड्डी टिकाए बैठी थी। जाँघों पर लाठी और लाठी पर दाहिना हाथ टिकाए देह का सारा भार उस पर लादे कृष्णप्पा बोला, "मेरी अभी दो ख्वाहिश हैं। मन चाहता है कि पीपल के नीचे बैठकर समग्र की निरन्तरता का अनुभव करूँ। कभी-कभार दिखाई पड़ने वाले उस पक्षी को देखकर जो हैरत उन दिनों होती थी, उसे फिर से अनुभव करने को जी चाहता है। ढोर चराना छोड़कर उस पक्षी को पकड़ने के लिए पीछे-पीछे भाग निकलता था। वह जंगल में लुक-छिप करते हुए पेड़ों पर फुदकने लगता था। जब मैं उसका पीछा करता तो न जाने वह कहाँ ओझल हो जाता था! आज भी पीछा करने को मन करता है, लेकिन यह सम्भव नहीं। उसे ताकते रहने को मन करता है। अपनी यह ख्वाहिश सिर्फ तुम्हारे और महेश्वरय्या के सामने ही कह पाना सम्भव है। दूसरी एक ख्वाहिश भी है। उसमें और इसमें मुझे कोई फर्क दिखाई नहीं पड़ता। लेकिन मैं इसे कैसे बयान करूँ कि यह तुम्हें हकीकत लगे, कुछ समझ नहीं पा रहा हूँ। इस देश में हम सभी किनारे से लगे हुए लोग हैं। इन लोगों की सुविधाएँ बढ़ाने की राजनीति आज तक चलती रही। अब मुझे

महसूस होने लगा है कि हमें जो ओछापन घेरे रहता है, इस राजनीति से उसका छुटकारा सम्भव नहीं। इस बारे में मैं अण्णाजी के साथ बहुत चर्चा किया करता था कि हमारी दैनन्दिनी कैसे चमक सकती है? हमारे इतिहास में ऐसे भी लोग हैं जिन्होंने कभी किनारा देखा ही नहीं है। ऐसे लोगों का अगर क्रोध भड़काना सम्भव हो जाए तो क्या वह क्रोध समाज के इस ओछेपन को जलाकर राख नहीं बना देगा? यह ख्वाहिश अभी बची है।"

ये बातें निरायास अपने मुँह से निकलते देख उसे आश्चर्य हुआ। विश्वास करने की अपनी चाह और उसकी सम्भावना के प्रति दहल—इन दोनों को गौरी में देखकर कृष्णप्पा को अब ज्यादा बातों की आवश्यकता महसूस नहीं हुई।

अपनी जेब में रखा त्यागपत्र गौरी के हाथ में देते हुए कहा, "इसे डाक में डाल आओ। फिर रहमान को फोन करके बता दो कि तत्काल असेम्बली-सदस्यों को बुला ले।"

नागेश को बुलाकर कहा कि वह फौरन सीता को बैंक से बुला लाए। बहुत ही जरूरी बातें करनी हैं।

फिर वह लाठी से गेंद ठेलते हुए रेंगने लगा।

●●●